FUNDACIÓN UNIVERSIDAD DE BOGOTÁ
JORGE TADEO LOZANO

**FUNDACIÓN UNIVERSIDAD DE BOGOTÁ
JORGE TADEO LOZANO**
Rector: Evaristo Obregón Garcés
Director Editorial: Alfonso Velasco Rojas
Coordinación Editorial: Felipe Duque Rueda

**APUNTES DE HISTORIA CONSTITUCIONAL
Y POLÍTICA DE COLOMBIA**

ISBN 958-9029-08-6

© Luis Córdoba Mariño
© Fundación Universidad de Bogotá
   Jorge Tadeo Lozano

Director de Edición: Andrés Londoño L.
Diagramación: Carmen Luz Rojas de Contreras
Asesoría Gráfica: Iván Correa
Diseño de Portada: Felipe Duque Rueda

Películas: Sistemas Holograma
Impresión: Panamericana, Formas e Impresos S. A.

1998

Luis Córdoba Mariño

Apuntes de Historia Constitucional y Política de Colombia

*«Historia est testis temporum,
lux veritatis, magistra vitae»*

CICERÓN

*A Blanca, mi mujer, y a la memoria
de don Tomás Rueda Vargas
y don Francisco Mariño Herrera,
mis maestros de historia colombiana.*

Contenido

Prólogo 13

PRIMERA PARTE

Bolívar y el Derecho 25
La Carta de Jamaica – Decretos de octubre y noviembre de 1817 – Mensaje al Congreso de Angostura - El modelo constitucional inglés – Régimen republicano y presidencial – Unión de Nueva Granada y Venezuela – Derecho internacional – Proyecto de Constitución de Bolivia – Tres cámaras legislativas: tribunos, senadores y censores – Carácter particular de la Constitución de Bolivia – De la Constitución de Cúcuta al Congreso de 1827 – Sistemas de reforma constitucional – La Convención de Ocaña – Mensaje de Bolívar a la Convención – Fracaso de la Convención de Ocaña – El Decreto Orgánico de 1828 – Rebelión de Obando y López – Convocatoria del Congreso Constituyente – Renuncia de Bolívar ante el Congreso – Exilio y muerte de Bolívar

Bolívar: ¿«antigranadino»? 47
Bolívar y la Nueva Granada – El ideal grancolombiano

El Congreso de Cúcuta: ¿federalismo o descentralización? 51
Pros y contras del federalismo – La posición de Nariño – Oposición al federalismo – Posición de Márquez y Osorio – Los venezolanos contra el federalismo – El exagerado centralismo de 1821 – Disolución de la Gran Colombia y nuevos conatos de federalismo

Entrevista de Bolívar y San Martín en Guayaquil 59
Expedición de San Martín a Chile y Perú – Ocupación de Lima por San Martín – Guayaquil, entre Perú y Colombia – Cartas de Bolívar a

San Martín – Entrevista de Bolívar y San Martín – Temario de la entrevista – Resultados de la entrevista – Renuncia de San Martín al mando del Perú – Alejamiento de San Martín

El Congreso de 1823. Acusación y defensa de Nariño   69
Discurso de Nariño ante el Congreso – Retiro y muerte de Nariño – Semejanza entre Nariño y don Quijote – Gran página de don Tomás Rueda Vargas

El Congreso de 1827. La reforma de la Constitución   75
Leyes del Congreso de 1827 – Polarización de las tendencias – Llegada de Bolívar al Congreso – Oposición a la reforma de la Carta de 1821 – Razón de las modificaciones parciales

La invasión peruana. La batalla de Tarqui   81
Pretendida justificación de Obando – Juicios sobre el proceder de Obando y López – Lamar avanza - Sucre interviene – Maniobras de Lamar y respuesta de Sucre – Triunfo de Sucre en Tarqui – Capitulación de Lamar – El punto de vista de Sucre

Anexión del Cauca al Ecuador   89
Flórez acepta la anexión – Inexactitud de las justificaciones de Obando – Permanente acuerdo de Obando y López

Incorporación de Obando y López a nuestro ejército   93
Sometimiento de Obando y generosidad de Bolívar – Balance de las acciones de Obando y López – Insinceridad de Obando y López y generosidad de Bolívar – Confesiones de López – Inverosimilitudes de López

El «Congreso Admirable» y la Constitución de 1830   99
Se reúne el Congreso Admirable – Renuncia de Bolívar al mando – Debate sobre descentralización administrativa – Separación de Venezuela con apoyo de los santanderistas – Mensaje del vicepresidente Caicedo al Congreso – Expedición de la Constitución – Nuevo mensaje de Bolívar al Congreso – Homenaje del Congreso a Bolívar – Votación por los candidatos – Elección de Joaquín Mosquera y Domingo Caicedo – Complacencia del Libertador – Mensaje de gratitud del Congreso a Bolívar – Propuesta de una nueva Constitución a Venezuela

Despedida de don Joaquín Mosquera, Azuero y Páez al Libertador   113
Gobierno de Mosquera – Debilidad de Mosquera – Agresión de Ve-

nezuela al Libertador – Respuesta de Azuero – Actitud indigna de Mosquera y Azuero – Infamia de Azuero con el Libertador – Infamias de la Gaceta Oficial – Acertado juicio de Posada Gutiérrez – Mensaje del ministro Márquez – Nobleza del Libertador con Mosquera

SEGUNDA PARTE

Régimen presidencial y régimen parlamentario. El bipartidismo   127

El peculiar bipartidismo parlamentario inglés – El régimen presidencialista en América – Natural inclinación de Colombia al bipartidismo – Fracaso del federalismo durante la Independencia – A. Nariño: «Centralismo actual y federalismo futuro» – Excesivo centralismo de la Constitución de Cúcuta – Debilidad de la Carta de Cúcuta: limitaciones al Ejecutivo – La Convención de Ocaña - La dictadura – La organización de la Nueva Granada – Gobierno de Santander – Liberales «conservadores» y liberales «rojos»

El doctor José Ignacio de Márquez. La guerra civil de 1840 y la definición de los partidos políticos   139

Elecciones de 1837 – Márquez, presidente en 1837 – La guerra civil de 1840 – Consolidación de un partido moderado en torno al gobierno – Hacia una nueva Constitución – La Constitución de 1843 – Primer gobierno de Tomás C. de Mosquera - Agitación política de 1848 – Ideario del partido liberal – Extinción de las universidades - Hostilidad a la Iglesia – Librecambio – Conformación del conservatismo – Ideario del partido conservador – Manifiesto del partido conservador en 1849 – La primacía del individuo y la meta del bien común – Centralismo y federalismo. Autoridad y libertad. Status de la Iglesia – Acercamiento de los partidos

El doctor José María Samper y el conservatismo   157

José María Samper, «Gólgota» – Samper se distancia del radicalismo – El Programa Conservador de 1878 – Fidelidad de J.M. Samper al conservatismo – J. M. Samper en el Consejo de Delegatarios

La Carta de Rionegro. Valiosos juicios de prohombres liberales   163

La Constitución de Rionegro – Graves errores de esta Constitución –

Valiosos juicios liberales sobre ella – Constitución quimérica y tiránica – Evolución ideológica de Núñez – Oposición de los radicales a Núñez – Conceptos del doctor Eduardo Santos sobre dicha oposición – Núñez busca entendimiento con los radicales

La Constitución de 1886   173
Mensaje de Núñez al Consejo Nacional de Delegatarios – Aprobación de la nueva Constitución – Normas básicas de la nueva Constitución – El Partido Nacional – La «Regeneración» – Perdurabilidad de la Constitución

El Concordato de 1887 y la situación matrimonial del presidente Núñez   179
Los dos matrimonios de Napoleón – Matrimonio legítimo de Núñez con doña Soledad Román

TERCERA PARTE

El general Rafael Reyes. Expediciones al sur y actuaciones en las guerras de 1885 y 1895   185
Travesía de Reyes por el Putumayo – Expedición militar de Reyes a Panamá – Encuentro con las fuerzas de Estados Unidos – Prestán incendia el puerto de Colón – Opiniones sobre Prestán – Surgimiento del conservatismo «histórico» – Insurrección radical de 1895 – Reyes derrota la insurrección – Reconocimiento público a Reyes – Planes políticos de don Miguel Antonio Caro – Posesión de Sanclemente y Marroquín – El general Reyes en Francia

La guerra civil de los Mil Días. El 31 de julio de 1900   199
Fracaso de las negociaciones de paz – Prolongación de la guerra – Fin de la guerra – El Tratado Herrán-Hay – Washington apoya el plan de separación de Panamá – El 3 de noviembre de 1903 – «Memorial de agravios» de Colombia – Elecciones de 1904 – El «Registro de Padilla» – Primeros proyectos de Reyes como presidente – Dificultades con el Congreso y clausura de éste – Confinamiento de varios parlamentarios – Convocatoria de la Asamblea Nacional de 1905 – Actos Legislativos 1, 2, y 3 – Acto Legislativo 5 – Actos Legislativos 6, 7, 8, y 9 – Acto Legislativo 10 – Aplauso liberal a Reyes y descontento conservador – Conjura contra Reyes – Atentado fallido contra Reyes – Proceso contra los conspiradores – Relaciones diplomáticas con los Estados Unidos – Actos Legislativos 1, 2 y 3 de 1908 – Actos Legislativos 1, 2, 3, 4 y 5

de 1909 – Especial rechazo de la opinión al tratado con Panamá – Renuncia de Reyes y manifestaciones públicas – Reasunción del poder y elección de Congreso – Reyes se aleja del país – Reyes en el destierro – Mensaje a sus compatriotas – Regreso a Colombia – Subsisten antiguos rencores – Muerte de Reyes y posterior reconocimiento

Las grandes reformas constitucionales de este siglo (1910, 1936, 1945, 1957 y 1968) 229

Se reúne la Asamblea Nacional de 1910 – Modificaciones a los Títulos I, III, VI y VIII – Modificaciones a los Títulos IX, X y XI – Modificaciones al artículo 121 y al Título XV – Jurisdicción constitucional – Sistema electoral – Representación de las minorías – Modificaciones a los Títulos XVIII, XIX y XX – Acierto de la reforma constitucional de 1910 – La reforma constitucional de 1936 – Reformas de 1945, 1957 y 1959 – La reforma de 1968 – Balance de las reformas

El 9 de abril de 1948. Orígenes de la violencia de mediados del siglo 243

Oposición al gobierno de Ospina Pérez – Renuncia de los ministros liberales – Agitación liberal y de la Izquierda – Infiltración comunista – Lo «revolucionario» en las reformas de López Pumarejo – Acción de los comunistas en la Conferencia Panamericana – Propuestas del comunismo a Gaitán y negativa de éste – Asesinato de Gaitán – La revuelta – El comunismo internacional, autor de la tragedia – Reunión de las directivas liberales con el gobierno – Ospina se niega a renunciar y afronta la crisis – Restablecimiento del gabinete ministerial paritario – Solución a la crisis con el nuevo equipo de gobierno – Reconocimiento de la opinión al presidente Ospina – Mensaje de Juan Lozano y Lozano

La pretendida derogatoria del Concordato de 1887 261

Proyecto de ley del representante Montejo – Soberanía de la Santa Sede – Personería internacional de la Santa Sede – Ponencia del representante Morales – Carácter bilateral de los concordatos – Leyes no acusables ante la Corte – Inviolabilidad del Concordato – Revisión bajo el mutuo consentimiento de las partes – Normas contra la abrogación unilateral de tratados internacionales – La forma correcta de modificar el Concordato

La descentralización. Fórmulas del presidente López Michelsen en 1977 273

Fórmulas para la descentralización – Primera: supresión de los departamentos – Segunda: intervención de las Asambleas departamentales – Tercera: elección popular de gobernadores – Elección por los municipios y los gremios – Descentralización en las reformas de 1945... – ...

y en la reforma de 1968 – Capacidad decisoria a oficinas seccionales – Descentralización de compras e impuestos

La conjura contra la Constitución de 1886 — 285
Inutilidad de reemplazar la Constitución de 1886 – La iniciativa de Barco, un problema de imagen – Adoptar el sistema parlamentario, un absurdo – Peligros del aumento de poder del Congreso

La Constitución de 1991 — 291
Carácter unitario y nacional de la Constitución de 1886 – 1986: de vuelta a los cambios constitucionales bruscos – Sobre la validez de un iluso plebiscito – Sobre la soberanía del constituyente primario – Campaña por la convocatoria a referéndum – Sorpresiva declaración de exequibilidad de la convocatoria – Instalación y desarrollo de la Asamblea Constituyente – Inconsistencias de la revocatoria del Congreso – La nueva Carta: errores de toda índole – Debilitamiento del poder Ejecutivo – La elección popular de gobernadores – Restricciones al estado de Sitio – Desconocimiento del hecho católico en Colombia – Renuncia del conservatismo a la Constitución de 1886 – La carta de 1886: canon y orgullo del conservatismo

PRÓLOGO

Panorama constitucional

Por Héctor Fabio Varela

Con el título de *Apuntes de historia constitucional y política* publica en este volumen Luis Córdoba Mariño algunas de las lecciones que sobre la materia ha dictado en la Pontificia Universidad Javeriana y en el Colegio Mayor de Nuestra Señora del Rosario. Quedan por fuera algunas Constituciones, pero las incluidas ofrecen amplio panorama del desenvolvimiento histórico y constitucional de Colombia en las épocas a que él se refiere, y dan testimonio de la profundidad y la extensión de sus conocimientos sobre el tema.

Mucho se ha controvertido sobre la objetividad de los historiadores. Es indudable que cada uno se acerca a los acontecimientos con su propio repertorio de ideas, sentires y aun prejuicios, de los cuales es bastante difícil desprenderse. Esta es la razón por la cual sobre unos mismos hechos se expresan diversas opiniones y es la historia campo propicio a divergencias y contradicciones. Además del criterio personal, como elemento inevitable cuando se escribe o habla, hay que considerar, como factor distorsionante de la objetividad, el tiempo en que se hacen los análisis y se emiten los juicios. En cada época predominan ciertas ideas políticas y sociales, cierto modo de enfrentar la realidad, cierta sensibilidad artística, ciertos valores éticos, ciertas tendencias individuales y colectivas, producto de las circunstancias que en ella se viven y que equivocadamente se pretende asimilar a edades regidas por otras diferentes.

Sin embargo, el historiador no puede apartarse de la verdad de los hechos, como surge de los documentos. Si los desvirtúa o altera, sus juicios estarán, sea cual fuere su criterio, apoyados en bases falsas. Hay también una serie de principios filosóficos, éticos, políticos, sociales y religiosos de carácter permanente, que pueden sufrir modificaciones en su expresión pero no en su contenido, y que son válidos, por lo tanto, para todos los tiempos. Tiene además la obligación profesional de compenetrarse a fondo, por un esfuerzo de imaginación y estudio, con el tiempo a que se refiere. Sólo si cumple estos requisitos merece credibilidad, aunque sus puntos de vista sobre la realidad histórica ocasionen polémica o controversia.

De la lectura de los capítulos de libro de Córdoba Mariño se desprende que ha sido fiel a los anteriores principios. Por el camino de la historia de cada etapa, tal como ha llegado a sedimentarse, extrae las conclusiones sobre los cambios políticos colombianos. Tales cambios, para bien o para mal, han inspirado la expedición y las reformas de las distintas Constituciones del país. No se puede entender su evolución constitucional si no se conocen y aprecian los hechos históricos de donde ellas surgieron.

Sin hacer referencia a las Constituciones que se expidieron por las provincias del antiguo virreinato, después de proclamada la independencia de España, entre el 20 de julio de 1810 y el 7 de agosto de 1819, fecha esta última en que el país quedó libre de las ataduras coloniales, el libro se concreta a las expedidas en los casi dos siglos de la vida independiente. La primera fue la Constitución de Cúcuta, por la cual se ratificó y constituyó la unión de las actuales Ecuador, Colombia y Venezuela, proclamada en 1819 en el Congreso de Angostura. Tuvo una duración de apenas ocho años, aunque estaba prevista para diez, por los graves acontecimientos que obligaron al Libertador Simón Bolívar a asumir la dictadura, que no fue tan rígida porque él mismo la sometió a una Constitución provisional denominada Decreto Orgánico, con el cual le puso límites a su propio mandato.

En 1830 se reunió la asamblea constituyente llamada por la historia el Congreso Admirable, que en el empeño de impedir la disolución de la Gran Colombia, dictó una ponderada Constitución que conciliaba los intereses entonces en pugna. De ella dijo don José María Samper que «era fruto de patrióticas transacciones entre bolivianos y antibolivianos, federalistas y centralistas, autoritarios y liberales, y daba prueba de un gran progreso alcanzado en el arte de constituir con acierto y moderación una república de gobierno popular y representativo». Desgraciadamente tan sabio instrumento se expidió tarde, cuando la separación de las tres naciones de la Gran Colombia era ya irreversible.

Vinieron después las otras Constituciones, dictadas sólo para la actual Colombia: la de 1832, la de 1843, la de 1853, la de 1858, la de 1863 y finalmente la de 1886, que con algunas reformas duró hasta 1991, cuando se expidió la vigente. Las cuestiones principales en ellas debatidas fueron las relativas al centralismo y el federalismo, la extensión de los derechos humanos, el régimen de la propiedad privada, las relaciones de la Iglesia católica con el Estado, la libertad de cultos y la enseñanza religiosa, la competencia de cada una de las tres ramas del poder público para afirmar la autoridad o para menoscabarla en aras de una libertad incontrolada, según los principios rectores de cada Carta.

En su libro se ocupa Córdoba Mariño de estos estatutos. La mayor parte de ellos, sin apoyo en la realidad social ni en el grado de desarrollo político del pueblo colombiano, constituyeron las que Bolívar denominó «repúblicas aéreas». De allí su inconsistencia y su duración efímera. La única que se afianzó en sólidas bases fue la de 1886 y por ello duró más de un siglo. Se la sustituyó por la actual, la de 1991, que ha creado en apenas seis años, a la fecha de este escrito, un caos institucional nunca visto. Se renunció a la que ya era conocida por el pueblo y había estabilizado sus instituciones, para retrotraer la nación al siglo pasado en justicia, en administración, en fraccionamiento de la autoridad, en ilimitados derechos individuales que no se cumplen, en descentralización política, en mezcolanza de facultades de los tres poderes públicos, que impide saber cuales son sus específicas facultades y funciones. De allí sus constantes interferencias y conflictos.

He leído, por supuesto, los originales del libro, pero me he detenido especialmente en algunos capítulos. Aludiré apenas a cinco de ellos. El capítulo que trata del regreso de Bolívar desde Venezuela en 1827, adonde había ido a conjurar la rebelión del general Páez contra la subsistencia de la Gran Colombia, y del grado de incomprensiones y rencores que halló a su retorno por parte de Santander y sus secuaces, que culminó con el atentado contra su vida, en septiembre de 1828, del cual se salvó milagrosamente, descubre la descomposición y la anarquía entonces reinante. Todo ello era fruto de la Constitución de Cúcuta, que resultaba inadecuada para el gobierno de una república tan extensa y debía por lo tanto ser reformada. No menor o parte tuvieron las ambiciones de quienes en la ausencia de Bolívar en el Perú, durante cuatro años, habían regentado el poder y no se resignaban a no continuar bajo la batuta del antiguo mandatario, Santander, en la cúspide del gobierno. En este capítulo se revelan también la bajeza y la ingratitud de quienes entonces fueron sus opositores, tanto en sus actuaciones como en sus ataques periodísticos.

En el capítulo relativo a la dictadura de Bolívar y la expedición de su Decreto Orgánico en 1828, que, como dice el autor, fue en realidad una especie de Constitución sintética y transitoria que debía regir, para poner límites al poder dictatorial, sólo durante dieciséis meses, mientras se reunía la Asamblea Constituyente, allí mismo convocada para 1830, se advierte, como en todos los documentos del Libertador, la nitidez de su visión política. El análisis que hace el autor de ese Decreto demuestra que él fue la génesis, en líneas generales, de las posteriores Constituciones unitarias. En él se trató de conciliar, como reza el lema del escudo nacional, la libertad y el orden.

El capítulo sobre el gobierno de don Joaquín Mosquera, quien sustituyó a Bolívar cuando renunció al mando y se retiró definitivamente a morir en Santa Marta, en diciembre de 1830, es amargo episodio de la historia colombiana, por la suma de vilezas que entonces destiló contra el Libertador uno de los ministros de ese débil mandatario, el doctor Vicente Azuero, incondicional secuaz de Santander. Manifestaciones como esa no han sido extrañas en la historia de Colombia. No era posible que un gobernante tan condescendiente y acomodaticio durara en el mando y fue depuesto por el general Rafael Urdaneta.

A dos capítulos más deseo referirme. Primero al que trata del general Rafael Reyes, la «Concordia Nacional» y las reformas del «Quinquenio», es decir de los cinco años de su gobierno. En este capítulo, tal vez el más largo del libro, se traza de mano maestra la semblanza de ese presidente, uno de los mejores de Colombia desde que se conquistó la Independencia. Le correspondió gobernar, entre 1904 y 1909, después de la guerra de los Mil Días, la más larga y sangrienta. Buscó la concordia entre los colombianos, llamó a colaborar a los jefes liberales de la contienda fratricida, impulsó el progreso del país en todos los órdenes, propició reformas electorales que hicieron posible la representación de las minorías, convocó a una asamblea constituyente para introducirle a la Constitución de 1886 algunas reformas entonces necesarias, le dio formidable impulso a la economía, revaluó la moneda, pretendió restablecer las relaciones entre Colombia y los Estados Unidos, rotas por la intervención de este último en la secesión de

Panamá, y dio muestras de magnanimidad y generosidad en todos sus actos de gobierno. Pero nada impidió que se conspirara contra él y se le compeliera a renunciar al mando y expatriarse durante varios años. Cuando regresó no cesaron los odios, que él miraba con tranquila indiferencia. Cuando murió, el pueblo se congregó en sus funerales para darle una despedida apoteósica. Todo esto lo relata el autor con evidente simpatía hacia el eminente república, en su sintético boceto biográfico.

Sobre los acontecimientos del 9 de abril de 1948, cuando fue asesinado el líder liberal Jorge Eliécer Gaitán y se produjeron horribles desmanes en Bogotá y en otras ciudades del país, traza Córdoba Mariño con personal conocimiento de causa un cuadro magistral en que, dejando de lado los aspectos tétricos, estudia los antecedentes de ese trágico episodio, el modo como él fue afrontado y resuelto con heroico valor por el presidente de la república, doctor Mariano Ospina Pérez, los posibles autores intelectuales de ese levantamiento popular encaminado a derribar el gobierno y las consecuencias de tan espantoso acaecimiento. Los hechos se conocen pero se debatirá siempre sobre quienes fueron sus inductores. El autor considera que su causante fue el comunismo soviético, apoyando su tesis en una serie de actuaciones concomitantes de personajes internacionales de esa ideología. Es una hipótesis entre otras. Bastante posible pero no única. No hay que olvidar que Juan Roa Sierra, el asesino material, fue vecino de la casa solariega de Gaitán, y que el padre de éste adquirió por remate la casa que fuera de aquel. No sería improbable que de este hecho surgieran resentimientos incurables. En todo caso, la fecha de la eliminación del caudillo ha quedado en la historia como una de las más aciagas de la patria. El examen que de ella hace Córdoba Mariño es desde todo punto de vista recomendable por su sereno criterio y por la claridad la Santa Sede y la situación matrimonial del presidente Rafael Núñez, de la Constitución de 1886 y de la conjura para abrogarla, del modo irregular como se produjo su cambio por la actual, y de tantos otros temas históricos de igual importancia. Pero hay soluciones de continuidad porque, como se anotó al principio, los publicados son apenas capítulos de una más vasta obra, que algún día verá en su integridad la luz pública.

En el análisis y en el juzgamiento de las distintas Constituciones colombianas parecería haber dado implícita aceptación al siguiente pensamiento de don Miguel Antonio Caro, coautor y redactor del estatuto constitucional de 1886, el más sabio y firme de cuantos el país ha tenido:

«La duración de las leyes políticas, orgánicas del Estado, mantenidas por acuerdo tácito y firme, por el respeto de los pueblos, indica que una nación está realmente constituida. La ley humana, la ley escrita, es, por sí sola, ineficaz; sólo es poderosa y santa cuando su origen es respetable y respetado, cuando en los grandes acontecimientos de la historia se reconoce la acción de un poder divino que adoctrina, castiga y premia a las naciones, y les concede ocasiones extraordinarias para constituirse y engrandecerse. Entonces el orden legal es sólido, porque se apoya en el orden moral y en la fe religiosa de la sociedad».

El autor aporta al libro no sólo su estilo claro y su rigurosa dialéctica, sino igualmente su método y erudición de catedrático de derecho constitucional colombiano durante largo tiempo. Aporta también su experiencia política, administrativa y diplomática, porque ha sido secretario general de la presidencia de la república, superintendente bancario, embajador en Argentina, Dinamarca y Holanda, rector universitario, abogado litigante, deportista y hombre de sociedad que ha vivido en contacto con los protagonistas de nuestra historia en los últimos años. En el momento de escribir estas páginas su mente, siempre lúcida y abierta a la comprensión de toda clase de fenómenos sociales, gozaba de plena serenidad. Quiere decir que ellas fueron pensadas y escritas con espíritu reposado y ecuánime.

Apuntes
de Historia Constitucional
y Política de Colombia

PRIMERA PARTE

Bolívar y el Derecho

En este escrito pretendo mostrar lo que fue en el Libertador su temprana y constante preocupación por el derecho y su incansable búsqueda de soluciones políticas que, por adecuadas a la índole y situación del país, permitieran consolidar la paz y aclimatar lo que hoy llamamos un verdadero Estado de Derecho. Basta para ello repasar, así sea a la ligera, sus principales documentos, desde el *Manifiesto de Cartagena* de 1812 hasta su proclama en San Pedro Alejandrino, para apreciar lo que fue su extraordinario conocimiento y asimilación de la historia y sus asombrosas dotes de escritor, sociólogo, original expositor de derecho público e internacional y, en una palabra, de consumado estadista.

El análisis que hace el mencionado manifiesto de las causas que destruyeron la primera república de Venezuela y los medios que plantea para la recuperación de ésta y la salvación de la Nueva Granada muestran ya, a sus 29 años de edad, su capacidad de estratega al indicar los medios para impedir la inminente reconquista española, y su madurez de estadista al prevenir a estos pueblos sobre la futilidad de crear gobiernos débiles y «repúblicas aéreas» y, por un absurdo prurito de copiar instituciones extrañas, dividir con el federalismo en pequeños estados las provincias que estaban antes unidas bajo unas mismas autoridades y leyes. Es especialmente significativo el llamamiento que hace a estas dos partes del virreinato para asegurar la amenazada «libertad de Colombia», anunciando así el temprano ideal de unión de Venezuela y Nueva Granada, que siete años después logró realizar en Angostura.

En la *Carta de Jamaica*, que es quizás el más sorprendente de sus documentos, hace un penetrante análisis de la situación de la América española, de los excesos de los conquistadores, de las restricciones económicas y comerciales a que la tenía sometida España, del derecho de aquélla a la independencia, de la índole de sus pobladores –no completamente indios ni completamente europeos–, de la necesidad de luchar en ese momento por su libertad y encontrar instituciones adecuadas a esa realidad que, apartándose de la monarquía y de un sistema exageradamente representativo, fueran un medio entre extremos que evitara la tiranía y la anarquía. Por otra parte, Bolívar observa que no es posible formar con nuestros países una sola república y menos una monarquía, sino una gran asociación o federación entre ellos. Pero lo que más admira en este documento, además del sagaz y erudito esquema anterior, es la apreciación sobre las características salientes de cada uno de los virreinatos y capitanías y el anuncio, realmente profético, de su situación en el futuro. Díganlo si no, sus predicciones sobre unión de Venezuela y Nueva Granada en la gran nación que se llamaría Colombia; sobre las dificultades para conseguir la independencia del Perú y consolidar allí una verdadera democracia; sobre el establecimiento en Chile de una república de leyes justas que, por el espíritu de libertad y sanas costumbres de sus pobladores, duraría largo tiempo; y sobre la instalación en Buenos Aires de un gobierno con primacía de militares, que llevaría necesariamente a una oligarquía, como ocurrió durante largos años, o a una monocracia, como sucedió con Rosas y en las dos etapas de Perón, para regresar, como se vio en varios períodos de este siglo, al gobierno militar. ¿Podrá, pues, decirse que este profundo conocedor de la historia y del continente, este penetrante y sabio sociólogo pueda apenas mantenerse en la memoria de los colombianos por sus campañas militares que dieron la libertad a cinco naciones, para colocarlo luego en la aborrecida galería de los dictadores, o de los «tiranos», como lo denominaban sus apasionados enemigos de 1828?

Después de las fracasadas expediciones de 1815 y 1816 para recuperar las costas de Nueva Granada y Venezuela, el Libertador logra en 1817 tomar la ciudad de Santo Tomás de Angostura y establecer allí su cuartel general, base y comienzo de la campaña que ha de culminar en Boyacá en 1819. ¿Y cuál es entonces su primera preocupación? No le basta el ejercicio de la autoridad militar, ni la preparación del ejército que ha de marchar al centro del virreinato. Desea, ante todo, echar las bases de la organización civil del nuevo Estado, y se aplica a ello con empeño de verdadero jurista.

Su primer paso es el Decreto del 6 de octubre de 1817, que crea en las provincias los tribunales inferiores, o de primera instancia y en la capital de la república una Alta Corte de Justicia que oiga y decida en segunda y última instancia las apelaciones contra los fallos de aquellos, pues estima que la función judicial es la base de la vida social civilizada y la verdadera garantía de la libertad y de los derechos individuales. Este decreto fue complementado por el del 7 de noviembre siguiente, que estableció el llamado entonces Tribunal de Consulado, para conocer de los pleitos y diferencias entre negociantes o comerciantes.

Mas no paró allí su preocupación por la organización jurídica del naciente Estado. Por medio de los decretos del 30 de octubre y del 5 de noviembre creó el Consejo de Estado, como asesor del jefe supremo de la república, y el Consejo de gobierno, que desempeñaría algunas de las funciones más importantes del Ejecutivo y reemplazaría a su jefe en caso de muerte o de que fuere hecho prisionero por los enemigos. Y poco más adelante, en 1818, dictó otros dos fundamentales: el que convoca a elecciones para el Congreso que debe expedir la Constitución del nuevo

Estado y el que reglamenta la elección de sus diputados. Y esto lo hacía cuando apenas controlaba una pequeña porción del territorio oriental de Venezuela, cuando aún no había logrado sino en ínfima parte la independencia del antiguo virreinato. Si hay algo que muestra su vocación jurídica, su preocupación por la organización política y civil de la nación, es la temprana expedición de estos decretos, que autorizados historiadores califican como base y embrión de nuestro derecho constitucional.

En el mensaje al Congreso de Angostura, en febrero de 1819, el Libertador repite y amplía sus anteriores consideraciones sobre la injusta situación en que España mantuvo a sus colonias de América, privándolas de elementales derechos y de participación en el manejo de los negocios públicos, sobre la índole y características de sus pobladores, y sobre su indiscutible derecho a la independencia. Enseguida, recuerda a los legisladores que la anterior república de Venezuela pereció porque, sin tener las aptitudes políticas y la disciplina del pueblo de los Estados Unidos, adoptó el sistema federal y de extrema debilidad del gobierno; y además, en extensos capítulos, que constituyen un verdadero tratado de ciencia política, explica cómo algunas naciones, después de conquistar la libertad absoluta, cayeron en la anarquía y luego, por reacción natural, en el despotismo. Apartarse de los extremos, buscando un justo medio entre esos dos males (anarquía y tiranía), es el *desiderátum* de este Continente. Analizando sus características, llega a la conclusión de que en éste no tendría justificación alguna la monarquía y que sólo era posible la democracia, atemperada un poco por razón de la inexperiencia e ignorancia de la mayoría de sus habitantes. A este respecto, recuerda la máxima de Montesquieu de que las leyes deben ser propias del país en que nacen, alejándose de la utopía y del «angelismo» que lleva a constituir repúblicas que hoy son y mañana no parecen. Es realmente asombroso que quien había sido educado en las ideas liberales de la *Enciclopedia*, en las enseñanzas de Rousseau y en el dogma de que «la ley es la expresión de la voluntad general», pida ahora –por su profundo conocimiento de la historia y su extraordinaria capacidad de captar la realidad– limitaciones a esa voluntad que, si no tiene frenos, arrastra a los pueblos a la anarquía. En la búsqueda de una solución apropiada que, alejándose de aquellos peligros, asegure la estabilidad de las instituciones y el ejercicio de la libertad civil, que en su concepto es la fundamental y más importante de todas, encuentra que en los tiempos modernos es el sistema inglés el que más se acerca a ese ideal. Pero, desde luego, no propone su copia o imitación porque, como ya se dijo, ha descartado del todo la monarquía, pero acepta la utilización de algunos de sus elementos, en los cuales ve la verdadera garantía de los derechos ciudadanos. Allá el influjo del Parlamento que ha ido creciendo a través del tiempo, especialmente desde el siglo XVII, contrarresta el gran poder que la tradición y el prestigio de la Corona dan al Ejecutivo y logra en tal forma el anhelado equilibrio de poderes, complementado con la independencia y respetable autoridad de los jueces. Más aun: observa que ese equilibrio es todavía mayor por la existencia en el Legislativo de una Cámara que, por no ser electiva sino hereditaria, no debe su investidura al rey ni al pueblo y sirve de fiel de la balanza en las luchas que se suscitan entre ellos: el gobierno, representado en la Corona, y el pueblo, en la Cámara de los Comunes, obviamente electiva. Anota que un Senado hereditario en Colombia no sería una violación de la igualdad política, pues no es una nobleza lo que sugiere, sino un oficio para el cual el Estado debe preparar desde niños a los candidatos. Oficio que exige mucho saber y los medios proporcionados para adquirir la necesaria instrucción. Agrega que todo no debe dejarse al acaso y a la aventura de las elecciones, y que en todas las luchas la calma y la neutralidad de un tercero viene a ser el órgano de la reconciliación y el verdadero soporte de la estabilidad.

Es explicable que en los albores del siglo XIX, cuando estaba tan próximo el recuerdo de las revoluciones de los Estados Unidos y de Francia, y tan reciente la temprana y ardorosa batalla del propio Libertador contra la monarquía española, el Congreso de Angostura no hubiera acogido esta original iniciativa. Pero lo es asímismo que el Libertador, sin renegar de su condición de ferviente demócrata pero preocupado por el peligro de que la falta de educación y de madurez política de estos jóvenes pueblos pudiera arrastrarlos a la anarquía y luego al despotismo, se empeñara en encontrar elementos de contención que, asegurando el orden, garantizaran la libertad efectiva.

Insistiendo en que el régimen político de América tiene que ser la república, considera que es condición indispensable de ésta que a la cabeza del Estado haya un presidente dotado de amplias facultades para el mantenimiento y el restablecimiento del orden público y la garantía de los derechos individuales, y que tal funcionario tenga todas las atribuciones propias del Ejecutivo, sin que ellas sean compartidas o limitadas a su arbitrio por el Legislativo. En esta forma plantea el régimen presidencial, ideado en la Constitución americana de 1787, pero desarrollado y perfeccionado por él, y luego por la mayoría de las Constituciones de nuestro país. Este sistema y lo anotado sobre el régimen inglés respaldan la antigua tesis del Libertador según la cual, para que haya garantía de verdadera libertad, en las monarquías debe ser más fuerte el Parlamento, y en las repúblicas el Ejecutivo.

Viene a continuación uno de los puntos más importantes, no sólo del mensaje que comentamos, sino del ideario bolivariano y del derecho universal. Me refiero a su rotundo rechazo de la «atroz e impía esclavitud que cubre con su negro manto la tierra de Venezuela». Después de recordar los casos de los Helotas, de Espartaco y de Haití, «que violan a la vez las leyes naturales, las políticas y las civiles», implora del Congreso la confirmación de la libertad absoluta de los esclavos (que él había decretado), como imploraría su vida y la vida de la república. Y esto lo decía con anterioridad a nuestras admirables leyes de 1821 y 1851 y casi medio siglo antes de la abolición de la esclavitud en naciones tan desarrolladas como los Estados Unidos. Finalmente, reitera la petición de unir a Venezuela y Nueva Granada en una gran nación, dotada de ventajas físicas y valiosos recursos que «podrán hacer de ella el lazo, el centro, el emporio del universo y que podrá llevar la salud y la vida a los dolientes hombres del antiguo mundo». Meses más tarde, en diciembre de 1819, regresa a Angostura para dar cuenta al Congreso de las penalidades y de la culminación de la Campaña Libertadora, para destacar lo que significó en ella la extraordinaria colaboración del pueblo granadino, al cual tributa las más fervientes expresiones de reconocimiento y gratitud, y para insistir en la unión de las dos partes del virreinato, que el referido Congreso decreta por medio de la Ley Fundamental de Colombia, expedida el 17 del mismo diciembre.

No puedo dejar de mencionar, así sea a la ligera, dos o tres hechos en que se pone de manifiesto la preocupación del Libertador por el Derecho Internacional, su vasta versación en él y sus originales aportes a esa rama del derecho.

Además del decreto de 1813 sobre la situación de los extranjeros y de la declaración de 1818 sobre rechazo a la mediación de las grandes potencias que buscaba España para tratar de recobrar sus dominios americanos, tenemos como muestra de sus altísimas condiciones de estadista y diplomático la negociación que condujo a los tratados de noviembre de 1820 sobre armisticio temporal por seis meses entre los ejércitos de España y Colombia y sobre regularización de la guerra. Para llegar al primero, que fue buscado por Morillo, desplegó la más extraordinaria habilidad, dando a su adversario la impresión de que su situación militar era muy firme, y colocándolo en posición de tratar de igual a igual con la república de Colombia. Es decir, para obligarlo a reconocer la independencia de ésta y su condición de Estado soberano, como en efecto se hizo en el encabezamiento del tratado de armisticio y en su reiterada mención de «uno y otro gobierno».

El segundo tratado, que según O'Leary fue propuesto y redactado por el propio Libertador, muestra un asombroso conocimiento de las normas del derecho de gentes que aplicaban las naciones civilizadas y cristianas, y sobre todo un altísimo sentido moral y humanitario en el tratamiento de los vencidos y prisioneros de guerra, a los cuales no podía castigárseles, en ningún caso, con la pena capital, y en la obligación de cuidar a los heridos y enfermos del enemigo como si pertenecieran al propio ejército. Así, con estos tratados, celebrados en Trujillo, y con la entrevista que el Libertador y el general Morillo celebraron al día siguiente en el pueblo de Santa Ana, se puso fin a la «guerra a muerte» que había devastado a Venezuela, y se dio un paso decisivo para civilizar la contienda si, expirado el armisticio, ella se reanudaba. Esos tratados, como dice un destacado escritor, son «prez y gloria en los anales de la solidaridad universal» y fueron llamados «el más bello monumento de la piedad aplicado a la guerra».

Consolidada la independencia, el Libertador se aplica con especial empeño a buscar el reconocimiento de ella por Inglaterra y los Estados Unidos y a entablar relaciones con las naciones hispanoamericanas, con miras a formar alianzas que garanticen ayuda en los peligros y aseguren su libertad. A este efecto instruye al vicepresidente Santander sobre el envío de don Joaquín Mosquera a las repúblicas del sur, y de don Miguel Santamaría a México, así como sobre el contenido de las misiones que ellos habrían de cumplir.

Pero entre esta formidable actividad del Libertador en materia internacional se destaca, con perfiles de indiscutible originalidad, la convocatoria del Congreso Anfictiónico, hecha el 7 de diciembre de 1824, dos días antes de la batalla de Ayacucho. A ese Congreso, instalado en Panamá el 22 de junio de 1826, concurrieron plenipotenciarios de Colombia, Perú, México y Centroamérica, y su principal objetivo fue crear una asociación de pueblos hermanos, esbozada desde la *Carta de Jamaica* y preparada por medio de los convenios negociados por los nombrados señores Mosquera y Santamaría.

De los tratados celebrados en Panamá, el primero y más importante estipula la unión, liga y confederación perpetua entre las naciones signatarias y la alianza ofensiva y defensiva para garantizar la soberanía e independencia de ellas. Desafortunadamente no se adoptó, por la oposición de México, el arbitramento obligatorio como solución de los conflictos, que sí se había incluido en las convenciones preliminares a que se ha hecho referencia. No cabe duda, y así se reconoce unánimemente, que este Congreso representó el primer paso en el camino de integración continental y que los principios e ideales que el Libertador quiso consagrar allí son el origen del derecho internacional americano y de los organismos internacionales: en el siglo pasado la Unión Panamericana, y en el presente la Sociedad de las Naciones, la Onu y la OEA.

Otro documento del Libertador que muestra su continua preocupación por el problema constitucional, por dar a cada país instituciones justas y adecuadas que lo libren de caer en la tiranía o la anarquía, es el mensaje con el cual presentó al Congreso Constituyente de Bolivia el proyecto de Constitución que éste le había solicitado. En dicho proyecto, que llama la atención por la originalidad de algunas de sus concepciones, se aparta de la tradicional tridivisión del poder público, agregando, como rama autónoma, el poder electoral. Autonomía de éste que ha sido, en este siglo, una de las conquistas que buscan y logran los partidos para asegurar la pureza e independencia del proceso democrático.

Otro punto original es la división del Legislativo en tres Cámaras: la de los tribunos, la de los senadores y la de los censores, atribuyendo a cada una competencia exclusiva para presentar determinado grupo de leyes, pero exigiendo que éstas sean aprobadas por dos de tales Cámaras. Así, se inician en la de los tribunos, equivalente a la Cámara popular (de representantes o diputados), las relativas a Hacienda (impuestos y gastos) y Paz y Guerra (relaciones exteriores, ejército, etc.); en la de senadores o

Senado, las relativas a códigos, tribunales, administración de justicia y culto o cuestiones religiosas o eclesiásticas (recuérdese que nuestras repúblicas reclamaron y mantuvieron hasta bien avanzado el siglo XIX el régimen de Patronato, heredado de España). En cuanto a la tercera Cámara, de los censores, cuya creación constituye la mayor novedad del proyecto, Bolívar le atribuye la potestad política y moral, semejante a la que ejercían el aerópago de Atenas y los censores de Roma. O sea, la fiscalización del gobierno para impedir las violaciones de la Constitución y de los tratados (en cierto modo un anticipo de la moderna jurisdicción constitucional), y el juicio de responsabilidad que en la mayoría de las constituciones modernas promueve contra los más altos funcionarios la Cámara baja ante el Senado, y similar también a las funciones del moderno *«Ombudsman»*. Agrega el Libertador, siempre preocupado por asegurar la eficacia de las leyes y la libertad efectiva, que la misión de esta Cámara «...es la más augusta y terrible de todas, pues concede honores a los servicios y a las virtudes de los ciudadanos que se destacan por ellas, pero, a la vez, condena a oprobio eterno a los usurpadores de la autoridad, a los transgresores de la Constitución y las leyes y a los insignes criminales». Esta Cámara, aunque haga parte del Legislativo por su participación en la expedición de las leyes, equivale a un verdadero tribunal, no destinado a desatar litigios civiles o adelantar acciones penales comunes, sino a juzgar y calificar la conducta de los funcionarios y defender a la vez la integridad de la Constitución.

Es necesario agregar que con la existencia de las tres Cámaras se quiso impedir que el proceso legislativo se paralizara cuando se presentara desacuerdo entre las dos primeras (las tradicionales), estableciendo una especie de árbitro o fiel de la balanza que decidiera el *impasse*, adhiriendo a la decisión de una de aquellas. La otra nota original del proyecto es la presidencia vitalicia, pues el Libertador estimaba que en naciones sin jerarquía se necesita, más que en otras, un punto fijo alrededor del cual giren los funcionarios y los ciudadanos, y agrega que para Bolivia ese punto fijo es el presidente.

Se debe recordar que esta constitución fue concebida para dicho país a petición de su Congreso Constituyente, y basada en la consideración de que era ése el estado más joven de América, el de mayor número de analfabetas e indígenas y el de menor experiencia en prácticas de gobierno. O sea que había que darle un tratamiento como de menor de edad, limitando su capacidad de jugar al gobierno y de caer en la anarquía y luego en la tiranía. Por otra parte, la presidencia vitalicia allí establecida no era, ni iba a ser, ni podía ser para el Libertador, que a la sazón era presidente de Colombia y del Perú, sino para el mariscal Sucre que, como se sabe, fue el elegido para tal cargo.

Es cierto que esta constitución fue adoptada poco después por el Perú, cuando el genio de América estaba en el apogeo de su gloria y recibía, además de la aclamación del pueblo, la adulación de los dirigentes que más tarde le volvieron la espalda y lo traicionaron. En lo que respecta a nuestro país, parece evidente que si el Libertador –cuando recibió en Lima las primeras noticias de la crisis política de Venezuela que amenazaba la existencia de la Gran Colombia– llegó a considerar que dicha constitución podría ser remedio eficaz para conjurarla, al entrar a Popayán y a medida que se acercaba a Bogotá comprendió que ella no tenía acogida aquí, y descartó por completo esa posibilidad, como lo reconocen autorizados historiadores. Y fue tan sincero ese desistimiento, que el proyecto de constitución que llevaron sus seguidores a la Convención de Ocaña no tiene semejanza alguna con la de Bolivia.

De otra parte, conociendo el proverbial desprendimiento del Libertador, es absurdo pensar –como lo dijeron sus enemigos en 1828– que al formularla estuviera movido por mezquinas ambiciones y no por la preocupación –cada día más viva en él– de encontrar fundamentos para la estabilidad de las instituciones en pueblos jóvenes desprovistos de cultura, de disciplina social y de elementos que los libraran del desorden y del caos. Pero el hecho de haber ideado la presidencia vitalicia para Bolivia, o de haber considerado la posibilidad –más adelante descartada– de que ella pudiera servir para evitar la disolución de Colombia, no debió haberse calificado de grave pecado contra la democracia, como lo hicieron sus exaltados opositores, pues el general Santander, en dos ocasiones, había admitido como posible o necesaria esa solución, a saber: en 1819 cuando ofreció que votaría por ella si llegaba a asistir al Congreso de Angostura, y en 1826 cuando, en carta al general Santacruz, presidente del Consejo de ministros del Perú, manifestó que pondría de su parte cuanto le permitieran sus fuerzas para hacer popular y llevar a cabo la Confederación de Colombia, Perú y Bolivia bajo el gobierno vitalicio del Libertador. Así lo registra en sus famosas y admirables *Memorias* el general Joaquín Posada Gutiérrez,* que además de documentado e imparcial historiador, juzgó con mucha objetividad la posición de los nacientes partidos en esa época y puso especial empeño en rebatir los cargos que algunos amigos del Libertador formulaban al general Santander, cargos que en mucho contribuyeron a distanciar a los dos próceres y a colocar a éste en enconada enemistad con aquél.

En 1827, al acentuarse con la rebelión de Páez la crisis de la Gran Colombia, se pusieron de bulto las fallas y vacíos de la Constitución de 1821, y aunque un sector político de la antigua y futura Nueva Granada se aferró a la tesis de que aquélla era inmodificable, la abrumadora mayoría del Congreso de ese año estimó que debería anticiparse la convención constituyente prevista para 1831 y, al efecto, expidió la ley que la convocó para el año siguiente en la ciudad de Ocaña. A este respecto llama la atención que nuestros historiadores, a través de los años transcu-

---

* Joaquín Posada Gutiérrez, *Memorias histórico-políticas*, tomo I, Bogotá, Biblioteca Popular de Cultura Colombiana, 1952.

rridos desde entonces, hayan seguido enfrascados en la absurda polémica de si la Constitución de Cúcuta se podía reformar o no en 1827. Es decir, entre quienes sostenían la integridad de esa Carta y quienes prohijaban su reforma. Polémica que, a mi juicio, careció y carece en absoluto de sentido. El hecho de que aquélla adoleciera de graves defectos que debían corregirse, no significaba que fuera necesario su reemplazo total, y de ahí la sinrazón de quienes –deseosos de oponerse a las indispensables enmiendas– alegaban que éstas no podrían realizarse antes de 1831, buscando con tal sofisma la integridad de la Carta y cerrando el paso a cualquier modificación, por leve que fuera. La solución constitucional del problema era diferente, y para comprobarlo basta leer desapasionadamente los artículos 190 y 191 del estatuto de Cúcuta. En efecto; éste estableció acertadamente dos sistemas de reforma: uno parcial y otro total. El primero, a que se refiere el citado artículo 190, podía realizarse en cualquier tiempo, por medio del procedimiento que luego se generalizó y que se conoce con el nombre de las «dos vueltas», o sea la aprobación por el Congreso en dos legislaturas. Y el segundo, consagrado en el otro artículo (el 191), previó la posibilidad de examinar o reformar la Carta en su totalidad cuando hubieran transcurrido diez o más años de su vigencia.

Si para corregir los notorios defectos de la constitución relacionados con las limitadas atribuciones del Ejecutivo y con el exagerado centralismo, bastaba una enmienda parcial, no se ve la razón para que los exaltados enemigos del Libertador se hubieran opuesto a esas reformas, con el pretexto de que éstas sólo podrían hacerse de 1831 en adelante; ni se explica tampoco que los sostenedores de tales obvias reformas cayeran en la trampa tendida por sus adversarios y aceptaran, en el Congreso de 1827, la innecesaria e inconstitucional solución de anticipar la Convención que, para el caso de una reforma total, estaba prevista para 1831.

La solución lógica habría sido iniciar, en el citado Congreso, la primera vuelta de las indispensables reformas, que hubieran quedado definitivamente aprobadas en legislatura posterior, evitando en tal forma la absurda solución que se adoptó y que, además de contraria a la Carta, resultó inconveniente y catastrófica, pues agudizó el enfrentamiento de las opiniones y degeneró en la aparición de bandos irreconciliables, que llevaron luego a la disolución de Colombia.

Esa reforma parcial, que hubiera evitado la desastrosa Convención de Ocaña, la consiguiente dictadura y la horrenda conspiración septembrina, fue la que a la postre y tardíamente llevó a cabo el Congreso Admirable de 1830. La Carta expedida por éste no es, en realidad, sino la reproducción de la de Cúcuta con las correcciones que se venían pidiendo en materia de atribuciones del presidente y del excesivo centralismo, suprimiendo las trabas y limitaciones a que aquél estaba sometido y creando las Cámaras de distrito, que luego se llamaron de provincia y fueron el origen de nuestras actuales Asambleas departamentales.

En las elecciones de diputados a la Convención de Ocaña, convocada por el prenombrado Congreso, el gobierno del Libertador dio las más amplias garantías, que fueron bien aprovechadas por el general Santander y el grupo de oposición para lograr una apreciable representación, hostil al presidente, que a la postre se convirtió en mayoría. No obstante esta circunstancia, la Convención, al iniciar sus sesiones, aprobó por unanimidad una proposición en que declaró que la Carta de Cúcuta había resultado impracticable y debía expedirse una nueva. Con lo cual la mayoría adversa al Libertador dio respaldo a la tesis de los amigos de éste, que sostenían la necesidad de su reforma.

Precisamente a esa asamblea dirigió el Libertador uno de sus más admirables mensajes, en el cual da cuenta de la gravísima situación que atravesaba el país, de las causas de ella y de sus posibles remedios en materia constitucional. Señala, con profundo conocimiento de la ciencia política y del aparato administrativo, las trabas que tenía el gobierno para conocer y atender oportunamente las necesidades de los pueblos y asegurar el orden, haciendo ver que los constituyentes de 1821, al igual que los de la llamada Patria Boba, «deslumbrados por aspiraciones superiores a las que la historia de todas las edades manifiesta compatibles con la naturaleza humana», expidieron instituciones utópicas, inadecuadas a la educación, a las costumbres y al estado de nuestro pueblo. Así, agrega Bolívar, hicieron del Legislativo el único cuerpo soberano en lugar de colocarlo como un miembro apenas del soberano, dándole en la administración mucha más parte de la que el interés legítimo permite, y sometiendo a él al Ejecutivo. Todo esto lo ilustra con referencia a las normas que restringen la iniciativa y la participación del gobierno en el proceso legislativo y las que limita la libertad del presidente en nombramientos de tanta importancia como los intendentes de departamento, que obviamente debían ser los agentes e intérpretes de su política, y los ministros diplomáticos, ejecutores naturales de su gestión internacional. Agrega que, destruida la seguridad y el reposo, máximos anhelos del pueblo, es imposible conservar e incrementar la agricultura y cualquier otro género de industria, y que tan frágil era la estructura del Estado y del gobierno que éste, para repeler una invasión exterior o contener conatos sediciosos, no podía hacerlo sin estar revestido de la dictadura. Y termina exhortándolos a considerar que la debilidad del gobierno, que anima a los violentos, la indulgencia de los tribunales y la impunidad de los delitos llevan directamente a la anarquía y ésta a la destrucción de la libertad. Desafortunadamente estas sabias palabras, fruto de su madurez intelectual, de su experiencia y de su amor al país, cayeron en el vacío. En la Convención no había ambiente para analizar serenamente los problemas nacionales, localizar sus causas y encontrar los remedios. Desde el primer momento sus exaltados enemigos no tuvieron otra mira –como lo reconocen hoy destacados historiadores de ambos partidos– que atacarlo, injuriarlo, calumniarlo y cerrar el paso a cualquier reforma que pudiera reforzar su autoridad. A tal punto llegó la pasión política que el jefe de la oposición, que era católico, practicante y devoto, declaró que si para atajar al Libertador era necesario volverse musulmán, el lo haría gustoso. Y los más cercanos amigos políticos de éste, que en el Congreso de Cúcuta se habían mostrado como los más exaltados defensores del centralismo (y opositores por ello al insigne Precursor de la Independencia, don Antonio Nariño), ahora, en Ocaña, presentaron un proyecto de constitución federal, inspirado no en sus propias y antiguas convicciones, sino en el empeño de quebrantar la autoridad, que no podían eliminar, del Libertador.

La no igualada exacerbación de las pasiones en el seno de la Convención hizo imposible estudiar el aludido proyecto federalista, redactado por el doctor Vicente Azuero, ni el de carácter unitario presentado por el doctor Castillo y Rada y los amigos del gobierno. Día por día fue subiendo el tono y la vehemencia de los ataques al Libertador y a sus defensores, hasta que éstos, no pudiendo lograr un poco de calma para discutir, ni las mínimas garantías para hablar, optaron por retirarse, explicando su actitud en un manifiesto al país. Así la Convención quedó sin *quórum* y se disolvió, dejando a Colombia en tremenda frustración.

Pocos días después de clausurada la Convención de Ocaña una junta de notables reunida en Bogotá por el intendente, coronel Pedro A. Herrán, y orientada por el héroe de Ayacucho, general José María Córdova, solicitó al Libertador que asumiera el poder supremo o dictadura para salvar al país de la disolución. Similares peticiones se consignaron en actas populares levantadas en otras ciudades, y él, que no quería el gobierno personal sin normas jurídicas ni límites, dictó el Decreto Orgánico del 27 de agosto de 1828, que algunos historiadores denominan como el decreto orgánico de la dictadura. Dictadura que no fue la usurpación de un poder que él no tuviera –caso tan frecuente en América Latina en los años que siguieron– ni el ejercicio de una autoridad arbitraria y despótica, sino la asunción de facultades extraordinarias y temporales, a la manera de la dictadura romana, para conjurar el caos a que la nación se precipitaba después de Ocaña.

Este decreto es, en realidad, una especie de Constitución sintética y transitoria, que debía regir durante dieciséis meses (del 27 de agosto de 1828 al 2 de enero de 1830), mientras se reunía el Congreso Constituyente, allí mismo convocado, para expedir la nueva Carta. Consta de seis Títulos que versan sobre las atribuciones del jefe del Estado, la creación del Consejo de ministros y el reemplazo del presidente, la creación y funciones del Consejo de Estado, la división y administración del territorio, la administración de justicia, y disposiciones generales. Naturalmente no es del caso resumir o comentar aquí todas esas normas, sino referirme a las más salientes o significativas.

A las atribuciones habituales del jefe del Estado se agregó la de modificar o derogar las leyes anteriores. Es decir, el ejercicio de la facultad de legislar, por la desaparición del Congreso, en forma similar a lo que ha ocurrido después con los decretos legislativos del estado de sitio.

En el Título II se establece el Consejo de ministros, la responsabilidad general de éstos y el reemplazo del presidente por el presidente de dicho Consejo, pero éste, en caso de muerte de aquél, tenía que convocar al Congreso para elegir sucesor. Esta disposición significó la eliminación de la vicepresidencia y fue, a mi juicio, uno de los pocos grandes errores del Libertador, pues irritó más al general Santander y acabó de lanzarlo a una oposición desaforada y aun a autorizar –condicional y parcialmente– la conspiración septembrina cuando pidió aplazarla hasta que él saliera del país a ejercer el cargo, que ya había aceptado, de ministro plenipotenciario en los Estados Unidos, según lo atestigua en sus *Memorias* su gran amigo Florentino González.

Con el Consejo de Estado se buscó crear un cuerpo asesor del gobierno en los asuntos más delicados y dar a la vez representación a los departamentos, reemplazando en cierto modo al Congreso.

En el Título IV se dio al presidente la natural atribución de nombrar libremente sus agentes en los departamentos, sin intervención de autoridades extrañas. En el referente a la administración de justicia no se hizo modificación alguna fundamental. Y en el último se consagraron los principales derechos individuales y libertades, en forma similar a lo dispuesto en la Constitución de Cúcuta y en todas las que se expidieron antes y después, que en ese aspecto siguieron de cerca la traducción que de la *Declaración de los derechos del hombre* había hecho don Antonio Nariño en 1794. Dado el carácter transitorio de este régimen de excepción, ¿podrá sostenerse –como lo pretenden algunos escritores contemporáneos– que la «fundación de la república» se hiciera apenas en octubre de 1832, sugiriendo con ello que en todo el tiempo anterior vivió el país en prolongada etapa de dictadura?

Desafortunadamente la referida nefanda conjuración malogró los anteriores propósitos del Libertador, que se vio obligado a asumir poderes más discrecionales. Sin embargo, la realidad es que prácticamente no los ejerció, pues durante el año que siguió estuvo ausente de Bogotá y del gobierno, dedicado a preparar el ejército que debía rechazar y rechazó la aleve invasión peruana y a procurar el restablecimiento de la paz, perturbada por la rebelión de los coroneles José María Obando y José Hilario López, que éstos iniciaron cuando ya el Libertador, desde el mes de julio anterior, había anunciado el peligro de aquella invasión y convocado a los colombianos para la defensa de la frontera del sur. Es tan injustificable ese levantamiento, que la mayoría de los histo-

---

* Antonio José Lemos Guzmán, *Obando*, 2a. edición, Popayán, Editorial Universidad del Cauca, 1956.

riadores imparciales no han vacilado en condenarlo abiertamente como un acto de traición a la patria. Inclusive el doctor Antonio José Lemos Guzmán, eminente biógrafo y panegirista de Obando, quien anota que él se hizo injustificadamente en coordinación con el Perú para facilitar su invasión a nuestro territorio.*

Otros hechos significativos de este período son el decreto en que el Libertador ordena la cesación de las penas impuestas por la conjuración del 25 de septiembre y su rechazo al proyecto de monarquía que, en su ausencia, había adelantado el Consejo de ministros. Al tiempo con tal rechazo, como anota don Tomás Rueda Vargas, el Libertador manifestó a los ministros «que se esperara a la reunión del Congreso para que este cuerpo resolviera lo conveniente en punto a las instituciones que deben regir al país». Y agregó: «al Congreso toca fijar de modo irrevocable los destinos de Colombia; él llenará sus deberes y nosotros de ningún modo debemos coartar sus atribuciones».*

El Congreso Constituyente, previsto en el Decreto Orgánico de 27 de agosto de 1828 y convocado nuevamente por el Libertador en el Decreto del 2 de marzo de 1829, dictado en su campamento del sur, se reunió el 20 de enero de 1830. A ese Congreso, conocido en la historia como el Congreso Admirable por la calidad de sus miembros y la altura y patriotismo de sus propósitos, dirigió el Libertador, al instalarlo, un mensaje en el cual, además de presentar renuncia irrevocable de la presidencia, hace un análisis de las penosas circunstancias en que había transcurrido la vida del país en los años inmediatos anteriores (convulsiones intestinas y guerra exterior), anima a los constituyentes a tener en cuenta las condiciones físicas y políticas de la extensa y variada Colombia y las lecciones de la naturaleza y de la historia para encontrar instituciones que, por adecuadas, aseguren al país el

---

* Tomás Rueda Vargas, *Escritos*, tomo I, Bogotá, 1963.

reposo y la libertad que tanto anhela. Anota también que la decisión del Congreso de 1827 y la declaración unánime de la Convención de Ocaña demostraron la imperiosa necesidad de introducir reformas a la Constitución anterior.

Posteriormente, el 27 de abril, envía a ese Congreso un nuevo mensaje en el cual reitera su irrevocable decisión de retiro y añade que su separación del cargo es en ese momento más necesaria que nunca para evitar la desmembración de la república o una guerra civil, pues su presencia en el gobierno era un obstáculo a la reconciliación y un pretexto de Venezuela –su tierra natal– para separarse de Colombia y destruirla. Mas no era ésta una simple sospecha del Libertador, pues el nuevo gobierno de aquélla presidido por el general Páez, declaró, en respuesta a las proposiciones de avenimiento que le formulaban el Congreso y el gobierno de Bogotá, que «mientras el general Bolívar no saliera del territorio de Colombia, no entraría en arreglos de ninguna clase con la Nueva Granada». Hasta ese extremo llegó la saña de sus enemigos, que fue, como dijo uno de nuestros grandes poetas, «la corona de espinas que colocó en su frente la ingratitud humana».

El Congreso, ante tanta insistencia, tuvo que aceptar su renuncia, pero al hacerlo le tributó el homenaje de agradecimiento a que por tantas razones era acreedor, y en el mensaje de respuesta le manifestó que «espera que todo colombiano sensible al honor y amante de la gloria de su patria os mirará con el respeto y consideración debidos a los servicios que habéis hecho a la causa de América, y cuidará de que, conservándose siempre el brillo de vuestro nombre, pase a la posteridad, cual conviene al fundador de la Independencia de Colombia». En esta forma los representantes de la nación repararon en parte el diluvio de infamias que habían llovido sobre el creador de la patria, salvando así el honor de ésta.

Vino luego su melancólica salida de Bogotá, en la cual, para vergüenza nuestra, el pobre pueblo, aleccionado por sus rencorosos adversarios, trató de igualar la ingratitud de Venezuela. Y finalmente el frustrado viaje al destierro, que detuvo la muerte en Santa Marta. Y para coronar esa vida de desprendimiento, de abnegación y de entrega, la proclama final de San Pedro Alejandrino, que al perdonar a sus enemigos, que hollaron lo más sagrado para él –su reputación y su amor a la libertad–, resume toda la grandeza y la nobleza de su corazón, así como su ilimitado amor al país en los votos finales para que cesaran los partidos y se consolidara la unión como requisito ineludible para asegurar la supervivencia de Colombia, razón de ser de sus sueños y meta de su incansable batallar.

¿Bolívar «antigranadino»?

El editorial de *El Tiempo* dedicado al libro de García Márquez *El general en su laberinto* en el que califica a éste de antisantanderista, antigranadino y poco simpatizante de Bogotá, agrega: «Los granadinos cobran visos de traidores, vanidosos e hipócritas, en contraste con los gallardos venezolanos integrantes del séquito que acompañó a Bolívar en la dolorosa jornada de sus últimos días. Qué poco granadino se muestra el *General*. Y como a los protagonistas de las novelas –y es una novela– se los identifica con el autor, pensamos que así se siente García Márquez».

Es evidente que el ilustre premio Nobel no se emociona con el temperamento del general Santander, ni aprueba algunas de sus actuaciones, y que, por ser oriundo del litoral, no comparte la psicología de los nacidos en la capital y prefiere la de los costeños y caribes, por informal, descomplicada y franca. Pero de ahí no se puede deducir que esos fueran los sentimientos de su héroe. En lo que respecta a esta ciudad, debe recordarse que fue Bolívar quien la hizo capital del gran Estado con que venía soñando desde los albores de la Independencia y a la cual, como dice el autor del libro que se comenta, quiso convertir casi en capital del mundo.

En cuanto a la Nueva Granada, basta recordar que el Libertador no sólo quiso unirla a Venezuela sino hacerla el centro, el núcleo básico de Colombia. Ya desde el manifiesto de Cartagena sostuvo la tesis de la interdependencia de las dos naciones y más adelante se consagró a realizar la independencia de esta parte del antiguo virreinato, que logra con la fabulosa campaña que culmina en el Puente de Boyacá. En ese mismo año, al regresar a Angostura, conoce la renuncia que había presentado el vicepresidente Zea por dificultades con el Congreso, se indigna con la actitud de éste, que dificultaba la anhelada unión, que él deseaba con un granadino en el gobierno; hace confirmar a Zea en la vicepresidencia, exalta lo que fue la invaluable colaboración de nuestros paisanos en la campaña libertadora y pide a los legisladores que decreten la creación de Colombia, como expresión de la voluntad de ambos pueblos y garantía de la libertad de América. Y concluye con estas palabras: «Proclamadla a la faz del mundo y mis servicios quedarán compensados».

Si bien es cierto que el Libertador, en el último año de su vida, agobiado por la enfermedad y los desengaños, decidió salir de Bogotá, ello no obedeció a desvío por esta ciudad, que tanto había amado, sino a deseo y necesidad de reposo, alejándose de la sede del gobierno y del sitio donde actuaban sus enconados enemigos, para que éstos no siguieran atribuyéndole propósitos de influir sobre las nuevas autoridades. No debe olvidarse que, como lo dice el ilustre historiador José Manuel Restrepo, que había sido ministro del Libertador y de Santander, buen amigo de ambos y por ende de imparcialidad reconocida, «esos enemigos habían pasado del desacuerdo y la crítica a una ardorosa campaña de agravios y calumnias, olvidando las más elementales consideraciones debidas a quien había realizado la portentosa hazaña de nuestra libertad».*

Finalmente debe recordarse que la Nueva Granada no era sólo el altiplano andino sino todo lo que hoy es Colombia, con

---

* José Manuel Restrepo, *Historia de la revolución colombiana*, Bogotá, Biblioteca Popular de Cultura Colombiana, 1951.

sus tierras cálidas y sus dos litorales. De manera que no es posible contraponerla a Venezuela, pues aquí también tenemos lo que García Márquez llama psicología o temperamento caribe. Y tampoco debe olvidarse que las dificultades que encontró el Libertador en sus últimos años no provinieron de su origen venezolano sino de su inquebrantable propósito de mantener la integridad de Colombia (la conocida en la historia como Gran Colombia), contra la incomprensión y el empeño separatista del círculo político que promovía aquí el doctor Vicente Azuero, por apasionada enemistad con el Libertador y para servicio del general Santander, y en Venezuela el general Páez, que había iniciado el proceso de disolución en 1826 y que luego, en 1830, lo consumó, olvidando, ingrato, el generoso perdón que le había dado su antiguo jefe y amigo y batiendo verdadero récord de infamia al decir que su nueva nación no se entendería con las otras partes de Colombia sino cuando hubiera salido de ésta «el general Simón Bolívar». Si se pretende ver en Bolívar un antigranadino, por defender su ideal grancolombiano, con idéntica razón se le debería calificar de antivenezolano por oponerse a la referida pretensión separatista de Páez.

El Congreso de Cúcuta: ¿federalismo o descentralización?

La excesiva concentración de funciones en el Estado moderno y la creciente centralización de poderes en el gobierno nacional han suscitado en el país una reacción que parece plenamente justificada, ya que aquel fenómeno no se compadece con el desarrollo y los derechos de las regiones, ni con un racional desenvolvimiento de la economía colombiana. Y son tales el desagrado y los perjuicios producidos por ese estado de cosas, que en algunos departamentos y sectores de la producción ha vuelto a hablarse de un posible o necesario retorno al régimen federal. Veamos si éste sería el remedio adecuado al mal en referencia.

El federalismo, en estricto sentido, no es ni debe tomarse como una doctrina filosófica o jurídica, desligada de las condiciones especiales del país al cual se trata de aplicar. El federalismo es, por el contrario, un medio o recurso político ideado para unir o integrar en un Estado naciones o regiones que, no obstante tener estrechos vínculos de raza, lengua, religión y costumbres, estaban sometidas a leyes y autoridades distintas. Como su nombre lo indica, federación (del latín *foedus, federis*) significa alianza, integración o unión de lo que estaba separado, no división de lo que estaba unido. Dicho sistema sirve también –y ha servido en los últimos años– para conservar alguna vinculación entre una colonia, que llega a cierto grado de desarrollo, y su antigua metrópoli.

Dentro de este orden de ideas resulta clarísima la solución dada en el siglo XVIII a las trece colonias norteamericanas que, por la índole del derecho anglosajón, habían adquirido un alto grado de autonomía, no obstante sus evidentes vínculos raciales, lingüísticos y religiosos y la circunstancia de depender, al menos jurídicamente, de la Corona británica. Y resulta también obvio el caso del Imperio alemán, que agrupó nacionalidades germánicas que, a pesar de su unidad sociológica, habían gozado de gobiernos propios por razón del fraccionamiento de la soberanía en la Edad Media. Y viniendo a Suramérica, también resulta razonable el caso argentino, como se comprueba con el ponderado análisis contenido en las *Bases* de Alberdi y lo demuestra prácticamente la circunstancia de que, habiendo derrocado los «unitarios» a Rosas en 1852, la Constitución del año siguiente tuvo que ser ineludiblemente federal, aunque moderada. El caso colombiano, por el contrario, es completamente diferente.

El tema del federalismo se planteó desde los albores mismos del movimiento emancipador, pues en la llamada *Acta de Independencia* que expidió el Cabildo de Santafé el 20 de julio de 1810 y que estableció la junta de gobierno supremo del virreinato, se invitó a las provincias de éste a enviar diputados que, reunidos en Congreso, expidieran la Constitución de gobierno «sobre las bases de libertad e independencia respectivas de ellas, ligadas únicamente por un sistema federativo».

Es claro que este enfoque o concepción de lo que debería ser el naciente Estado obedeció, sin duda, al ejemplo de la reciente revolución americana y a la imitación de los principios que, por fuerza de circunstancias históricas y geográficas, se incorporaron en la Constitución de los Estados Unidos de 1787. A este respecto no debe olvidarse que la mayoría de nuestros próceres habían sido influidos por las doctrinas de la *Enciclopedia* y de los filósofos del siglo XVIII, que se caracterizaron por un racionalismo que los llevó a creer que la sola razón prescribía no sólo derechos del hombre, universal y abstracto, sino soluciones generales para todos los pueblos, como la «democracia pura», con olvido de las condiciones, características y circunstancias especiales, históricas y geográficas de cada uno. Así las cosas, y como para ellos la constitución americana había sido el fruto, no de las condiciones especiales de las trece colonias, sino de las enseñanzas racionalistas de Locke y de otros autores del siglo XVIII, consideradas válidas para toda la humanidad, dedujeron ingenuamente que la solución para el virreinato consistía en copiar el reciente ejemplo de los Estados Unidos.

Quien vio claro en ese momento, con un realismo de estadista que asombra por las circunstancias del medio y de la época, fue don Antonio Nariño, «Precursor» de nuestra independencia y traductor de los *Derechos del hombre*, que acababa de ser libertado de su segunda injusta prisión y refutó el manifiesto federalista de la provincia de Cartagena. E igual cosa hizo, también con sorprendente lucidez, el ilustre prócer caleño y miembro del Cabildo de Santafé, doctor Ignacio Herrera y Vergara, anotando que «el sistema federativo, bien lejos de ser útil en las circunstancias actuales, prepara una ruina absoluta a todos los pueblos», ya que al dividir al país en varios Estados, con funcionarios y ejércitos propios, dispersaría los recursos económicos y militares y haría más difícil, si no imposible, la lucha que forzosamente se presentaría con España. Pero aun más admirable es la oposición que el mismo doctor Herrera hizo a la famosa *Acta de Federación* del 27 de noviembre de 1811 en los siguientes términos:

> «El gobierno de Norteamérica es, sin duda, uno de los más sabios que se presentan entre los pueblos ilustrados, pero no basta conocer las ventajas que él proporciona para que sin examen lo adoptemos. Es preciso meditar con atención la índole de las provincias de la Nueva Granada, su posibilidad y actuales circunstancias para no comprometer nuestra libertad. La revolución de

Norteamérica encontró sus trece provincias divididas, independientes y sujetas a sus respectivos jefes; y el Nuevo Reino de Granada obedecía todo a un virrey y no tenía más de dos tribunales de justicia».*

Estas palabras del doctor Herrera resultaron proféticas, pues a la vuelta de seis años desaparecieron, bajo los escuadrones de Morillo, los flamantes Estados soberanos que se habían erigido en las provincias del virreinato.

Sólo el genio y la intrepidez de Bolívar, con su homérica y fabulosa travesía de los Llanos y de los Andes, pudo sorprender y destruir el poderío de las fuerzas españolas que habían recuperado el dominio total de nuestro territorio. Y conquistada así la libertad de buena parte de Nueva Granada y Venezuela, realizó su antiguo ideal de unirlas con el Ecuador en una sola y gloriosa nación que él veía llamada a desempeñar papel preponderante en la América hispana. Para dar forma y constitución política al nuevo Estado, el Libertador reunió en 1819 el Congreso de Angostura y éste convocó el Constituyente de Cúcuta, que se instaló en 1821.

Es obvio que este Congreso, al iniciar sus sesiones, abocó el estudio de la Ley Fundamental, tomando como base la expedida en Angostura y entró de lleno en el debate sobre la organización, federal o unitaria, del nuevo Estado. A la mayoría de esa ilustre Asamblea, que seguía muy de cerca las orientaciones del Libertador, compartidas por el general Santander, le bastó recordar la dolorosa experiencia de la primera época de la república (1810-1816) para crear un ambiente en un todo desfavorable al federalismo. Sin embargo en ese momento –bien distinto por cierto al de 1810, pues ahora no se trataba de dividir las provincias del unido virreinato sino de integrar una nación con el territorio

---

* Manuel Antonio Pombo y José Joaquín Guerra, *Constituciones de Colombia*, Bogotá, Biblioteca Popular de Cultura Colombiana, 1951.

de éste y con los de la capitanía de Venezuela y la presidencia de Quito, y aun con el istmo de Panamá– nada habría sido más lógico que la adopción de un régimen moderadamente federal, ya que resultaba demasiado difícil gobernar desde la capital un Estado tan extenso, con tan altas montañas y difíciles comunicaciones y que, a pesar de los vínculos de raza, lengua y religión, había estado sometido a distintas autoridades y presentaba notorias diferencias en el carácter y psicología de los habitantes de las tres o cuatro naciones que lo componían. Desafortunadamente muy pocos miembros del Congreso se dieron cuenta de esta realidad. En primer término, don Antonio Nariño, que acababa de regresar de su última larga prisión en España y a quien el Libertador había designado vicepresidente de Colombia, por ausencia de Zea, para que instalara el Congreso y representara ante éste al Ejecutivo. Allí presentó el Precursor un proyecto de constitución basado en la acertada fórmula «centralización actual y federalismo futuro», que no mereció mayor atención del Congreso.

Son también dignos de mención especial los esfuerzos de los diputados granadinos José Ignacio de Márquez y Alejandro Osorio en apoyo de un sistema federal atenuado que, de haberse acogido, habría evitado quizá la prematura desintegración de la Gran Colombia. Entre los argumentos aducidos por el primero debo citar estos:

> «No pueden Venezuela y Nueva Granada unirse en un gobierno central, porque es imposible formar un todo de tan vastos territorios. La naturaleza ha fijado sus límites: a proporción que el cuerpo político se extiende, tanto más se debilita. El gobierno carece de energía para hacer ejecutar las leyes y, ocupado en los principales y más generales asuntos del Estado, no tiene tiempo ni proporción para atender a los intereses de sus partes, de donde nace el desafecto de los súbditos para con sus gobernantes, y la ninguna relación entre éstos y los go-

bernados. En una democracia son muy lentas las operaciones, y a medida que aquella se extienda más lentas se hacen éstas. No es remedio la representación nacional, porque siendo desconocidos los representantes de los representados, el interés no es inmediato... ¿Cómo exigir de los ciudadanos que atraviesen inmensas distancias para implorar justicia, o abandonarlos a una multitud de subalternos?... Los Estados del norte eran independientes entre sí antes de formarse en una república confederada, así como se puede decir que lo eran Venezuela, Quito y Cundinamarca, pues no las unía otro lazo que el de la dependencia de una misma metrópoli. Casi no se conocían; sus usos y costumbres diferentes eran como partes heterogéneas. Anuncio que Quito no se unirá a nosotros sin seguridad de conservar su independencia, porque ¿cómo querría ir a buscar su felicidad a tan lejanas tierras?»*

Contra la lucidez de esta tesis y contra un proyecto transaccional del diputado Osorio, que guardaba cierta similitud con la idea que inspiró el de Nariño, se alzaron las voces de casi todos los diputados venezolanos, entre los cuales sobresalieron Gual, Peñalver, Méndez y la de algunos granadinos como José Manuel Restrepo, Bernardino Tovar, Salvador Camacho, Vicente Azuero, Francisco Soto y Diego Fernando Gómez. Obsérvese que los tres últimos, siete años después, serían miembros destacados del grupo que en la Convención de Ocaña, con el general Santander a la cabeza y con el objeto de quebrantar el poder del Libertador, propugnaría por la expedición de una Carta federal.

Es, pues, lamentable que la mayoría de aquel ilustre Congreso no hubiera visto que la república de 1821 era bien diferente de la de 1810 y que lo que fue un error palmario en la Nueva

---

*   *Ibídem.*

Granada habría sido, por el contrario, un gran acierto en la Gran Colombia. Como lo anota el general Carlos Cuervo Márquez, citado por el profesor Leopoldo Uprimny en su admirable libro sobre el Congreso de Cúcuta:

> «Justo es reconocer la previsión de los diputados federalistas y lo fundados que eran los temores que abrigaban por la suerte de la república si se adoptaba la forma central de gobierno, temores que habrían de realizarse más pronto de lo que hubiera pensado el espíritu más pesimista. Cinco años no más habían transcurrido después de promulgada la Ley Fundamental cuando tuvieron lugar los graves acontecimientos entre el gobierno de Bogotá y el general Páez, y los sucesos de Valencia, con los cuales la Gran Colombia quedó herida de muerte. Y es de notarse que entre los principales autores de ese movimiento rebelde y separatista se encontraban muchos de los más entusiastas defensores del sistema central en el Congreso de Cúcuta».*

Disuelta la Gran Colombia y constituida la república de Nueva Granada, volvieron a ser válidos los argumentos de Nariño en 1810 y de Bolívar en 1812. Tan cierto es esto que la Constitución de 1832, aunque expedida por una Convención donde tenían mayoría los amigos del general Santander, que en 1828 se habían declarado federalistas, adoptó la forma unitaria o central.

Separadas, pues, Venezuela y Ecuador, la Nueva Granada quedó con el territorio que tenía en 1810. Es decir, que desde 1830 o 1831 no ha habido razón alguna que justifique la implantación del federalismo. Quienes se empeñaron en ello obedecieron, por una parte, al prurito de copiar instituciones extrañas, como las de los Estados Unidos, pensando ingenuamente que la prospe-

---

* Leopoldo Uprimny, *El Congreso de Cúcuta*.

ridad de éstos se debía a su sistema político, y en parte a que el sector más exagerado del liberalismo, que siempre combatió el robustecimiento de la autoridad, creyó encontrar en el sistema federal el medio más adecuado para debilitar el gobierno y dar rudo golpe a los factores tradicionales de contención. Y a fe que lo logró, pues las Constituciones de 1853, 1858 y 1863 –con su exagerado federalismo y sus libertades sin limitación y sin freno– no hicieron otra cosa que anarquizar el país y sumirlo en el estado de permanentes discordias y revoluciones en que, como dijo Núñez, agonizó más que vivió durante un cuarto de siglo.

Entrevista de Bolívar y San Martín en Guayaquil

El general José de San Martín, después de haber participado activamente en la independencia de Argentina, su patria, fue designado por el general Juan Martín de Pueyredón, gobernador de Buenos Aires, como comandante en jefe del ejército de los Andes, con base en la ciudad de Mendoza. En ésta, con la eficaz colaboración de don Bernardo O'Higgins, ex ministro de Chile refugiado allí tras la reconquista española, se dedicó a preparar el ejército que debía realizar la liberación del Perú, país hermano y vecino. Con esa eficacísima colaboración y la del brigadier Estanislao Soler obtuvo espléndido triunfo en la batalla de Chacabuco, en cercanías de Santiago, el 12 de febrero de 1817. Posteriormente, el 19 de marzo de 1818 el ejército patriota fue sorprendido y derrotado por tropas realistas en Cancha Rayada, pero San Martín, con gran actividad y eficiencia logró rehacer sus fuerzas y obtener otro triunfo importantísimo en la batalla de Maipú, también cerca de Santiago, el 5 de abril de 1818. Esta victoria fue definitiva, pues quedó completamente libre el territorio de Chile. Sin embargo esto no era suficiente, pues él, con gran visión como nuestro Libertador, consideraba que Chile, y en general América del sur, no serían del todo libres mientras España conservara su formidable poderío militar y gran riqueza en el Perú. Era pues necesario programar y preparar una expedición contra éste, y a ello se dedicó con ejemplar consagración y con la valiosísima ayuda de O'Higgins. Más aun, buscó la colaboración de

Buenos Aires y al efecto se celebró el tratado de alianza Irisarri-Tagle, para poner término a la dominación española en el Perú, por medio de una expedición costeada por las dos naciones. Pero poco después Pueyredón informó a O'Higgins que le era imposible reunir la suma con la cual debía contribuir a su compromiso y ordenó a San Martín y a sus oficiales y soldados que regresaran a Buenos Aires para hacer frente a una probable invasión de fuerzas españolas. Por lo cual San Martín pidió en forma enérgica el cumplimiento del referido tratado, y ante el fracaso de su solicitud renunció a la jefatura del ejercito de los Andes. Los oficiales rechazaron irónicamente esa renuncia en el Acta de Rancagua y declararon que lo seguían reconociendo como jefe. Entonces O'Higgins, por contrato, incorporó a las fuerzas armadas de Chile a todos los oficiales y clases de nacionalidad argentina, con el mismo rango que tenían en su patria, y designó a San Martín como capitán general del ejército de Chile, y ahora «Ejército Libertador del Perú». Éste zarpó de Valparaíso el 20 de agosto de 1820, compuesto por 2.316 argentinos y 1.805 chilenos. La escuadra, mandada por el vicealmirante escocés *lord* Thomas Alejandro Cochrane, contaba con siete buques de guerra y diecisiete transportes. La expedición desembarcó en la bahía de Paracas el 8 de septiembre. En ella iba el colombiano Juan García del Río, a quien San Martín había nombrado secretario del Interior y Relaciones Exteriores.

El virrey del Perú, Joaquín de la Pezuela, invitó a los invasores a celebrar conversaciones pacificas en Miraflores, cerca de Lima, que no tuvieron resultado alguno. Hubo luego un cruce de cartas entre aquél, y San Martín, quien actuó con gran firmeza y además envió una división a la Sierra, al mando del general Arenales, que logró gran éxito, pues sometió a ocho importantes poblaciones. Al propio tiempo el almirante Cochrane capturó la fragata española *Esmeralda*, de 450 toneladas. En noviembre San Martín estableció su cuartel general en Huauza. Además, varias ciudades del norte proclamaron su independencia, y el célebre batallón Numancia pasó a las filas patriotas. En enero siguiente (1821), los jefes del ejército realista destituyeron al virrey Pezuela y nombraron en su reemplazo al teniente general José de la Serna, quien invitó a San Martín a una conferencia que se celebró 2 de junio en la hacienda Punchauca, que tampoco tuvo resultado favorable.

Fracasadas las conversaciones de paz, continuaron las operaciones militares que estrecharon a los realistas en la capital, quienes presionados por la opinión adversa la abandonaron y se retiraron a las provincias de la Sierra, pero conservaron los inexpugnables castillos de El Callao. San Martín ocupó la ciudad el 10 de junio, y el 15 reunió un Cabildo Abierto, bajo la presidencia del alcalde ordinario y del arzobispo, donde se declaró que «la voluntad general estaba decidida por la independencia del Perú de la dominación española y de cualquiera otra extranjera». El acta respectiva fue firmada por más de tres mil personas y el 28 siguiente (julio de 1821) se lanzó en la plaza mayor la proclamación y firma de la independencia, con vibrante discurso del generalísimo (San Martín), quien a petición de los vecinos notables y del ejercito libertador asumió el gobierno político y militar con el título de «Protector de los pueblos del Perú». Enseguida nombró sus ministros, así: el colombiano García del Río en Gobierno y Relaciones Exteriores, el argentino Bernardo Monteagudo en Guerra y Marina, e Hipólito Unanúe, peruano, en Hacienda.

Un mes más tarde los realistas intentaron recuperar a Lima, pero San Martín les hizo frente y obligó a Canterac a regresar a la Sierra, con pérdida, en la fuga, de la mitad de sus fuerzas. Además los formidables castillos de El Callao capitularon el 21 de septiembre.

El 8 de octubre, el generalísimo promulga el «Estado Provisorio» o «Estatuto Provisional», que confió al Protector, como supremo director del Perú, los poderes Ejecutivo y Legislativo, y el Judicial a la Alta Cámara de Justicia. Reconoce a la religión católica como religión del Estado, consagra los principales derechos ciudadanos (honor, libertad, seguridad, propiedad, libertad de opinión, inviolabilildad del domicilio, etc.) y dispone que los hijos de los esclavos nacidos o que nacieran en el Perú serían libres y gozarían de los mismos derechos de los ciudadanos peruanos (agosto 12 de 1821). Poco después, delega el mando político en el marqués de Torre Tagle con el objeto de dedicarse a la organización y disciplina del ejército y celebrar una entrevista con el general Bolívar para acordar los medios de poner fin a la guerra y estrechar las relaciones con Colombia.

La Corona española, por Real Orden del 7 de julio de 1803, había incorporado el puerto de Guayaquil, en lo militar, al virreinato de Lima, pero la misma Corona, por real cédula del 26 de julio de 1819 revocó la decisión anterior y lo reincorporó al virreinato de Santafé, del cual había dependido la Audiencia de Quito, y por ende Guayaquil, según providencias reales de 1739 y 1740.

No obstante estos clarísimos antecedentes, el 9 de octubre de 1820 un grupo de habitantes de ese puerto constituyó un junta de gobierno integrada por don José Joaquín Olmedo, don Francisco Roca y el coronel Rafael Jimeno, con el propósito de hacer de la provincia del Guayas un estado independiente. Obsérvese que esto ocurría cuando la independencia de Colombia apenas se estaba consolidando y la del Perú aún no se vislumbraba. Asegurada la independencia de Venezuela y de gran parte de Colombia con las batallas de Boyacá y Carabobo, el Libertador fijó como tarea prioritaria libertar el sur de nuestro actual territorio y la presidencia de Quito, y ello lo logró con la batalla de Bomboná y con la que el general Sucre ganó en Pichincha el 24 de marzo de 1822.

Para lograr la independencia de Quito y la seguridad de Colombia, el Libertador consideró indispensable revocar el pretendido estado independiente de Guayaquil y en cambio su reintegración a nuestra república. Por otra parte, el general San Martín estimaba importante para el Perú la pertenencia de ese puerto, que le daría valiosos aportes de territorio y riqueza y una gran preponderancia en el Pacífico, para lo cual contaba con el apoyo de uno de los tres grupos en que se dividía la opinión guayaquileña, pero quería lograrlo en armonía con el Libertador y sin rompimiento con Colombia, cuya ayuda creía indispensable para lograr la independencia del protectorado.

El Libertador, sabiéndolo así, le dirigió a San Martín en junio y julio de 1820, noviembre de 1821 y julio de 1822 varias cartas en que no se sabe qué admirar más: si la solidez de la tesis colombiana o la dialéctica de la argumentación, o la diplomacia con que lo halagaba, manifestándole que a raíz de Carabobo su primer pensamiento fue el Perú y el propósito de volar en ayuda de su ejercito libertador, porque después del bien de Colombia nada le halagaba tanto como el éxito de la empresa de San Martín.

Como éste, en una de sus cartas se quejaba de que el Libertador hubiera hecho una intimación o presión a Guayaquil, éste contestó que la había hecho para que sus habitantes entrasen en razón y cumplieran su deber, y agrega:

«Yo no pienso como Vuestra Excelencia que el voto de una provincia deba constituir la soberanía nacional, porque no son las partes sino el todo del pueblo el que delibera en las asambleas generales, libre y legalmente. La Constitución de Colombia da a la provincia de Guayaquil una representación la más perfecta, y todos los pueblos de Colombia, inclusive la cuna de la libertad que es Caracas, se han creído suficientemente honrados con ejercer ampliamente el sagrado derecho de deliberación. V.E. ha obrado de un modo digno de su nombre y de su gloria, no mezclándose en Guayaquil, como me asegura, sino en los negocios relativos a la guerra del continente. La conducta del gobierno de Colombia ha seguido la misma marcha que V.E., pero al fin, no pudiendo ya tolerar el espíritu de facción que ha retardado el éxito de la guerra, y que amenaza inundar en desorden todo el sur de Colombia, ha tomado definitivamente su resolución de no permitir más tiempo la existencia anticonstitucional de una junta que es el azote del pueblo de Guayaquil y no el órgano de su voluntad... V.E. es muy digno de la gratitud de Colombia al estampar V.E. su sentimiento de desaprobación de la independencia provincial de Guayaquil, que en política es un absurdo y en guerra no es más que un reto entre Colombia y el Perú. Yo no creo que Guayaquil tenga que pedir permiso para expresar su voluntad de incorporarse a la república, pero sí consultar al pueblo, porque este pueblo es digno de ilimitada consideración de Colombia, y para que el mundo vea que no hay pueblo de Colombia que no quiera obedecer sus sabias leyes».

Cuatro edecanes designó el Libertador para presentar sus respetos al Protector del Perú y acompañarlo al puerto de Guayaquil, donde desembarcó en la tarde del 26 de julio de 1822 y donde recibió los correspondientes honores. Bolívar, con su estado mayor y en uniforme de gala, lo esperó en el Palacio Luzuriaga y con viva emoción estrechó su mano. Después de la recepción, los dos libertadores conferenciaron a puerta cerrada por más de dos horas. Retirado Bolívar a su casa, recibió la visita de San Martín, acompañado de sus edecanes Rufino Guido y Salvador Soler.

El sábado 27 San Martín volvió a casa de Bolívar y allí sostuvieron una entrevista de casi cuatro horas, a puerta cerrada. A las cinco se trasladaron al salón donde se sirvió el espléndido banquete que le ofrecía éste, quien brindó por la pronta terminación de la guerra, por la organización de las nuevas repúblicas del

Continente y por la salud del Libertador San Martín. Después éste se retiró a descansar en su alojamiento, y a las 9 asistió al baile de gala que le ofreció la municipalidad de Guayaquil. De allí se retiró a la 1 de la mañana. Bolívar lo esperó con sus generales y lo acompañó hasta el bote en que se embarcó a las 2. En la despedida le ofreció un retrato suyo «como memoria de su sincera amistad». *La Macedonia* en que viajó, llegó a Puná el 28 de julio, y al Callao el 21 de agosto.

¿Qué ocurrió o qué se acordó en la famosa conferencia? Como no se levantó acta de lo tratado en ella, durante algún tiempo surgieron especulaciones al respecto. Inclusive se hicieron circular algunas supuestas cartas del Libertador al general San Martín, fechadas el 25 y 29 de agosto y el 10 de septiembre de 1822 y publicadas en Buenos Aires por Eduardo Colombres Mármol y Rómulo D. Carbia, que son apócrifas según explicación de don Vicente Lecuna, erudito historiador y suprema autoridad sobre la vida y escritos del Libertador.

Como dijo el doctor Mario Briceño Perozo, también eminente historiador venezolano, «sobre lo tratado en Guayaquil sólo se sabe con certeza lo consignado por el secretario del Libertador, José Gabriel Pérez, en comunicaciones dirigidas el 29 de julio al ministro de Relaciones Exteriores de Colombia, don Pedro Gual, y al intendente del departamento de Quito, general Antonio José de Sucre»,* y por el mismo Libertador, en esa fecha, al vicepresidente Santander.

Este mismo historiador resume así los temas tratados y los resultados obtenidos en la conferencia: 1) No se puede descartar el interés de San Martín en que Guayaquil pasase a ser un departamento del Perú, y para ello contaba con el apoyo de la ya mencionada junta de gobierno y con la escuadra peruana del almirante Blanco Encalada y las tropas de los generales José de la Mar y

---

* Mario Briceño Perozo, *La entrevista de Guayaquil*.

Francisco Salazar, pero la realidad le revelaba otra cosa: la opinión de la mayoría de la provincia, que estaba decidida por Colombia, la presencia de Bolívar allí, en su propia casa, y la declaración de que aquél no se mezclaba en el negocio de Guayaquil eran grave obstáculo. 2) Su opinión sobre la forma monárquica de gobernar el Perú respondía a su convicción sobre la problemática de esa nación, tan realista como España, y al efecto gestionaba en Europa la traída de un príncipe, pero no pensaba lo mismo para Chile y Buenos Aires, partidarios de la república. En cuanto a nuestro Libertador, ya se sabe su concepto claramente antimonárquico, pues estimaba que esta forma de gobierno es absolutamente extraña e inadecuada a la índole de nuestros países. 3) Sobre la posible federación de los estados independientes de Suramérica, hubo completo acuerdo. El Libertador observó que ello ya estaba previsto en el tratado que don Joaquín Mosquera celebró con el ministro Monteagudo en ese mismo mes (julio de 1822) y aceptó la sugerencia de San Martín de incorporar en ella (la federación) a Chile, y el establecimiento en Guayaquil de la sede de la federación. 4) San Martín se encargaría de promover en su Congreso la aprobación de un arreglo justo y razonable. 5) Se acordó también que Perú y Chile designaran diputados que, unidos al de Colombia, tratasen con los comisionados que España había ofrecido enviar para buscar la terminación de la guerra y el advenimiento de la paz. 6) San Martín informó sobre la campaña que proyectaba realizar en la costa del Perú y sobre Lima, y el Libertador reiteró el despacho de 1.800 colombianos que, unidos a los que ya habían partido, elevaba nuestro aporte militar a 3.000. Finalmente el Protector dijo al Libertador que pidiera al Perú todo lo que quisiera, pues él no haría más que decir «sí, sí, sí a todo», ya que «la oferta de sus servicios y su amistad son ilimitados». A este respecto anota el secretario del Libertador que San Martín manifestaba una satisfacción y una franqueza que parecían muy sinceras.

Concluida la famosa entrevista, el Protector se embarcó para el Perú y llegó al Callao el 21 de agosto. Durante su viaje a Guayaquil estalló un movimiento subversivo dirigido por don José de la Riva Agüero, que consiguió el retiro y destierro del ministro de Relaciones Exteriores y encargado de Gobierno, Bernardo Monteagudo. El Protector afrontó la nueva situación y dispuso que el Congreso Constituyente se instalara el 20 de septiembre, como en efecto ocurrió y ante él presentó renuncia del mando supremo, se despojó de la banda bicolor, insignia de su máxima autoridad, y se retiró a su casa de campo de La Magdalena. A ese sitio llegaron varias comisiones del Congreso a insistirle que siguiera al frente del gobierno, pero él contestó que su partida estaba tomada irrevocablemente. El Congreso aprobó entonces dos resoluciones: una de «acción de gracias» y otra nombrándolo «Generalísimo de las Armas del Perú». Él agradeció de nuevo, en un expresivo mensaje, estas distinciones y se embarcó para Valparaíso, a donde llegó el 12 de octubre.

En la entrevista de Guayaquil San Martín se quejó del comportamiento del algunos peruanos, inclusive colaboradores; de su cansancio en el mando y de su vivo deseo de regresar a la vida privada, aunque dispuesto a servir en lo militar cuando estuviera en peligro la libertad de estos pueblos. Sea por esta evidente falta de ambición política o por las dificultades que veía en el Perú, o por el conocimiento de la lucidez, firmeza y personalidad avasalladora de nuestro Libertador, el hecho indiscutible es que regresó con el firme propósito de su retiro, dejando el campo libre a la participación colombiana, bajo la dirección de su insigne caudillo, en la difícil y problemática segunda etapa de la independencia peruana. Que desde antes éste había previsto, cuando dijo que no habría completa libertad en Suramérica mientras España conservara en el Perú su formidable bastión y cuando sugirió al vicepresidente Santander que Sucre era la persona indicada y necesaria para dirigir nuestra expedición militar, decisiva para consolidar la libertad y la paz del continente, que se lograron con el triunfo del Libertador en Junín el 6 de agosto de 1824 y con el de Sucre y Córdova en Ayacucho el 9 de diciembre de ese año.

Como las tropas peruanas seguían en Guayaquil, fue necesario que el Libertador, que había ido al sur para debelar el alzamiento de los coroneles Obando y López y reforzar el rechazo a los peruanos, preparara un plan de ataque para recuperar el mencionado puerto y consolidar la integridad nacional. En vista de esto, y de que Lamar fue depuesto y reemplazado por el general Gutiérrez la Fuente, cambió la actitud del gobierno de Lima, que decidió enviar un comisionado que se entendió con el Libertador, y éste pudo entrar a Guayaquil el 21 de julio de 1829.

El Congreso de 1823.
Acusación y defensa de Nariño

De acuerdo con la Constitución de Cúcuta, el primer Congreso ordinario de la república debía reunirse en Bogotá el 2 de enero de 1823, pero la falta de muchos de sus miembros, por dificultades de la guerra y de los viajes, obligó a aplazar hasta abril su instalación.

Al comienzo de las sesiones se suscitó el punto de la elección de don Antonio Nariño como senador, que el Congreso de Cúcuta había dejado pendiente para que lo decidiera el primer Congreso ordinario. Con esta oportunidad los señores Vicente Azuero, Francisco Soto y Diego Fernando Gómez reiteraron los inicuos cargos que para impedir su elección como senador por Cundinamarca formularon en el Congreso de Cúcuta contra el ilustre Precursor, a saber: que era deudor fallido del Tesoro Público por el mal manejo de la Caja de Diezmos de la Catedral de Bogotá en 1794; que se había entregado voluntariamente al ejército español en el ejido de Pasto en 1814; y que no tenía el tiempo de residencia en el país que la Constitución exigía para esa elección. Estos cargos son a cual más infundados, injustos e inicuos. ¿Cómo se revive, en plena república, un problema administrativo de veintisiete años atrás que no perjudicó al Tesoro porque los fiadores de Nariño cancelaron ese alcance y se reembolsaron con los bienes de éste, dejándolo a él y a su familia en completa miseria? En cuanto al segundo cargo, es bien sabido que él, al acercarse a Pasto, fue traicionado y abandonado y allí lo sorprendió el ejército enemigo, que lo capturó y llevó prisionero a la ciudad, donde se lo quiso fusilar por órdenes del gobierno de Quito, pero luego se decidió embarcarlo en Guayaquil con destino a Cádiz, donde estuvo en larga prisión hasta 1820. En lo que respecta al tercer cargo, da risa que se haya podido pensar que su ausencia fuera voluntaria; ¿acaso por motivos de turismo?

Naturalmente el ilustre Precursor refutó una a una esas calumnias de sus acusadores, mostró las cicatrices que las cadenas de tantos años habían dejado en sus piernas y concluyó así su elocuentísimo discurso:

«Qué satisfactorio es para mí, señores, verme hoy, como en otro tiempo Timoleón, acusado ante un Senado que él había creado, acusado por dos jóvenes, acusado por malversación, después de los servicios que había hecho a la república, y el poder decir sus mismas palabras al principiar el juicio: "Oíd a mis acusadores –decía aquel grande hombre–, advertid que todo ciudadano tiene derecho de acusarme, y de no permitirlo daríais un golpe a esa misma libertad que me es tan glorioso haberos dado"... Justicia severa y recta imploro en el momento en que se va a abrir a los ojos del mundo entero el primer cuerpo de la nación, y el primer juicio que se presenta. Que la hacha de la ley se descargue sobre mi cabeza, si he faltado alguna vez a los deberes de un hombre de bien, a lo que debo a esta patria querida, o a mis conciudadanos».

Un ilustre república, que en su juventud asistió a esa memorable sesión, escribió:

«No se ha borrado todavía, después de tantos años, la profunda impresión que en nuestro ánimo produjo la poderosa voz del decano de los próceres de nuestra independencia. Mal cerradas las cicatrices que las cadenas de los tiranos habían dejado en las piernas del valiente soldado, apenas podía andar, y cada paso que daba era una elocuente desmentida a las calumnias de sus enemigos... El Senado entero, conmovido, se inclinaba delante de sus respetables canas en señal de asentimiento y de respeto. Nosotros, enternecidos, entusiasmados, derramábamos lágrimas y batíamos las manos desaladas».*

Poco después, en busca de mejor clima para su quebrantada salud, se refugió en Villa de Leyva, donde falleció el 13 de diciembre siguiente. Poco antes de morir exclamó: «Amé a mi patria: cuánto fue ese amor lo dirá algún día la historia. No tengo que dejar a mis hijos sino mi recuerdo; a mi patria, mis cenizas».

Con razón se ha dicho que fue él insigne mártir de la patria. Si bien es verdad que no pereció en los patíbulos del «Pacificador» Morillo, porque estaba entonces lejos del país, en la horrenda cárcel de Cádiz, también lo es que nadie padeció como él tantas persecuciones por su acendrado amor a la causa de la independencia. Basta recordar que por tal motivo estuvo en prisión por casi quince años.

La mala suerte que acompañó a Nariño durante su vida lo acompañó más allá de la tumba. Sus hijos prepararon una misa solemne en la Catedral de Bogotá, en la cual un distinguido sacerdote pronunciaría la oración fúnebre. Pero éste se excusó en víspera de la ceremonia porque recibió advertencias de los malquerientes del prócer, vinculados al gobierno. Seguramente los mismos que lo habían perseguido en los Congresos de 1821 y 1823. Y por añadidura, la estatua en bronce que debía erigirse en

---

* Pombo y Guerra, *op. cit.*

el Capitolio, decretada por una ley de 1875, sólo vino a colocarse, en otro sitio, en 1910.

Como homenaje a su memoria, nada más adecuado que la hermosa página que don Tomás Rueda Vargas, egregio escritor e historiador, consagró a su muerte. Dice así:

«No sé yo dónde reside la extraña similitud que existe entre la vida y la muerte de Nariño y la vida y la muerte de don Quijote. Pero es evidente. Para el 13 de diciembre resolvió dejarse morir el Precursor. La víspera, después de recibir una vez más los sacramentos, montó a caballo, hizo visitas de despedida a sus buenos amigos del pueblo, y después de tomar su ligera merienda, consistente únicamente en leche de burra, arropado en el capote de Calibío, se durmió tan tranquilo como en víspera de una batalla, como en tarde de un duelo parlamentario. Al día siguiente se levantó como de costumbre, hizo llamar al padre Salvador y a otros amigos, departió con ellos cosas indiferentes, como en cualquiera de las tertulias anteriores o de las que hubieran podido seguir. Pidió más tarde que vinieran los cantores del pueblo a recitarle algunos salmos, y sentado en la amplia silla frailuna siguió esperando a la muerte con el mismo ademán galante de sus años primaverales. No podía fallar el caballero en aguardarla de pies y abotonado hasta el cuello; él era un hidalgo, y ella –la intrusa– era mujer.

»En la tarde tibia, a la luz del sol que huía de prisa por entre los alisales de Sáchica, mientras los rayos que penetraban por la ventana hacían dibujos caprichosos sobre el enladrillado, los ojos del Precursor se cerraron sin esfuerzo a la luz de este mundo, y las manos finas del voltaireano del siglo XVIII, del panfletario del XIX, del cristiano viejo de siempre, dejaron caer sobre la manta el Cristo que trajeron desde Galicia los abuelos.

»"¡Ay, no se muera vuesa merced, señor mío!", prorrumpió llorando Sancho cuando comprendió que su amo se moría; "no se muera vuesa merced sin más ni más, sin que nadie lo mate, ni otras manos le acaben que las de melancolía. Si es que se muere de pesar de verse vencido, écheme a mí la culpa, que por haber cinchado mal a Rocinante le derribaron".

»Así debieron decir aquellos rústicos, como Sancho, rudos representantes de la lealtad popular, que auxiliaron al Precursor en el último trance. Y así debimos decir los colombianos cuando un siglo después hicimos un tardío desagravio a tu memoria, sobre esta tierra de tus amores, donde Bolívar fue la independencia, Santander la república, y tú lo más grande y permanente de todo: la patria.

»"Amo Nariño: no se muera vuesa merced, sin que nadie le mate ni otras manos le acaben que las de la melancolía, que jamás volveremos a cinchar mal al Rocinante de su quimera"».*

---

* Rueda Vargas, *op. cit.*

El Congreso de 1827.
La reforma de
la Constitución

Habían corrido cuatro meses sin que se reuniera el *quórum* constitucional para que el Congreso de 1827 pudiera abrir sus sesiones. Como para ello sólo faltaba un senador, que se había detenido en Tunja por enfermedad, se decidió que los restantes congresistas viajasen a esa ciudad para hacer, con número suficiente, la instalación, y luego regresar a la capital para continuar las sesiones, como en efecto lo hicieron el 12 de mayo. Su primer acto fue llamar al vicepresidente a prestar juramento para entrar en ejercicio del cargo en el nuevo período. No obstante cierta inicial renuencia de Santander, éste cedió ante la invitación del Congreso y, después de un corto y discreto discurso, asumió el cargo.

El 6 de junio se reunieron ambas Cámaras para resolver sobre las renuncias del presidente y vicepresidente de la república. En ese momento la opinión del Congreso estaba dividida en cuatro grupos, así: uno quería que se negara la del Libertador y se aceptara la del vicepresidente; otro, que se aceptase la del primero y se negara la del segundo; otro, que se aceptasen ambas, y otro, que se rechazaran las dos. Éste resultó triunfante, por mayoría relativa.

Descartadas las referidas renuncias y regularizadas las sesiones, el Congreso expidió una ley que declaró «olvido absoluto y perpetuo de todos los actos subversivos del orden público anteriores» [a dicha ley]. Con lo cual quedaban canceladas las quejas de Santander por la actitud del Libertador con Páez, y las del Libertador por la extraña conducta de Santander en el caso de la tercera división.

Otra ley declaró que quedaba restablecido el orden público, según regía antes de la revolución de Venezuela; que el poder Ejecutivo cesaba en el ejercicio de las facultades extraordinarias del artículo 128 de la Constitución, y que ningún colombiano estaba obligado a obedecer a autoridades que no estuvieran establecidas en la Constitución o en la ley. Esta parte de la ley significaba improbación de la organización provisional que el Libertador había dado a los departamentos de Venezuela, colocándolos bajo la autoridad de Páez. En ese momento, el general Santander dio prueba de imparcialidad y sensatez, objetando tal ley con el argumento de la grave situación en que el país se hallaba, pero las Cámaras, con evidente ligereza (o parcialidad contra el Libertador) insistieron, y la ley fue sancionada.

En esos momentos se discutía en todos los sectores de la opinión sobre posibles reformas de la Carta, y más exactamente, si éstas podrían hacerse en esa oportunidad o tendrían que aplazarse hasta que se cumplieran diez años desde su expedición, es decir hasta 1831. El Libertador había ofrecido en Venezuela llevarlas a la consideración del Congreso, pero el general Santander y sus amigos, imaginando que por ese camino se podría llegar a la adopción de la constitución de Bolivia, se empeñaron en cerrar el paso a cualquier tipo de reforma, alegando que ello era imposible antes del indicado año (1831). Más aun: con motivo del movimiento de tropas que el Libertador, pensando en el peligro peruano, había ordenado hacia los departamentos del centro y del sur, el vicepresidente pasaba mensajes en que señalaba aquellos movimientos y aun la venida del Libertador como peligro para «las libertades públicas», atribuyéndole imaginarios proyectos dictatoriales, no obstante que era el mismo Congreso el que lo había llamado. Inclusive el doctor Azuero propuso en *El Conductor* que se declarase roto el pacto fundamental para que la Nueva Granada se organizara independiente, aunque tuviera que reconocer y pagar por sí sola la deuda exterior de la Gran Colombia, y que al gobierno granadino que se estableciera (es decir, Santander) se le concedieran facultades extraordinarias para privar de sus empleos, reducir a prisión y expulsar del territorio a los ciudadanos de quienes se sospechase que eran desafectos «a la libertad y al nuevo orden de cosas». Es decir, el más crudo y exagerado espíritu de partido que ha caracterizado a los de esa corriente, como ocurrió en los gobiernos de Obando y Santander.

En ese ambiente poco faltó para que estallara en Bogotá una revolución en apoyo de la propuesta de Azuero. Santander, que estaba en el secreto de la conspiración, comunicó al general Soublette, secretario de Guerra, su decisión de renunciar a la vicepresidencia y ponerse a la cabeza de aquélla, agregando que contaba con el apoyo de más de veinte jefes militares. Felizmente para el honor del vicepresidente, Soublette logró disuadirlo de tamaña locura. Privados de su apoyo y de ambiente en la opinión de las provincias y de la misma capital, Azuero y sus amigos fracasaron por el momento en su empeño. Sin embargo, como dice don José Manuel Restrepo en su *Historia de la revolución de Colombia*, la exaltación del vicepresidente y sus amigos siguió creciendo a medida que el Libertador se acercaba a Bogotá:

> «Aquél [Santander] se exaltó tanto que hacía y decía cosas que jamás hubieran podido creerse en un hombre de su talento, elevada posición social y que ocupaba tan eminente lugar en el ejército y en el gobierno. Decía inclusive que entre don Pablo Morillo y el general Bolívar prefería que el primero viniera a Bogotá más bien que el segundo; que Bolívar haría lo de Bonaparte cuando volvió de Egipto, y otras cosas aun peores. Pasaba

mensajes al Congreso en ese sentido y protestando que no entregaría el mando al Libertador antes de que prestase juramento constitucional, y que éste no debía tener autoridad desde el momento que estuviera reunido el Congreso».*

Del Socorro envió el Libertador al coronel Pedro Alcántara Herrán con pliegos para el vicepresidente y el Congreso, y con el encargo de que verbalmente manifestara sus intenciones y los motivos de la marcha de las tropas; que no eran exactas sino equivocadas las noticias de que en el sur reinaban el orden constitucional y la paz, y que venía por atender el llamamiento del Congreso y a prestar el juramento constitucional para ejercer el poder, por los motivos que se explicaron atrás.

De acuerdo con esos anuncios, el Congreso se reunió en pleno el 10 de septiembre de 1827, en el templo de Santo Domingo, y ante él prestó el Libertador el juramento prometido, en medio de grandes aplausos. El vicepresidente le dirigió un discurso lleno de sentimientos patrióticos y aun amistosos y luego celebraron una prolongada conferencia. Enseguida los secretarios del Despacho presentaron su renuncia, pues considerándose comprometidos con las censuras que se hacían al vicepresidente, estimaron conveniente que se los reemplazara. El Libertador no las aceptó y los conservó en sus puestos, dando con ello prueba de deferencia al gobierno de Santander.

Con la rebelión de Páez y el peligro de anarquía en varios puntos del territorio se pusieron de bulto las fallas y vacíos de la Constitución de 1821 y la consiguiente necesidad de adoptar reformas que dieran al Ejecutivo herramientas o medios adecuados para mantener el orden público y restablecerlo cuando fuere turbado. Pero esa conveniente e indispensable reforma fue combati-

---

* José Manuel Restrepo, *op. cit.*

da por el grupo del general Santander, movido, como ya se dijo, por el temor de que por ese camino se adoptara la Constitución de Bolivia, no obstante las manifestaciones que sobre el particular había hecho el Libertador. Esa oposición se basó en el argumento o sofisma de que el artículo 191 de la Carta impedía su reforma antes de los diez años de su expedición, es decir, en 1831. Pero como la reforma era, sin la menor duda, indispensable e inaplazable, el aludido Congreso de 1827 decidió, por medio de otra ley, anticipar la Convención Constituyente prevista en el citado artículo 191 y, al efecto, la convocó para marzo del año siguiente en la ciudad de Ocaña. A este respecto llama la atención que los ilustres miembros de ese Congreso y los historiadores que les han sucedido hayan estado enfrascados, y continúen estándolo, en la absurda polémica de si la Constitución de Cúcuta se podía reformar o no en 1827, pues la circunstancia de que la Carta del 21 adoleciera de graves defectos, que debían corregirse, no significaba que fuera necesario su reemplazo total. Y de ahí la sinrazón de quienes –para oponerse a las enmiendas que suponían deseaba el Libertador– alegaban que éstas no podían realizarse antes de 1831, sosteniendo con tal sofisma la integridad de aquella Carta y cerrando el paso a cualquier modificación, por leve que fuera. Afortunadamente esta oposición no prosperó, pero la convocatoria que se hizo tampoco fue acertada. La solución constitucional del problema era diferente. Para comprobarlo basta leer, desapasionadamente, los artículos 190 y 191 del Estatuto de Cúcuta. En efecto, éste estableció dos sistemas para la reforma, ya fuera ésta parcial o total. Según el primero, el del artículo 190, la reforma parcial podía realizarse en cualquier tiempo, por medio del procedimiento que luego se generalizó y que se conoce con el nombre de las «dos vueltas», o sea la aprobación por el Congreso en dos legislaturas, pero limitada a uno o varios puntos. Y el segundo, el del artículo 191, para examinar y reformar la Carta en su totalidad, siempre que hubieran transcurrido diez o más años desde su expedición, y ello por medio de una Gran Convención Constituyente.

Si para corregir los notorios defectos de la Constitución, relacionados con las limitadas atribuciones del Ejecutivo y con el exagerado centralismo, bastaba una enmienda parcial, no se ve la razón para que los exaltados enemigos del Libertador se hubieran opuesto a esas reformas con el pretexto de que éstas sólo podrían hacerse de 1831 en adelante; ni se explica tampoco que los sostenedores de tales obvias reformas cayeran en la trampa tendida por sus adversarios y aceptaran en ese Congreso la innecesaria e inconstitucional solución de anticipar la Convención que, para el solo caso de una reforma total, estaba prevista para 1831. La solución lógica habría sido iniciar en 1827 la primera vuelta de las indispensables modificaciones parciales, las cuales hubieran quedado definitivamente aprobadas en legislatura posterior, evitando en tal forma la absurda solución que se adoptó y que, además de contraria a la Carta, resultó inconveniente y catastrófica, pues agudizó el enfrentamiento de las opiniones y degeneró en la aparición de bandos irreconciliables, que llevaron luego a la disolución de Colombia.

Esa reforma parcial, que hubiera evitado la desastrosa Convención de Ocaña, la consiguiente dictadura y la horrenda conspiración septembrina, fue la que a la postre y tardíamente llevó a cabo el Congreso Admirable de 1830. La Carta expedida por éste no es, en realidad, sino la reproducción de la de Cúcuta con las correcciones que se venían pidiendo en materia de atribuciones del presidente y de excesivo centralismo, suprimiendo las trabas y limitaciones a que aquél estaba sometido, y creando las Cámaras de distrito, que luego se llamaron de provincia y fueron el origen de nuestras actuales Asambleas departamentales y el inicio de un proceso de descentralización administrativa.

La invasión peruana.
La batalla de Tarqui

El puerto de Guayaquil, sin medios de prolongada defensa, al ser atacado por la escuadra peruana y semidestruido, después de heroica y temeraria resistencia, tuvo que rendirse y aceptar una capitulación.

El mariscal Lamar, jefe de un ejército de 8.000 hombres, no aceptó las proposiciones de paz que le hizo el mariscal Sucre y ocupó el departamento de Azuay. Era notoria la inferioridad de nuestro ejército, tanto en número como en recursos de armamento, de vestido y de alimentación. Situación que se agravó porque Lamar, con mucho dinero disponible, atrajo a los vivanderos de la comarca para que abastecieran a su tropa y no a la nuestra. Además, Lamar contaba, como factor decisivo, con la ayuda que le prestaban los coroneles Obando y López, que ocupaban el sur del departamento del Cauca y dificultaban las operaciones del ejército colombiano. Pero estos proditorios planes encontraron un gravísimo tropiezo: el Libertador se había unido a la división de Córdova y reunido 3.000 hombres en Hatoviejo, a orillas del Juanambú, con lo cual los traidores no pudieron obrar en combinación con el ejército invasor. Y cuando lo intentaron con una columna, fueron batidos en Túquerres por otra que mandaba el general Flórez. Sin embargo, lograron interceptar la comunicación entre el Libertador y el mariscal Sucre, prestando así gran servicio al invasor de su patria. El coronel Obando, en sus *Apuntamientos* dice, a manera de justificación, que lo hizo «porque el Perú no tenía más mira en la invasión que el restablecimiento de la Constitución en Colombia [?] y la separación del Libertador del mando, pues así lo aseguraba el mariscal Lamar en sus proclamas». [?]

> «De manera que el Perú movía un ejército de 8.000 hombres y una fuerte escuadra, con un gasto de 3 millones de pesos fuertes, ¡con un objeto en que no tenía el menor interés! O mejor: el fervor liberal [?] y la generosidad de ayudar a sus copartidarios del país vecino, gratuitamente, en la heroica empresa de deponer al Libertador, a quien el Perú debía su independencia y la conclusión de la guerra en América. Todo esto da risa. Los antecedentes de la invasión, la magnitud de sus fuerzas y de su costo, el rechazo brusco de cualquier entendimiento o negociación, primero con O'Leary y luego con Sucre, ¿no prueban que Lamar venía como conquistador desagradecido y no como candoroso auxiliar de un pequeño partido colombiano? O sea que los colombianos que le ayudaban hicieron gravísima traición a su patria, por más que procuren negarlo con sofismas que nada prueban en su favor sino en su contra. Si la victoria hubiera sido de su aliado, hoy los límites con el Perú estarían seguramente al norte de la provincia de Pasto. Pero eso no importaba al rabioso partido que sólo buscaba la caída del Libertador y la disolución de Colombia (la Grande) para que volviera triunfante el general Santander, como amo absoluto de la Nueva Granada (sin la provincia de Pasto) ¡y asegurara la sucesión en el mando de los mencionados coroneles! Y que los tres departamentos del Ecuador fueran peruanos les importaba todavía menos, y el deshonor de las armas colombianas se aceptaba como precio que había que pagar por sustituir al Libertador por Santander y a Colombia por la Nueva Granada!»*

---

* POSADA GUTIÉRREZ, *OP. CIT.*, TOMO I.

Es tan evidente y clamorosa la traición de Obando y López que el doctor Antonio José Lemos Guzmán, distinguido y fervoroso biógrafo del primero, que defiende y explica sus más controvertidas acciones, dice, refiriéndose a la invasión peruana:

> «Jamás de los jamases se puede disculpar, ni atenuar siquiera, la actitud de Obando y López en estas circunstancias; un excesivo resentimiento los llevó a dejar la ruta de sus vidas públicas, de su limpia prosapia y de actos generosos para asumir un proceder de todos modos condenable; ellos habían levantado justicieramente la bandera de la rebelión contra la dictadura, pero esta rebeldía debió limitarse hasta donde no se comprometiera la seguridad nacional, y no podía entrar en sus cálculos, ni en su juego, lo que pusiera en peligro la integridad patria; el ataque peruano era un acto alarmante, alevoso, que excedía y atropellaba los más altos principios de gratitud y de lealtad, y contra el propio suelo nunca hay razón, ni puede haberla, aun por conceptos respetables de reacción y de defensa. Quisieron Obando y López, seamos intencionalmente benignos, aprovecharse tal vez de una desfavorable circunstancia y por un momento, pero este provecho era ilícito e inmoral. Pero aun con Lamar, y en los términos en que lo hizo Obando en la malhadada carta suscrita en Pasto el 14 de diciembre de 1828, erró y pecó gravemente, y con absoluta sinceridad hay que decir que no se halla posible para su conducta la menor disculpa, mucho menos la absolución».*

> «Entretanto se desesperaba el Libertador por la incertidumbre de lo que pudiera pasar a nuestro ejército del sur, con el agravante de que la barrera de Pasto era im-

---

* Lemos Guzmán, *op. cit.*

pasable aun con fuerzas mayores de las que tenía. La preocupación de una posible derrota, que acarrearía el deshonor del ejército, la disolución de la república y la pérdida de su gloria, fueron minando su salud ya de suyo quebrantada, y una grave enfermedad lo puso a las puertas de la muerte».*

En ese período el coronel Mosquera, que había sido nombrado jefe de estado mayor interino del ejército, continuó su campaña de ataques contra el general Córdova, acusándolo de ambiciones y posibles planes de revuelta y sembrando la desconfianza en los jefes de los cuerpos y en el ánimo del Libertador, que tenía especial predilección por el joven héroe de Ayacucho. A ello lo movía no sólo el resentimiento sino el interés de conservar su puesto, pues estando el ejército reunido en el sur, Córdova, y no él, sería nombrado jefe de estado mayor general.

El mariscal Lamar continuó ocupando el departamento de Azuay y encontró simpatías en las autoridades y en el pueblo de Loja, por lo cual el general Flórez concentró el ejército colombiano en Cuenca. El mariscal Sucre estaba en Quito, pero habiendo decidido el Libertador que, como jefe superior civil y militar de esos departamentos, dirigiese las operaciones de la guerra, pasó a Cuenca, donde fue reconocido en el mando supremo que le había confiado el gobierno, quedando Flórez a sus órdenes. Ese mismo día (28 de enero de 1829), Sucre dirigió una proclama a sus tropas en la cual dijo que se veía obligado a asumir ese mando

«...cuando enemigos extranjeros ingratos a la libertad que nos deben han hollado las fronteras de la república. Colombianos [añadía], una paz honrosa o una vic-

---

* Posada Gutiérrez, op. cit., tomo I.

toria espléndida son necesarias a la dignidad nacional y al reposo de los pueblos del sur. La paz la hemos ofrecido al enemigo: la victoria está en vuestras lanzas y bayonetas. Cien campos de batalla y tres repúblicas redimidas por vuestro valor en una carrera de triunfos del Orinoco al Potosí os recuerdan en este momento vuestros deberes para con la patria, para con vuestros compañeros y para con Bolívar».

La formación del ejército que debía librar esa batalla se debió principalmente al general Flórez, cuya base fueron los veteranos de la tercera división, que él hizo volver al servicio del país. Por lo cual Sucre lo conservó en el mando, reservándose únicamente la dirección de la guerra.

Sucre, de acuerdo con los deseos del Libertador, hizo un nuevo intento de negociación, que Lamar despreció con proposiciones inadmisibles y sin dar al Libertador los títulos que le pertenecían y cuya validez no correspondía decidir a un general extranjero. Por lo cual devolvió Sucre esa nota, manifestando que no admitiría documento alguno que tuviera esa informalidad. No obstante, hubo un nuevo intento de arreglo, para lo cual las dos partes designaron comisionados, que se reunieron y no pudieron ponerse de acuerdo. Lamar confiaba en la superioridad de sus fuerzas, en las ventajas obtenidas en Guayaquil, en el apoyo de la provincia de Loja, en la penuria de nuestro ejército y en la colaboración de los coroneles Obando y López. La mala fe del enemigo se vio clara, pues el mismo día en que firmaba la credencial de su negociador dispuso un movimiento secreto de 300 hombres que debían ocupar a Cuenca y obrar a retaguardia de nuestras tropas, privándolas de todo recurso de subsistencia. Afortunadamente el general de brigada Vicente González, que sólo contaba con setenta soldados convalecientes, ocupó la torre de la catedral e hizo una heróica resistencia, que le permitió obtener una capitulación honrosa, que salvó a la ciudad de las violencias y atropellos que siguen a una ocupación por la fuerza. Posteriormente la columna peruana se vio obligada a evacuar a Cuenca.

Sucre concibió, con gran sagacidad, un plan estratégico que dio el resultado apetecido. Ordenó al general Flórez que con dos compañías escogidas cayera por sorpresa sobre el puente del pueblo de Saraguro, donde estaba la tercera división peruana, la cual, creyéndose atacada por todas las fuerzas colombianas, se retiró en desorden, abandonando sus almacenes, equipajes, parte del armamento, municiones y caballerías. Al día siguiente (13 de febrero) Flórez persiguió a los fugitivos, entre los cuales iba Lamar, que estaba en Saraguro cuando el ataque sorpresivo, y en esa persecución perdió 200 mulas, 80 cargas de municiones y muchos hombres. Esta acción aumentó la confianza de los colombianos y disminuyó la del enemigo.

Posteriormente, el 27 de febrero, Sucre sorprendió en el Portete de Tarqui, con 1.500 hombres de infantería y un escuadrón de caballería a una fuerte división peruana, al mando del general Plaza, pero, derrotada ésta, apareció Lamar con otra de 5.000 hombres y restableció la batalla. No obstante tal superioridad, Sucre obtuvo en tres horas de combate una completa victoria, que obligó a los peruanos a replegarse en plena derrota, con pérdida de más de 2.500 hombres, entre muertos, heridos, prisioneros y fugitivos, fuera de fusiles, cajas de guerra y banderas. Colombia tuvo una pérdida de 154 muertos y 206 heridos, algunos de mucha gravedad. Ese día Sucre ascendió a general de división a Flórez y a general de brigada al coronel Daniel Florencio O'Leary, por su comportamiento distinguido en la batalla y en las operaciones que la precedieron. Dictó un decreto de honores y recompensas a los cuerpos de su ejército y mandó levantar en el propio campo del combate una columna con los nombres de los cuerpos que habían combatido y de los generales, jefes, oficiales, soldados muertos, y con esta inscripción en el lado que mira al sur: «El ejército peruano de 8.000 soldados, que invadió la tierra de sus libertadores, fue vencido por 4.000 bravos de Colombia el 27 de febrero de 1829».

Lamar se detuvo en Girón, donde recibió a un enviado de Sucre con la oferta de una capitulación honrosa que salvara los restos de su ejército, en las mismas condiciones en que la propuso antes de la batalla. A esta generosidad contestó negativamente, y aun se atrevió proponer que Colombia abandonara a Guayaquil, que era su obsesión y principal interés, pero Sucre, indignado, le manifestó en mensaje lacónico que si no aceptaba su proposición, al amanecer del siguiente día (29) no le concedería una capitulación en que no se estipulase «la entrega del resto de sus armas y banderas y el pago de los gastos de guerra». Esto obligó a Lamar a reunir a sus generales y jefes y preguntarles si, en vista de que sus efectivos eran tan fuertes como los de Colombia, podría esperarse mejor fortuna en una nueva batalla, y que, en caso contrario, si se podría emprender una retirada a la frontera norte del Perú, apoyándose en Guayaquil, que seguía en su poder. A estas preguntas respondió el consejo de guerra que en cualquiera de esos dos casos su ejército se perdería infaliblemente, por lo cual no veía otro recurso que el de capitular. En consecuencia, tan pronto como amaneció, un oficial peruano se presentó al cuartel de Sucre con el mensaje en que Lamar proponía un armisticio, que le fue concedido y en el cual se estipuló: 1) la suspensión de hostilidades; 2) la reducción a 3.000 hombres de las fuerzas militares de los departamentos limítrofes; 3) el arreglo de los límites por una comisión, basados en los que tenían los virreinatos de Nueva Granada y el Perú en 1809; 4) la liquidación, por la misma comisión, de la deuda de Perú a Colombia; 5) una satisfacción del Perú a Colombia por haber expulsado al agente de ésta en Lima; 6) la no intervención en los asuntos domésticos del otro país; 7) la devolución de la corbeta *Pichincha*, que el Perú había adquirido por traición; 8) el pago por el Perú de ciento cincuenta mil pesos por deudas que su ejército y su escuadra contrajeron en Azuay y Guayaquil; 9) la evacuación del territorio colombiano en veinte días y la devolución de lo que tomó el Perú al tiempo de la capitulación de ese puerto; 10) una amnistía de ambos gobiernos en favor de las personas comprometidas en la guerra; y 11) que este convenio fuera base forzosa del tratado definitivo que se celebraría posteriormente. Como consecuencia de lo anterior, el ejército peruano pudo retirarse en orden, sin ser molestado.

«Esta amplísima capitulación fue criticada vivamente por la opinión nacional, por estimar que Sucre había consultado más bien la generosidad de su noble corazón que las exigencias de la política y la seguridad del país, y que con ella había repetido las concesiones que hizo a las tropas realistas después de Pichincha en 1822 y de Ayacucho en 1824. Pero bien analizadas las cosas, con la serenidad que situaciones como ésta exigen, es preciso tener en cuenta que nuestro héroe trataba con un mariscal y presidente de república, a quien reputaba caballero e incapaz de una felonía, y que las dos naciones, por ser limítrofes y nacidas de una misma lucha por la independencia, estaban llamadas a ser amigas verdaderas, a consolidarse como hermanas, por sus numerosos vínculos, por su propio interés y por sus gloriosos recuerdos. Sucre conceptuaba además que los pueblos hispanoamericanos no debían ofenderse, haciendo imposible su reconciliación sincera y durable. Tuvo también en cuenta que el monumento que ordenó a raíz de la batalla hirió profundamente el orgullo nacional peruano, y quiso, para borrar ese resentimiento y facilitar el tratado de paz, ser amplio y generoso en la capitulación y prescindir de la columna proyectada inicialmente, que dificultaría e imposibilitaría la concordia entre los dos pueblos».*

---

* Posada Gutiérrez, *op. cit.*, tomo I.

Anexión del Cauca al Ecuador

La Convención de los departamentos de Ecuador, Azuay y Guayaquil, que declaró la independencia de éstos, a diferencia de Venezuela manifestó deseos de conservar el nombre y la unidad de Colombia, bajo forma federal, con el nombre de «El Ecuador en Colombia» y, con respecto al Libertador, dictó un expresivo decreto de honores, pidiéndole además que fuera a pasar allá el resto de sus días. La decisión sobre el nuevo Estado regiría hasta que una asamblea de plenipotenciarios de las diferentes partes de Colombia estatuyera lo conveniente para organizar su Confederación, y el general Flórez fue nombrado presidente del nuevo Estado.

La anexión del Cauca al Ecuador, a que se hizo referencia en capítulo anterior, se produjo en una reunión popular promovida y presidida por el jefe político de Popayán, señor Francisco José Quijano, seguidor entusiasta e incondicional del general Obando. El Acta de esa junta dispuso:

«1) El circuito de Popayán se agrega libre y espontáneamente al Estado del Ecuador, bajo su sistema constitucional y leyes que lo rigen, sometiéndose al jefe del Estado. 2) El circuito de Popayán reconoce con placer y de acuerdo con el Estado del Ecuador, al Libertador Simón Bolívar como Protector y Padre de la Patria, en los mismos términos que lo ha reconocido el Estado del Ecuador. 3) Las autoridades que actualmente nos gobiernan continuarán en el ejercicio de sus funciones *hasta que el supremo gobierno del Ecuador resuelva otra cosa*, conforme a la Constitución y leyes del Estado».

Este artículo significaba la continuación de la dictadura de Obando y López, dada por la junta de militares, hasta que Flórez resolviera otra cosa. Los artículos siguientes ordenan comunicar esa decisión al municipio de Almaguer y a los gobernadores de Pasto, Buenaventura y el Chocó, supuestamente interesados en la agregación del departamento (de que hacían parte) al Ecuador.

Todo lo anterior obedeció al empeño de acentuar la desmembración de la Nueva Granada. Fueron comisionados distinguidos caucanos residentes en Quito para «presentar esta decisión al general Flórez, a fin de que, aceptando nuestros votos y resolución, se sirva sostenerlos, *entendiéndose con el gobierno provisional de Bogotá (sic)* para que secunde con su influjo la opinión y deseos de los pueblos y evite la guerra civil entre hermanos y conciudadanos». Ordenó enviarla también a dicho gobierno, «manifestándole los deseos pacíficos de éste y la buena correspondencia que espera de él para conservar los vínculos de amistad y confraternidad que deben unir a los pueblos de Colombia, para que en la grande asamblea de plenipotenciarios pueda aparecer ante ambos mundos siempre grande, siempre heroica, siempre digna de su nombre». ¿Quién? ¿Colombia? ¿Quién contribuyó a destruirla?

Flórez aceptó sin demora la anexión y el hecho quedó consumado. Aunque se creyó que él, por propio decoro, dictaría contra Obando y López una resolución de llamamiento a juicio, semejante a la del general Urdaneta, ello no ocurrió. ¿Hubo acaso un acuerdo previo de los tres generales para que esto no se hiciera y facilitar así la aceptación de los nuevos súbditos? Es posible, aunque nunca se supo con certeza. Doce años después, cuando Obando volvió a enemistarse con Flórez, dijo:

> «Habiendo salido de Popayán por el camino de La Plata, para resistir a Posada, que quería entorpecerles su organización, de regreso recibí oficio del Prefecto interino de Popayán, acompañándome el acta de agregación temporal al Ecuador. Yo callé, absteniéndome de aprobar o de improbar y para hacer más seguro el adormecimiento de Flórez, abrí comunicaciones con él, *como autoridad de quien ya dependía,* aparentando revelarle nuestra situación y pidiéndole una turquesa para hacer balas y unos clarines del parque mismo que nos acababa de robar en Pasto. Todo me fue negado, yo disimulé, lo apunté en mi memorando y no le pedí más».*

Esta declaración o aclaración tardía contiene varias inexactitudes. En primer lugar, no pudo salir a resistir el imaginario ataque del coronel Posada, porque éste estaba tranquilo e inactivo en el pueblo del Pital (provincia de Neiva), esperando con su infantería órdenes del gobierno. Más aun: se le había prohibido que comprometiera su columna y que, en caso de movimientos de Popayán hacia La Plata, se replegara a la orilla derecha del Magdalena, mientras recibía refuerzos. En cuanto a lo segundo, que no aprobó ni improbó la decisión de Popayán, promovida por su principal teniente y donde nada se hacía sin su consentimiento: si no aprobó ni improbó la anexión al Ecuador, ¿en qué carácter abrió comunicación con Flórez, *«como autoridad de quien ya dependía»?* Este solo hecho es una aprobación expresa de su voluntaria anexión. Además, en Popayán no había un prefecto interino sino un jefe político, que era precisamente su hechura y principal agente, que jamás habría dado ese paso sin su expresa autorización. De manera que él y López no pueden excusarse de ser

---

* *Ibídem.*

los autores de *este suceso,* que *constituyó su segunda traición a la patria. La primera fue la de la invasión peruana en 1829,* en que, por combatir y deponer al Libertador, propiciaron esa invasión, que arrebataba al país un extenso territorio. Más aun: el general López en sus *Memorias,* escritas veinte años después, dijo:

> «En tan críticas y apuradas circunstancias tuve la inspiración, bien fundada a la verdad en favorables consecuencias, de proponer a muchas personas notables de Popayán agregarnos al Ecuador condicionalmente, puesto que el gobierno de Colombia no existía. Aceptada mi proposición, se puso en obra el proyecto, y reunido el pueblo, deliberó de acuerdo».*

Innecesario agregar que los generales Obando y López, en ese oscuro período de 1827 a 1832, obraron de común acuerdo y en íntimo contacto. Además, la anexión del Cauca al Ecuador no fue condicional, como dice el general López, sino absoluta y permanente, como se desprende de los artículos del Acta de Popayán. La reserva de que la Asamblea de plenipotenciarios señalara los límites de los tres Estados no desvirtúa la decisión de ceder ese extenso y valioso territorio. Por otra parte, esa «reserva» en los considerandos no tiene valor alguno, pues lo que obliga en una disposición es lo que queda en su parte resolutiva.

El hecho de que en el segundo numeral de la referida acta se hiciera un tardío reconocimiento del Libertador como Protector y Padre de la Patria, no borra la ignominia anterior, pues ese acto insincero sólo obedeció al empeño servil de halagar al general Flórez y merecer su aceptación. Más adelante se verán los graves problemas que ese paso ocasionó al país y las dificultades que tuvo el gobierno granadino para recuperar el territorio en mala hora cedido.

---

* *Ibídem.*

Incorporación de Obando y López a nuestro ejército

Cuando en su viaje a la frontera del sur el Libertador salió de Popayán hacia Pasto, envió una misión de paz a los coroneles Obando y López, con un decreto de amnistía sin más condiciones que las de deponer las armas y someterse al gobierno, y una pastoral del obispo de Popayán, español de nacimiento y antiguo realista. Los comisionados fueron dos sacerdotes, también antiguos realistas y por ende de gran prestigio entre los pastusos y patianos, como se comprobó con el sometimiento casi inmediato del valle del Patía, con sus principales jefes. Aunque la insurrección continuó en Pasto, Obando regresó a Juanambú a conferenciar con los aludidos comisionados, pero en sus mencionados *Apuntamientos para la historia* dice cínicamente que aceptó la propuesta «y con diferentes pretextos hice durar cuanto me convenía las discusiones de este negocio, dando tiempo a que me llegasen noticias del éxito que hubiesen tenido *las operaciones del sur*». ¿Cuáles? ¡Obviamente la invasión peruana! Y como si lo anterior fuera poco, continúa:

> «Al cabo de veinte días de conferencias en que el Libertador estaba ya desesperado porque no le dejaba pasar, *y yo, impaciente por no saber nada de la invasión*, recibí un parte de Quito que contenía *la noticia fatal del suceso del Portete*. En semejantes circunstancias me fue forzoso prescindir de la empresa de restablecer el orden constitucional por los medios adoptados hasta entonces

y traté solamente de arrancar del dictador la mayor suma de ventajas en favor de la causa y de los que padecen por su amor a la Constitución, *prevaliéndome de la impaciencia de Bolívar y de su ignorancia de aquel suceso importante para él*»* [subrayo].

¡Imposible una confesión más completa de antipatriotismo, de descarado sectarismo («la causa» por encima del país) y de consumada traición!

Sobre la anterior declaración dice el general Mosquera que el 2 de marzo, fecha en que Obando se sometió, no podía tener conocimiento «del fatal suceso del Portete», que se dio el 27 de febrero a 175 leguas de distancia, cuando en Quito, que estaba mucho más cerca, sólo se supo el 5. Y agrega que lo que movió a Obando a someterse fue el ver que los pastusos, desengañados de que no se trataba de la defensa del rey y de la religión, lo abandonaron y quedó sólo con mil hombres.

Es verdad que el sometimiento del Patía y el influjo de los dos sacerdotes en Pasto produjo fuerte deserción de sus tropas, pero lo que decidió a Obando a entregarse fue el triunfo del ejército patriota en Saraguro, ocurrido poco antes, que él consideró como acción decisiva. El resultado de la batalla de Tarqui sólo se conoció en Pasto el 9 de marzo.

En el convenio celebrado con los dos sacerdotes Obando hizo exigencias exorbitantes, que el Libertador aceptó en parte. Sin embargo le ofreció privadamente que más tarde lo ascendería a general y expidió un amplísimo decreto de amnistía en favor de los comprometidos en la revuelta, en el cual confirmó el de perdón y olvido que había expedido el 26 de enero anterior, e hizo especiales concesiones y privilegios a la provincia de Pasto.

---

* *Ibídem.*

Uno de los tenientes de Obando, el comandante Manuel María Córdoba, se sometió al Libertador en la línea del río Mayo y le entregó la barra de oro que le tocó en el reparto del correo de Micay que habían asaltado las tropas de Obando, pero el Libertador, con su característica generosidad, le dijo que la conservara. El general López dice en sus *Memorias* que el mencionado Córdoba se había vendido a Bolívar, pero la verdad es que fue persuadido por los dos sacerdotes comisionados y que la entrega de la barra fue posterior.

Baralt y Díaz censuran en su *Historia de Venezuela* la transacción con Obando y López y la atribuyen al deseo del Libertador de llevar a cabo la Confederación de Colombia, Perú y Bolivia. Cargo injusto e infundado, pues en 1829 ya había desistido de esa idea, y además nada tenía que ver con ella el referido arreglo con los rebeldes. El único móvil del Libertador fue remover el obstáculo con que ellos quisieron impedir o dificultar el rechazo de la aleve invasión peruana.

En cuanto a las «ventajas para la causa» que invoca Obando como motivo de su sumisión, debe observarse que ellas fueron puramente personales, encaminadas a asegurar los empleos y ascensos y salvarse de las responsabilidades que le cabían por los atropellos que había cometido. ¿Cuál fue entonces el balance de esta hazaña de los coroneles Obando y López? Desde el punto de vista personal muy favorable, como vimos, por la conservación de los empleos y el ascenso al generalato. Pero desde el punto de vista de «la causa» un completo fracaso, pues no lograron que se consumara la invasión del ejército peruano, como lo deseaban ardientemente y lo buscaron *para derrocar al Libertador, disolver a Colombia y consolidar, por el momento, el feudo granadino para el general Santander y para ellos*.* Aquí cabe decir que se quedaron con el pecado, la ignominiosa traición, y sin el género:

---

* Ibídem.

la invasión peruana y la destrucción del gobierno y del país [subrayo].

Tres días después del convenio y del decreto entró el Libertador a Pasto, cuyas autoridades y habitantes le tributaron apoteósico recibimiento. A tal punto llegó éste que el mismo Obando expidió una proclama en que dijo:

> «Pastusos, patianos y compañeros de armas: el Libertador, con su decreto generoso, ha puesto fin a nuestros males, abriéndonos las puertas de la gloria en los campos del sur, hollados ahora por los pérfidos de la tierra [?], por esos que nos deben todo y que sin nuestro sacrificio aún serían colonos españoles... Marchemos tras el gran soldado que nos dejará gloria, libertad y patria, y puesto que estos son nuestros ardientes votos, yo le he ofrecido, a nombre vuestro, que seremos el modelo de la obediencia, de la constancia y de las virtudes».*

Sincero, ¿no? Esta increíble declaración marca un contraste impresionante con su confesión anterior (la táctica de detener y demorar al Libertador para ayudar al invasor) y lo que dijo en sus *Apuntamientos para la historia*. En esa proclama dijo también, como justificación, que «la representación nacional iba a reunirse en el año siguiente y que ella fijaría nuestros destinos y no las armas». Pero ocurre que la aludida Asamblea la había convocado el Libertador en el célebre Decreto Orgánico del 27 de agosto de 1828, para el 2 de enero de 1830, y luego, en otro decreto de diciembre del mismo año había reiterado esa convocatoria para la misma fecha.

El Libertador, que no sabía guardar rencor ni contra sus peores enemigos, lleno de regocijo por haber concluido esa re-

---

* *Ibídem*.

vuelta y asegurado el triunfo de nuestras armas en Tarqui, trató a los dos coroneles no sólo con cordialidad sino con efusivo afecto. El general López dice en sus *Memorias* que cuando aquél (Bolívar) recibió la noticia del triunfo en Tarqui prorrumpió en vivas al ejército victorioso, a sus generales, a Obando y a él, agregando:

> «Ninguna gracia habían hecho ustedes, ningún mérito habían contraído si el tratado de La Cañada [el celebrado con ellos] se hubiera hecho después de la batalla de Tarqui». Y agrega López: «Ignoraba el general Bolívar que nosotros éramos sabedores de aquel acontecimiento una semana antes que él, y que sin esa circunstancia no le hubiera sido dado ocupar un palmo de tierra entre el Guáitara y Juanambú».*

O sea que si los defensores de nuestra integridad territorial hubieran sido vencidos, Obando y él habrían continuado la guerra, favoreciendo al invasor y ayudando a la desmembración del país. Como se ve, todo esto constituye la confesión palmaria de la traición, y el lenguaje que emplean muestra que en todo momento se consideraban como verdaderos adversarios del Libertador. El cual, sin embargo, les agradecía el sometimiento, creyéndolo nacido de un sentimiento patriótico y generoso, pues ignoraba que si la traición no se había consumado no era por falta de voluntad sino por la suerte adversa de las armas peruanas.

Enseguida habla López de las manifestaciones de gratitud, aprecio y aun afecto que les prodigó el Libertador y de los halagos con que quería atraerlos y que él rehusaba porque no deseaba sino volver a Popayán, a vivir tranquilo, sin ningún empleo (?), hasta que el Congreso Constituyente convocado por Bolívar diera la Constitución de Colombia. Sin embargo el Libertador le confi-

---

* *IBÍDEM.*

rió el ascenso a coronel efectivo, con sueldo íntegro de su empleo, aun cuando no estuviera en servicio activo. A estas graciosas concesiones agregó, según López, expresiones de afecto y de ternura, entre repetidos abrazos y lágrimas en los ojos. Y otras declaraciones que implicaban desconfianza sobre el desinterés y la lealtad de Páez, Sucre, Montilla, Urdaneta y Flórez, que no parecen verosímiles, o al menos exactas, pues el Libertador no dudaba entonces de ellos y menos de Sucre. Además dice que les reiteró el ofrecimiento de trabajar porque el Congreso consagrara los sagrados principios de un sistema republicano y liberal y les pidió casi humildemente, su cooperación para reconstituir a Colombia. Finalmente trae López otra declaración increíble: que los había autorizado para rebelarse si el Congreso no establecía un sistema republicano que asegurara la libertad. ¿El Libertador autorizando la rebelión contra un Congreso que él había convocado para que libérrimamente, como representante de la soberanía, expidiese la constitución que a bien tuviera?*

---

* Ibídem.

El «Congreso Admirable» y la Constitución de 1830

Después de varias semanas de silencio, el 8 de diciembre de 1829 el general Páez escribió al Libertador sobre los efectos que había producido en Venezuela la circular en que éste había pedido que los pueblos expresaran con plena libertad sus opiniones sobre la organización política que convenía a la república, agregando aquél que la separación de Venezuela era un hecho que ningún poder humano podría contrariar y que él «no había querido mezclarse en nada [?], por la referida orden de dejar obrar a los pueblos y decir lo que quisieran con toda franqueza». Y que obviamente «había ordenado a las autoridades que le obedecían que se conservara el respeto, la veneración y la obediencia debidos al Libertador presidente», y concluía así: «Si la separación de Venezuela es un mal, ya parece inevitable, porque se desea con vehemencia y creo que no dejarán pasar la ocasión sino a costa de sangrientos sacrificios. Esta opinión es general, superior al influjo de todo hombre, es en realidad la opinión del pueblo». Las anteriores manifestaciones son contradictorias, pues cómo se compaginan la obediencia que pidió para el Libertador y la aceptación y apoyo a la decisión separatista? Y también son hipócritas, pues él no fue pasivo espectador de esos hechos sino su principal promotor y beneficiario. Además implicaban la amenaza de sostener por la fuerza lo acordado en la junta revolucionaria de Caracas.

Lo triste y lamentable, aunque no extraño, es que esas noticias produjeran el más vivo entusiasmo en el partido santanderista, que vio en ellas el medio eficaz de acabar con la obra y el prestigio del Libertador y la oportunidad de constituir por aparte a la Nueva Granada, donde ese partido podría asegurar su dominación plena y durable. Y desconocía también la autoridad del próximo Congreso, pues éste, aunque fuera legítimo, no tendría poder para hacer cumplir sus decisiones en Venezuela.

Por inconvenientes de diverso orden el Libertador tuvo que demorar su viaje de regreso, de modo que sólo el 15 de enero pudo llegar a Bogotá, donde se le tributó un recibimiento que, aunque espléndido, fue triste al mismo tiempo por la impresión que dejó en la gente su grave enfermedad y acabamiento.

El Congreso se reunió el 20 de enero, pues sólo ese día se pudo completar el *quórum* requerido por la Constitución. Debe recordarse que había sido convocado por el Decreto Orgánico de 1828, llamado de la «dictadura», y por el que el Libertador expidió en el sur el 2 de marzo de 1829, a raíz del triunfo sobre las armas peruanas. A ese Congreso, que eligió como su presidente al mariscal Sucre, y que es conocido en la historia como el «Congreso Admirable» por la calidad de sus miembros y la altura y patriotismo de sus propósitos, dirigió el Libertador, al instalarlo, un mensaje en el cual, además de presentar renuncia irrevocable de la presidencia, hizo un análisis exacto de las penosas circunstancias en que había transcurrido la vida del país en los años inmediatamente anteriores, como la agitación que siguió a la Convención de Ocaña, la dictadura que se vio obligado a asumir, el atentado del 25 de septiembre, la invasión peruana, estimulada y apoyada por algunos colombianos, la gloriosa batalla de Tarqui, el tratado de Girón, la reparación que nos dio el Perú a la caída del general Lamar, la difícil recuperación de Guayaquil, la conclusión de la guerra civil por la generosidad con que trató a los rebeldes y la insurrección y dolorosa muerte del general Córdova.

Enseguida, al exponer las razones que motivaban su renuncia irrevocable, agregó:

«El Congreso debe persuadirse de que su honor le prohibe pensar en mí para este nombramiento (la presidencia) y el mío se opone a que yo lo acepte. Obligados como estáis a constituir el gobierno de la república, dentro y fuera de vuestro seno hallaréis ciudadanos que desempeñen la presidencia del Estado con gloria y ventajas. Todos, todos mis conciudadanos gozan de la fortuna inestimable de parecer inocentes a los ojos de la sospecha: sólo yo estoy tildado de aspirar a la tiranía. ¡Ah! ¡Cuántas conspiraciones a mi persona!»

El Congreso contestó el mensaje del Libertador en términos del mayor respeto y consideración, manifestándole que no podía admitir su renuncia hasta que, acordando una Constitución y nombrando los magistrados superiores en el orden político, quedara cumplida la misión que tenía que llenar. Y, en efecto, se dispuso a elaborar el proyecto de Constitución y a cumplir con su deber, cualesquiera que fuesen los inconvenientes con que tuviera que luchar, y por ende a tratar de contener la revolución iniciada por la junta de Caracas.

No obstante la insistencia del Congreso, el Libertador, cada día más enfermo y abatido, decidió retirarse. El 1 de marzo encargó del gobierno al general Domingo Caicedo, presidente del Consejo de ministros, y se encaminó a una quinta de Fucha, con miras a encontrar reposo y la recuperación de su salud.

En las primeras sesiones adoptó el Congreso un reglamento para el orden de los debates y se ocupó en expedir las bases de la Constitución que, al llegar a la redacción de ésta, fueron acogidas en su integridad, con la sola adición propuesta por el mariscal Sucre a la primera de ellas, así: «Se ratifica la integridad de la república de Colombia conforme a la Ley Fundamental de 1821». En esta forma quedó concluido el debate que se había adelantado en los días anteriores con ocasión de las aspiraciones de Venezuela y sobre la posibilidad o no de mantener la unión colombiana.

Otra materia de debate fue la señalada con el número 10, sobre establecimiento de Asambleas o Cámaras de distrito en los departamentos, pues algunos diputados expusieron el temor de que las facultades de aquéllas fueran demasiado amplias y por ese camino se llegara a una especie de federalismo. Temor infundado, pues sus atribuciones eran de carácter administrativo (o «municipal», como se decía entonces) y no legislativo, como lo explica la comisión redactora del proyecto de constitución en un párrafo de la exposición de motivos, que dice:

> «Así es que, aunque en el proyecto que os presentamos, se ha conservado la forma central de gobierno, no es estricta la centralización, sino modificada; de manera que sin privar al gobierno del vigor y fuerza que debe conservar para mantener el orden interior y atraerse consideración y respeto en lo exterior, se ha atendido a los intereses locales en las diversas partes de la república, por medio de las Cámaras o Asambleas territoriales, que constituyen una de las diferencias que ya habíais adoptado en las bases con respecto a las antiguas instituciones».*

A este respecto vale recordar lo que se dijo sobre el excesivo centralismo de la Constitución de Cúcuta y lamentar que no se hubiera aprovechado la expedición de la nueva para corregir en forma más sustancial el error que la experiencia había puesto de manifiesto y que mucho influyó en la tendencia separatista de Venezuela.

---

* POMBO Y GUERRA, *OP. CIT.*, TOMO III.

Pensando el Libertador que allá, para fomentar la disolución de Colombia, habían tomado pie en sus recomendaciones de que se permitiera una amplia discusión sobre el régimen político que debía adoptarse, quiso ir en persona a impedir la desintegración del país, pero el Congreso le pidió que desistiera de ese viaje mientras la Constitución no quedara expedida, y, en su lugar, designó una comisión compuesta por el mariscal Sucre, presidente del Congreso, el obispo José María Estévez, vicepresidente del mismo, y el diputado Juan García del Río con el encargo de hacer conocer en esos departamentos las verdaderas intenciones de la Representación Nacional. Esa comisión llevó las referidas bases para que se discutieran con calma y se modificaran de acuerdo con las propuestas venezolanas, pero quedó desairada y nada pudo hacer, porque ya el general Páez había convocado el Congreso Constituyente de Valencia, se había declarado jefe supremo de Venezuela y se disponía a abrir operaciones contra la Nueva Granada.

Simultáneamente con esta hostilidad de Venezuela crecía aquí la agitación del llamado partido liberal y su oposición al Congreso. En abril unos parientes del general Santander encabezaron en Cúcuta un pronunciamiento en que decidieron «desconocer la autoridad de Simón Bolívar, de su Consejo de ministros, de su Congreso y de todos sus agentes». Además proclamaron confraternidad con Venezuela, declararon que obedecerían a las autoridades del Cantón, designadas por ellos, y a las leyes «en lo que no fueran contrarias a aquella resolución», y pidieron encarecidamente al jefe de las fuerzas venezolanas, que estaba en San Antonio del Táchira (a 10 kilómetros de distancia), que los protegiera, pues se ponían bajo el amparo de Venezuela. Agregaban que el Libertador había perseguido ferozmente a los diputados de esa provincia en la Convención de Ocaña «porque eran liberales». Esto es inexacto, pues a ninguno se persiguió. Recuérdese que el general Santander fue nombrado ministro plenipotenciario en los Estados Unidos, que aceptó dicho cargo y pidió y obtuvo la designación del poeta y conspirador Vargas Tejada como secretario de esa legación. De los miembros de ese partido sólo fueron juzgados y condenados los que tuvieron parte en el atentado del 25 de septiembre, pero ninguno por razón de sus ideas políticas.

Simultáneamente, el general Juan José Flórez promovía un movimiento para constituir en estado independiente los tres departamentos del Ecuador. Y la provincia de Casanare, bajo la acción de su gobernador, el general Juan Nepomuceno Moreno, desconoció al gobierno y al Congreso y proclamó su incorporación a Venezuela.

Esta noticia, unida a la anterior actitud de Venezuela y la situación interna, agravada por las presiones y amenazas del partido liberal, desconcertaron profundamente al vicepresidente Caicedo, que el 25 de abril sorprendió al Congreso con un mensaje en que manifestaba que el gobierno, colocado en una precaria situación, no podía responder de la tranquilidad de los pueblos ni de la seguridad del país, y conceptuaba que los trabajos que ocupaban al Congreso serían infructuosos por estar Venezuela dispuesta a resistir con la fuerza sus disposiciones y que algo semejante podría ocurrir en otros departamentos. De donde resultaba la inutilidad de una constitución que no habría de regir un solo día. Por lo cual sugirió que el Congreso expidiera un decreto orgánico que fijara las atribuciones del gobierno, asegurando las garantías individuales y sociales, y nombrara a los funcionarios que tomaran las riendas del Estado y convocaran una Convención granadina que definiera la suerte de estos pueblos. Agregaba que si la unión con Venezuela fuera posible, los representantes de los pueblos podrían acordar esa unión con calma, transigir sus diferencias y acordar el pacto que mejor les conviniera, ya que en medio del desorden los pueblos se precipitarían a su ruina.

Este mensaje suscitó natural desconcierto y acaloradas discusiones, que se prolongaron por dos días, en las cuales se hizo al general Caicedo la acusación de que pretendía que el Congreso se deshonrase sancionando la disolución de Colombia, cuando había sido llamado para conservarla y expedir la Constitución. Y que hecho esto, si el parricidio se consumaba, el Congreso habría salvado su responsabilidad, no haciéndose cómplice de él ni, lo que es peor, sancionándolo. Al final de esos debates la mayoría del Congreso rechazó con razón la tesis del mensaje y manifestó que «la representación nacional se ocupaba de los medios de evitar los progresos de los disturbios que se temían, y que el gobierno, usando de sus facultades, hiciera todos los esfuerzos posibles para calmar los espíritus y restablecer el orden turbado». Y, en consecuencia, el Congreso continuó ocupándose con mayor empeño en la redacción de la Constitución.

La Comisión de Asuntos Constitucionales, presidida por don Estanislao Vergara e integrada por cinco granadinos, tres venezolanos y tres ecuatorianos tenía muy adelantado su trabajo y pudo concluirlo y presentarlo al Congreso, que le dio su aprobación el 29 de abril, y el 5 de mayo siguiente fue sancionado por el general Domingo Caicedo como encargado del poder Ejecutivo.

Expedida la Constitución, el Congreso tenía que ocuparse en la elección de los nuevos mandatarios, en medio de una tremenda agitación, adelantada con ardor creciente por el partido contrario al Libertador. Como era tan manifiesta la hostilidad de ese partido a los que consideraba «bolivianos», algunos de éstos, temerosos de las persecuciones que sufrirían si se ausentaba el Libertador, pedían que a éste se lo reeligiera, para evitar la guerra civil y la disolución del país. Y era tan insistente ese empeño, que el Libertador convino, a pesar de su decisión de retiro, en celebrar algunas reuniones con los generales Caicedo y Urdaneta y con los señores Vergara y Castillo y Rada, en las cuales se analizaron los pros y los contras de esa solución, con la posibilidad, en caso afirmativo, de elegir al general Caicedo como vicepresidente para que se encargara del gobierno, ya que el Libertador en ningún caso regresaría a él. En esas reuniones hubo opiniones diversas, pero el Libertador, después de analizar de nuevo la situación, habló con los diputados, uno por uno, suplicándoles que no le dieran su voto, pues por nada aceptaría la presidencia, y con fecha 27 de ese mes envió al Congreso un nuevo mensaje en el cual manifestó que reiteraba sus «repetidas protestas de no aceptar otra vez la primera magistratura del Estado, aun cuando me honréis con vuestros sufragios». Y agregaba:

> «Debéis estar ciertos de que el bien de la patria exige de mí el sacrificio de separarme para siempre del país que me dio la vida, para que mi permanencia en Colombia no sea un impedimento a la felicidad de mis conciudadanos. Venezuela ha pretextado, para efectuar su separación, miras de ambición de mi parte; luego alegará que mi reelección es un obstáculo a la reconciliación, y al fin la república tendría que sufrir un desmembramiento o una guerra civil. Otras consideraciones ofrecí a la sabiduría del Congreso el día de su instalación, y unidas éstas a otras muchas han de contribuir todas a persuadir al Congreso que su obligación más imperiosa es la de dar a los pueblos de Colombia nuevos magistrados, revestidos de las eminentes cualidades que exigen la ley y la dicha pública. Os ruego, conciudadanos, que acojáis este mensaje como una prueba de mi más ardiente patriotismo y del amor que siempre he profesado a los colombianos».

Ante esta invencible resistencia del Libertador, el Congreso no pudo insistir en sus anteriores peticiones y después de un corto debate aprobó por unanimidad la siguiente respuesta:

> «Excelentísimo señor Simón Bolívar,
> »Libertador, presidente de la república.
> »Señor: El Congreso se ha instruido de vuestro men-

saje del 27 de este mes, en que reiteráis vuestras protestas de no aceptar otra vez la primera magistratura del Estado, aun cuando fuerais honrado con los sufragios de los representantes del pueblo, y lo ha tomado en consideración.

»Aprecia debidamente el Congreso esta nueva prueba que dais a la nación de vuestro civismo y del desinterés que os anima. Ella, en su concepto, realza la gloria que por tantos títulos habéis adquirido, y desmintiendo las imputaciones que se os habían hecho, afianza vuestro crédito y consolida vuestra reputación.

»Debéis confiar, señor, que cada uno de los diputados del Congreso, siguiendo las inspiraciones del deber y del patriotismo, y su modo de percibir las conveniencias públicas, pesará en el fondo de su conciencia el día de las elecciones, las razones que os han inducido a solicitar que no se os reelija para la primera magistratura del Estado, y ellas determinarán su sufragio.

»Sea cual fuere, señor, la suerte que la Providencia prepara a la nación y a vos mismo, el Congreso espera que todo colombiano sensible al honor y amante de la gloria de su patria, os mirará con el respeto y consideración debidos a los servicios de habéis hecho a la causa de América; y cuidará de que conservándose siempre el brillo de vuestro nombre, pase a la posteriodidad, cual conviene al fundador de la independencia de Colombia.

»Tales son, señor, los sentimientos del Congreso, que de su orden, tengo el honor de transmitiros,

»Sala de las sesiones, en Bogotá, a 30 de abril de 1830.

»El presidente del Congreso,
                                          »Vicente Borrero».

En vista de la referida renuncia del Libertador, el Congreso empezó a estudiar los nombres de otros eminentes colombianos.

En un principio aquél manifestó a algunos diputados que el candidato más viable podía ser don Joaquín Mosquera porque, siendo su amigo personal, era aceptado por el partido santanderista en razón de su conducta transaccional en la Convención de Ocaña. Sin embargo, los diputados que habían sostenido la necesidad de reelegir al Libertador para evitar la disolución del país, disgustados por el rechazo que le daba el partido opositor, adoptaron la candidatura del señor Eusebio María Canabal, distinguido e ilustrado prócer de la independencia de Cartagena desde 1810 y que luego, en la república, había ocupado con gran decoro y competencia los cargos de representante, senador y magistrado de la Corte Suprema. Pero bastó que fuera candidato de los más caracterizados bolivianos para que el partido llamado liberal levantara gran tormenta contra él. Sin embargo de lo cual, ese mismo partido resultó apoyando a don Joaquín Mosquera, candidato sugerido por el Libertador, en vista de que había sostenido la necesidad de considerar la separación de Venezuela como un hecho cumplido, como lo deseaba ese partido.

En el primer escrutinio ninguno de los candidatos postulados, señores Canabal, Mosquera y Domingo Caicedo, obtuvo la mayoría requerida de las dos terceras partes de los votos de los diputados presentes, por lo cual se contrajo la nueva elección a los dos primeros. Como los votos que se leyeron inicialmente favorecían al señor Canabal, un grupo de estudiantes y agitadores adictos al partido santanderista creyó que él sería el designado y prorrumpió en gritos y amenazas de «llamar al pueblo para impedir esa elección», y aun se dejó oír en la puerta un tumulto que gritaba «a las armas». Ese desorden obligó a suspender por un rato la publicación del resultado de la votación. En ese intervalo el señor Juan García del Río, con su gran voz e imponente ademán, se impuso sobre el tumulto y excitó a los diputados a no dejarse intimidar y seguir votando de acuerdo con su conciencia. Agregó que ceder a la amenaza era viciar la elección y comprometer la obediencia debida a los magistrados que se eligieran. A pesar de estos esfuerzos algunos diputados se amilanaron y con el pretexto de «evitemos mayores males» cambiaron su voto. En un tercer escrutinio resultó electo don Joaquín Mosquera. Acto seguido, se procedió a la elección de vicepresidente, que recayó en el general Domingo Caicedo, que, como se dijo atrás, era presidente del Consejo de ministros y estaba encargado del gobierno.

En relación con estas decisiones del Congreso cabe observar que, no obstante los méritos y calidades de los elegidos, fue grave error haber escogido a dos granadinos en momentos que se trataba de impedir, a pesar de las dificultades, la disolución de Colombia. Lo lógico habría sido colocar en uno de esos cargos a un venezolano, y en primer término a Sucre en la presidencia, pues descartado el Libertador era él el único colombiano con posibilidad, por su prestigio y ascendiente en todas las regiones, de mantener la integridad de la república. Claro que ello era ya demasiado difícil, y aun improbable por lo avanzado que estaba el proceso separatista, pero valía la pena intentar esa solución, como último recurso, confiando en que tal vez Páez no se hubiera atrevido contra el héroe de Pichincha y Ayacucho. Para descartar esa elección se consideró que el mariscal no tenía la edad de 35 años exigida por la Constitución que se estaba expidiendo, pero, bien vistas las cosas, era un inconveniente superable por el mismo Congreso con una norma de excepción o transitoria, que se justificaba ante la gravedad de la situación. Además, él iba a cumplir en ese año el referido requisito.

Los periódicos del partido santanderista disculparon la coacción ejercida sobre el Congreso, alegando que sólo se trató de impedir que se cumpliera una intriga encaminada, «de acuerdo con el general Bolívar, a hacer de aquel respetable individuo (Canabal) el eje de sus planes liberticidas y el instrumento del sistema de opresión que se quería continuar en Colombia». Acusación absurda, pues el Libertador no sólo no había recomendado al señor Canabal sino que, por el contrario, con gran amplitud de miras, había sugerido el nombre del señor Mosquera. Lo de que el Libertador quisiera perpetuarse en el mando es una impostura y una necedad, pues desde el año anterior sólo pensaba en alejarse de él y del país. Lo que angustiaba al partido santanderista era la elección de un candidato de los bolivianos, con el cual suponía que se podría mantener la existencia de Colombia y el influjo del Libertador, alejando por algún tiempo al general Santander del primer puesto en la Nueva Granada. Como confirmación de este aserto basta citar este párrafo del general Obando en sus *Apuntamientos para la historia:*

> «Y todos saben también que los liberales de Bogotá, oponiendo la violencia a la violencia, se armaron alrededor de aquella pérfida corporación [?] y la obligaron por temor, a pesar de la firmeza y denodados esfuerzos del diputado García del Río, a desistir de la elección de Canabal y reemplazarle con el virtuoso Joaquín Mosquera».*

A propósito de lo que el general llama «pérfida corporación», conviene recordar lo que había dicho en su proclama del 7 de marzo de 1829, a raíz del perdón y la amnistía que le otorgó el Libertador: «Compañeros de armas: la representación nacional va a reunirse el año entrante: ella fijará nuestros destinos, y no las armas». ¿Cuál representación nacional? Ese mismo Congreso de 1830, conocido en la historia como el «Congreso Admirable».

Una comisión de éste visitó al Libertador para participarle que había cumplido los dos objetos de la convocatoria hecha por él en su decreto orgánico del 27 de agosto de 1828: la expedición de la Constitución y la elección de nuevos presidente y vicepresidente. El Libertador contestó congratulándose con el Congreso

---

* *Ibídem.*

por el feliz resultado de su gestión y por haber elegido a dos eminentes ciudadanos que tenían la fortuna de merecer la confianza de la nación y que él, por fin, podía realizar su vehemente deseo de volver a la vida privada, en la cual daría ciega obediencia a la Constitución y a las leyes.

Por estar ausente de Bogotá el señor Mosquera, el general Caicedo asumió la presidencia, prestando el juramento de rigor ante el presidente del Congreso y pronunciando luego un sobrio y patriótico discurso.

Retirado el vicepresidente, las gentes de las tribunas que habían hecho el tumulto a que se hizo referencia, se lanzaron a la calle y unidas a otro grupo que esperaba afuera iniciaron una manifestación, con música y cohetes, que pasó varias veces por la puerta de los cuarteles y bajo las ventanas del Libertador, lanzando gritos provocadores y dando «vivas» al general Santander, a los doctores Azuero y Soto y a los desterrados por la conjuración del 25 de septiembre, a la vez que «mueras» a la «tiranía» y a los «serviles». En esa forma celebraban lo que consideraron su victoria definitiva sobre el Padre de la Patria.

Retirado el general Caicedo, los diputados Salvador Camacho y Joaquín Posada Gutiérrez propusieron, y el Congreso aceptó, que se manifestase al Libertador la gratitud nacional por sus insignes servicios a la patria, y se nombró una comisión de tres diputados para que prepararan la correspondiente resolución, que naturalmente fue aprobada por unanimidad, y que dice:

«En la vida privada recibirá vuestra excelencia pruebas inequívocas de nuestra adhesión a la persona de vuestra excelencia. Recordaremos sin cesar vuestros méritos y servicios y enseñaremos a nuestros hijos a pronunciar vuestro nombre con tiernas emociones de admiración y de agradecimiento.

»El cielo, que ha velado sobre vuestra conservación, sacándoos indemne de tantos riesgos, prospere vuestros días y derrame sobre vos todas sus bendiciones, a que os hacen tan digno vuestras sublimes virtudes».

Al día siguiente el señor Alejandro Vélez, diputado por Antioquia, propuso que la nueva Constitución se presentara por el gobierno a las provincias de Venezuela, y que si éstas proponían algunas modificaciones se convocara una reunión en Santa Rosa de Viterbo para resolver sobre ellas, y que aun si todos o la mayor parte de los departamentos del norte se negaban a aceptarla y a mantener la unión, no se los sometiera por la fuerza sino que el gobierno convocara otra convención de diputados del resto de Colombia (centro y sur) en alguna ciudad del Valle del Cauca para revisar la susodicha Constitución e indicar al poder Ejecutivo la conducta que debiera observar.

Despedida de don Joaquín Mosquera, Azuero y Páez al Libertador

Por estar ausente de la ciudad el doctor Joaquín Mosquera, elegido presidente por el Congreso Admirable, se encargó del gobierno el general Domingo Caicedo, elegido vicepresidente por el mismo Congreso.

El general Caicedo era hombre culto, distinguido, moderado, muy ecuánime, gran patriota y fiel amigo del Libertador, pero, por su temperamento excesivamente conciliador, era débil de carácter, por lo cual toleró resignado la campaña de agresión y descrédito, cada día más intensa, que un sector político adelantaba contra el Padre de la Patria.

En julio llegó a Bogotá y asumió la presidencia el doctor Mosquera, también caballero distinguidísimo e ilustrado que en su proclama inicial invitó a los colombianos a la conciliación y a laborar unidos por la paz y prosperidad del país. Pero bastó que en esa proclama hiciera un merecido reconocimiento al Libertador para que los enemigos de éste protestaran y le formularan fuertes críticas. Había dejado de ser para ellos auténtico «liberal» y se tornaba sospechoso boliviano. Especialmente los periódicos *El Demócrata* y *La Aurora* emulaban en sus ataques al presidente y al Padre de la Patria.

El señor Mosquera organizó el Consejo de Estado, que la Constitución reciente había creado acogiendo la iniciativa del Decreto Orgánico del 27 de agosto de 1828. Para la integración de éste obró de acuerdo con los propósitos de su proclama inicial, designando a ciudadanos respetables de ambos partidos, pero eso fue mal visto por el «liberal», que deseaba la exclusión del otro. En esa difícil situación se requería un magistrado no sólo imparcial sino enérgico, y el señor Mosquera no lo era. Llevado de su débil carácter, fue cediendo a las presiones y exigencias del audaz santanderismo, que se consideraba mayoritario y prácticamente dueño del país. Fue así como revocó los poderes de los ministros colombianos en Francia, los Estados Unidos y Perú, señor Leandro Palacios y generales Daniel Florencio O'Leary y Tomás C. de Mosquera. Y no bastando estas concesiones, designó procurador general de la nación al doctor Francisco Soto, abogado de gran reputación, ilustrado, honorabilísimo pero caracterizado por su manifiesta parcialidad política. Era paisano y gran amigo del general Santander y desde 1826, a causa de la situación de éste en la primera rebelión de Páez, se convirtió no sólo en su hombre de confianza sino en sistemático adversario del Libertador. De manera que su nombramiento contradijo los propósitos de neutralidad e imparcialidad del señor Mosquera y mostró cuán grande era su sometimiento a las exigencias del santanderismo y cuán difícil la situación del partido colombiano o boliviano. Como en 1828 se lo desterró por suponérselo complicado en la conspiración de septiembre, se agrió más y se lanzó de lleno a trabajar por la disolución de Colombia, apoyando la segunda revolución de Venezuela y combatiendo implacablemente a quienes acompañaban al Libertador en su empeño de mantener la integridad de la gran república.

Pero donde el presidente Mosquera dio la mayor muestra, si no de parcialidad, sí de debilidad, fue en el nombramiento del doctor Vicente Azuero como ministro del Interior, es decir, de la política. Era este señor un abogado eminente, ilustrado y honorable, pero de carácter irritable y profundamente apasionado. Ya desde 1826, cuando se agravaron los problemas con Venezuela y se manifestaba ostensiblemente la emulación del general Santander con el Libertador, el doctor Azuero no sólo tomó con ardor el partido del primero, sino que llegó a proponer la disolución de Colombia y la organización por aparte de la Nueva Granada, con el no oculto designio de asegurar en ésta el dominio del vicepresidente y del partido que lo acompañaba. En ese propósito, como es obvio, no tuvo límites su oposición y su combate contra quien representaba el mantenimiento de la integridad del país. Y pocos días después daría la máxima prueba de su animadversión, y aun de su odio al Libertador. En efecto, a mediados de julio llegó a Bogotá una *Nota oficial del presidente del Congreso Revolucionario de Venezuela al presidente del Congreso Constituyente de Colombia*, que decía:

«Valencia, junio 2 de 1830.
»Excelentísimo señor:
»Cumplo con gusto el deber que me ha impuesto el soberano Congreso de anunciar su instalación por el órgano de vuestra excelencia al augusto cuerpo que preside. Venezuela, al separarse del resto de la república de Colombia, desconociendo la autoridad del general Simón Bolívar, pensó sólo en mejorar su administración, en asegurar sus libertades y en que no se malograse la obra de tantos años y de tantos sacrificios. Por eso fue que ante todas cosas se ocupó en reunir su representación nacional y ésta, instalada el 6 de los corrientes, juzgó oportuno participar a todos y muy particularmente a los granadinos, que los pueblos de la antigua Venezuela se hallan congregados en la ciudad de Valencia por medio de sus legítimos representantes para ocuparse de su bienestar. Era imposible que pueblos que como hermanos han formado una sola nación, una familia, que juntos pelearon por la independencia y que después han sufrido unas mismas calamidades, dejasen de guardar esta justa consideración.

»No obsta que Venezuela se haya pronunciado por la separación, ni que el soberano Congreso haya ratificado este voto solemne escrito en el corazón de cada uno de sus hijos, para que conozca que es necesario que uno y otro cuerpo se entiendan, porque hay diferencias que transigir e intereses que arreglar. El temor de perder la paz, que sobre todo desean los venezolanos, les hace temblar al concebir la idea de que pudiese ser preciso librar a las armas el arreglo de sus negocios, arreglo que no sería ni exacto ni útil, si no lo forman en calma la justicia y la prudencia. Tales fueron las consideraciones que guiaron el ánimo del soberano Congreso al acordar en la sesión del día 22, que estaba pronto a entrar en relaciones y transacciones con Cundinamarca y Quito, y que así lo ofrecía a nombre de los pueblos sus comitentes.

»Benéficas serán sin duda para uno y otro Estado semejantes relaciones. No era fácil prever hasta dónde se extenderían sus útiles resultados; pero Venezuela, a quien una serie de males de todo género ha enseñado a ser prudente, que *ve en el general Bolívar el origen de ellos,* y que tiembla todavía al considerar el riesgo que ha corrido de ser para siembre su patrimonio, protesta que *no tendrán aquéllas lugar mientras éste permanezca en el territorio de Colombia,* declarándolo así el soberano Congreso en sesión del día 28 [subrayo].

»Estos son los sentimientos del pueblo venezolano, y de orden de sus representantes lo manifiesto a vuestra excelencia para que se sirva ponerlo en conocimiento de la respetable Asamblea a cuya cabeza se encuentra.

»Dignaos, señor, honrarme aceptando el respeto y estimación con que me suscribo de vuestra excelencia atento, obediente servidor,

»Francisco Javier Yáñez».

A esa nota, que contenía el más injusto, infundado e infame cargo contra el Padre de la Patria, dio respuesta el doctor Azuero con la siguiente:

«República de Colombia,
»Ministro del Interior y Justicia.
»Bogotá, julio 16 de 1830.
»A los señores secretarios del Congreso de Venezuela.

»El señor ministro de relaciones exteriores me pasó una comunicación, sin fecha, venida por su conducto y dirigida al excelentísimo señor presidente del Congreso Constituyente celebrado en esta ciudad, en que primero anuncia la instalación de la misma Asamblea, y participa que en la sesión del día 22 de mayo acordó el Congreso venezolano que estaba pronto a entrar en relaciones y transacciones con Cundinamarca y Quito, y que en la del 28 declaró que *no tendrían aquéllas lugar mientras permanezca en el territorio colombiano el general Simón Bolívar* [subrayo].

»Di cuenta de ello a su excelencia el presidente de la república y su excelencia me ha ordenado contestar por el órgano de usías, como tengo el honor de verificarlo, que el cuerpo a quien la mencionada carta era dirigida terminó sus sesiones desde mayo; que en conformidad con su decreto del 11 del propio mes, que fija las reglas para la publicación de la Constitución que acordó, ha seguido ya desde fines del mismo mayo una comisión encargada de desempeñar los objetos del referido decreto; y que aguarda los resultados que ella produzca para deliberar en consecuencia lo que le corresponda en uso de sus deberes y en cumplimiento de las demás disposiciones de la citada ley. Pero que siendo de una importancia tan vital el que se restablezcan esas relaciones y esos lazos de unión que ya dieron a Colombia existencia, poder y gloria, y que siempre serán necesarios a la recíproca felicidad de sus pueblos, sus excelencias no pueden menos de repetir en esta ocasión, que ningún otro medio nos conduciría más directamente a tan sublime designio, como la celebración de una convención colombiana, en donde se transigirían de común acuerdo todas las diferencias y todos los intereses, y quedaran de una vez arregladas por la mayoría, las relaciones que en lo sucesivo deba conservar la familia colombiana.

»Sírvanse usías elevar esta exposición al conocimiento de su excelencia el presidente del Congreso de Venezuela, y acepten usías los tributos del profundo respeto y distinguida consideración con que soy de usías muy obediente servidor,

»Vicente Azuero».

Obsérvese que en esta carta no sólo no se rechazan los infames cargos contra el Libertador sino que tácitamente se acogen al aceptar, lisa y llanamente, como de importancia vital, el restablecimiento «de las relaciones y lazos de unión que dieron a Colombia existencia, poder y gloria», sin recordar que todo esto se consiguió gracias a la heroica y sostenida lucha del paladín a quien ahora injuriaba y calumniaba el gobierno con quien se deseaba ese entendimiento. Más aun: aunque el ministro Azuero no compartiera la opinión de nuestro Congreso, era de elemental decoro decir en su nota de respuesta que dicho Congreso, *a quien debía su existencia el gobierno de quien él era vocero y al cual Venezuela había enviado sus diputados,* había salvado de toda responsabilidad al Libertador por medio de la resolución aprobada unánimemente, a que se le hizo referencia más atrás. Este decreto daba al ministro un medio diplomático de rechazar las aleves inculpaciones del nuevo gobierno de Venezuela y de manifestar que no había razón alguna para condicionar el deseado arreglo a la expatriación del Libertador, que ya no mandaba en Colombia ni en ninguna de las secciones en que la ambición de algunos la dividió. Y en la imposibilidad de sostener el invocado temor de ambiciones de éste, cuando desde 1828 había desistido de la Constitución de Bolivia y puesto termino a su mandato, y en 1829 había improbado el proyecto de monarquía que estudiaba el Consejo de ministros y ahora, en 1830, no sólo había insistido en su renuncia irrevocable sino prohibido a sus amigos cualquier intento de reelegirlo y se había separado del gobierno y se disponía a expatriarse voluntariamente, como era su manifiesta decisión [subrayo].

No contento el doctor Azuero con la anterior lamentable respuesta al Congreso de Valencia, dirigió al Libertador la siguiente nota:

«República de Colombia.
Ministerio del Interior y Justicia.
Bogotá, julio 14 de 1830.
»Al excelentísimo señor Libertador, general Simón Bolívar.
»Excelentísimo señor: Por conducto del ministerio de relaciones exteriores se acaba de recibir una comunicación del presidente del Congreso de Venezuela al presidente del Congreso Constituyente que se reunió en esta capital. El excelentísimo señor presidente de la república, embarazado con el contenido de dicha comunicación, y *en la duda acerca del partido que deba adoptar, al fin ha resuelto que se remita a vuestra excelencia una copia,* como tengo el honor de verificarlo, a fin de que vuestra excelencia quede informado de esta notable circunstancia, por lo que puede influir en la dicha de la nación y *por la trascendencia que tiene con la gloria de vuestra excelencia* [subrayo].
»Soy, con perfecto respeto, de vuestra excelencia muy obediente servidor,

»Vicente Azuero».

Y para hacer más agudo el dolor de la víctima, este documento y los dos anteriores se publicaron en el número 474 de la *Gaceta Oficial*, así como las actas y discusiones del Congreso de Valencia, en las que se trataba al Libertador de la manera más indigna. En esta forma el gobierno de Colombia se esmeraba en que no quedara rincón del país ni ciudadano alguno sin conocer estos prodigios de difamación y de infamia.

Es claro que esta actitud no deshonra solamente al ministro sino al gobierno de que formaba parte y de manera especial al presidente. Aunque se dijo que éste no había conocido los términos de la desgraciada comunicación, esto no lo exonera de grave responsabilidad. En primer lugar él, como lo dice el doctor Azuero, lo había autorizado para dirigir esa nota que agraviaba innecesariamente al Libertador, haciendo más dolorosos los últimos meses de su vida. Y el hecho de no haber revisado el texto de ella constituye gravísima falta, pues conociendo como conocía la apasionada hostilidad del ministro hacia aquél, no podía abstenerse de leer cuidadosamente esa comunicación, excepcionalmente grave, si es que creía que se justificaba su envío. Esa inhibición significaba que no le daba importancia a semejante problema, haciéndose solidario con el ministro, o que éste se consideraba con poder suficiente para obrar por su propia cuenta.

El general Joaquín Posada Gutiérrez, además de valeroso militar de la independencia y destacado funcionario en el período de la Gran Colombia y en el de la Nueva Granada, es uno de los más eminentes y autorizados historiadores del país por haber sido actor o testigo de la mayoría de los hechos que relata en sus *Memorias* y sobre todo por la ponderación e imparcialidad de sus juicios. Aunque devoto admirador del Libertador, no deja de criticar severamente, por considerarlas como graves errores, algunas de sus más importantes actuaciones, y estando en desacuerdo con buena parte de las del general Santander, aprueba otras y destaca elogiosamente sus cualidades personales y sus condiciones de militar y administrador. Por esto me parece importante transcribir un párrafo del capítulo que este ilustre historiador dedica a la incalificable actitud del gobierno colombiano. Dice así:

> «Todo lo demás de la nota de Azuero era de poca importancia, pues en lo que menos pensaba Venezuela (lo que Azuero no ignoraba) era en una convención colombiana que se ocupara de una unión que ella quería romper definitivamente, y sólo *sugería arreglos* internacionales para deslindar sus intereses recíprocos pacíficamente; y esto también lo quería Azuero y lo querían los liberales granadinos, por lo que aunaban con los de Venezuela en su persecución al partido colombiano y principalmente a su jefe. (...) He indicado que esta aprobación que el gobierno diera con su silencio a los fundamentos, esto es, a los pretextos que aducía Venezuela para no entrar con él en relaciones mientras el general Bolívar permaneciese en el territorio de Colombia, fue reforzada con la nota de Azuero en que comunicaba a Bolívar los documentos que lo denigraban, diciéndole que lo hacía a fin de que se informase de lo que Venezuela exigía, por lo que pudiera influir en la dicha de la nación, y por la trascendencia que tenía con su gloria; lo que significaba que el gobierno consideraba una dicha para la nación que Bolívar se expatriase, aunque para dulcificarle algún tanto la cicuta, le hablara de su gloria personal».* (¡Oh sarcasmo!)

El Libertador sintió profundamente la ofensa y no contestó la nota del ministro, pero la amargura que le causó agravó la dolencia que lo llevaría rápidamente al sepulcro. Haciendo contraste con la infamia anterior, el doctor José Ignacio de Márquez, ministro de Hacienda, en nota de 28 de mayo dijo al Libertador que

---

* *Ibídem.*

se honraba en remitirle copia del decreto en que el Congreso le había expresado su admiración y reconocimiento por sus eminentes servicios al país y declarado en vigencia el decreto del Congreso de 1823 que le concedió una pensión vitalicia de treinta mil pesos anuales. Y terminaba así:

> «Me es sobremanera grato ser el órgano por el cual se presenta a vuestra excelencia este tributo de gratitud, no menos que aprovechar esta oportunidad para ofrecerle la expresión de respeto y distinguida consideración con que tengo la honra de suscribirme de vuestra excelencia muy humilde servidor,
>
> »José Ignacio de Márquez».

A esta nota sí dio respuesta el Libertador en los siguientes términos:

> «Señor ministro:
> »He tenido la honrosa satisfacción de recibir la apreciable nota de usía de 28 de mayo último, comunicándome un decreto del Congreso constituyente del mismo mes, por el cual se ha dignado darme las gracias a nombre de la nación y ratifica la concesión que me hizo el Congreso de 1823 de una pensión de treinta mil pesos anuales durante mi vida. Tanta generosidad y benevolencia hacia mí de los poderes supremos, por servicios que todo ciudadano debe a su patria y que por mi desgracia han quedado imperfectos, me confunde y humilla, sin que pueda ofrecer a la república más que lealtad y gratitud eternas.
> »Yo me lisonjeo de que los distinguidos magistrados que el Congreso ha tenido la sabiduría de elegir cumplirán con la gloriosa obligación de mantener la unión, la paz y la libertad para cuya obtención dirijo al Ser Supremo los votos más ardientes; y tributo al gobierno el reve-

rente homenaje de sumisión a la ley, y profundo respeto al ilustre presidente que la Providencia ha concedido a nuestras esperanzas.

»Acepte usía, señor ministro, las gracias que le debo, por la atención con que me ha favorecido, y sírvase usía acoger las expresiones de mi distinguida consideración con que soy su más obediente servidor,

»Bolívar».

Impresionante contraste entre las notas de los ministros Azuero y Márquez, y entre la cobarde actitud del presidente Mosquera y los generosos y gallardos términos en que el Libertador se refirió a él.

SEGUNDA PARTE

Régimen presidencial y régimen parlamentario. El bipartidismo

Como lo han observado algunos expositores, y entre nosotros el doctor Carlos Holguín en un magnífico ensayo, el bipartidismo es fenómeno político propio del régimen presidencial y de algunos sistemas electorales, así como la pluralidad de partidos lo es del régimen parlamentario. Como en aquel sistema la batalla por el poder se da en la elección presidencial, que ocurre en épocas determinadas y para períodos fijos, es lógico que los ciudadanos se agrupen en dos únicas corrientes, formada cada una por seguidores de una misma ideología o por alianza de grupos afines en su concepción doctrinaria o en su posición ante los problemas del país, con miras a alcanzar el apoyo de la mayoría de la opinión. En cambio, el segundo sistema, donde el ejercicio del poder no proviene de elección popular directa del jefe del Estado sino de la fuerza mayoritaria en el parlamento, ofrece a todos los partidos, inclusive a los pequeños, la posibilidad de llegar al cuerpo legislativo y participar en el gobierno, uniendo los votos de sus representantes a los de otros grupos para formar un gabinete que refleje la mayoría de la Cámara y pueda sostenerse. En otras palabras, en este sistema no son perdidos los votos populares que se den a las agrupaciones menores, porque éstas encuentran otra instancia –la reunión de la Cámara– para participar en la formación del gobierno e ingresar a él. En el régimen presidencial, por el contrario, los votos que se den a los partidos distintos de los dos mayores en volumen son prácticamente perdidos, pues el gobierno, que debe salir de una elección que se realiza cada tantos años y que no va a depender del respaldo parlamentario, será ejercido o al menos dirigido por la colectividad que logre la mayoría de votos populares, y ésta no puede ser sino una de las dos más numerosas.

Se me dirá que en Inglaterra, país que dio origen no sólo al régimen parlamentario sino al parlamento mismo, y que ha constituido a través de los siglos el modelo acabado del sistema, ha tenido siempre dos partidos: el de los *Tories,* o conservador, y el de los *Whigs,* o liberal. Ello es verdad, pero se debe a la circunstancia de que tales partidos –que provienen de las luchas del siglo XVII entre partidarios de la prerrogativa real, defendida por los reyes de la dinastía Estuardo, y los partidarios de la supremacía del parlamento– lograron mantenerse como únicos merced al sistema electoral de circunscripciones uninominales que rige en ese país. Claro que a principios de este siglo apareció un nuevo partido, el laborista, formado por asociación de sindicatos de obreros que poco a poco fue creciendo y logrando que sus candidatos desplazaran a los de los otros partidos en aquellas circunscripciones donde era importante la fuerza sindical. Pero en la medida en que éste fue aumentando su caudal electoral, fue decreciendo el de los liberales, pues gran parte de las personas que votaban antes por éstos empezaron a girar y a dar su apoyo cada vez mas definido al laborismo, de modo que éste vino a remplazar o sustituir prácticamente al viejo partido *Whig*. El hecho es que en los últimos ochenta años, desde la primera guerra mundial, no ha vuelto a haber gabinetes liberales. Todos han sido, con excepción de unos poquísimos de coalición, conservadores o laboristas. O sea que Inglaterra, no obstante su régimen parlamentario, pero por la razón indicada, sigue manteniendo en la práctica su bipartidismo.

En cuanto al presidencialismo, todos sabemos que éste es creación americana, originaria de los Estados Unidos, cuya Constitución –de 1787– ideó la creación de un funcionario que, al desaparecer la monarquía, remplazara al rey a la cabeza del Estado y del gobierno. Y dispuso que, para que él tuviera un gran respaldo en el pueblo, que compensara la formidable fuerza de la tradición de siglos y la aureola que la realeza daba al monarca, su investidura proviniera del voto de los ciudadanos. Naturalmente en los primeros períodos, por tratarse de Washington, no hubo problema de mayoría y minoría, pues la totalidad del país aclamaba, agradecida y fervorosamente, a su Libertador. Como ocurrió también con el nuestro en las elecciones de la Gran Colombia. Pero a poco surgieron allá dos tendencias o partidos que reflejaban diferentes opiniones o enfoques sobre cuestiones fundamentales de la organización del Estado y la mayor o menor limitación de los derechos individuales, que con un posterior cambio de nombre, han subsistido hasta nuestros días. Desde principios del siglo pasado demócratas y republicanos se han alternado pacíficamente en el gobierno, sin una sola interrupción del régimen constitucional, pues ni siquiera durante la tremenda guerra de Secesión, que casi disuelve el país, dejaron de realizarse las votaciones para presidente de la república.

Es igualmente sabido que las naciones hispanoamericanas, al iniciar sus movimientos de independencia, adoptaron el modelo norteamericano –unas con federalismo, otras con centralismo– pero conservando siempre la estructura general de la Constitución de Filadelfia. Con la sola excepción de Cundinamarca, que en 1811 expidió una Carta aparente y transitoriamente monárquica, las demás provincias del virreinato que se proclamaron como Estados autónomos y casi independientes, se organizaron como repúblicas, con la clásica tridivisión del poder y con un presidente a la cabeza del Ejecutivo. E igual cosa puede decirse de las demás naciones del continente. De manera que en éstas no ha existido ni existe el régimen parlamentario, pues algunos ensayos que se hicieron fueron efímeros, o, si duraron algún tiempo, lo fue en forma de parlamentarismo atenuado o combinado con el régimen presidencial.

Este ha sido, pues, el sistema propio y natural de América, y su consecuencia, el bipartidismo, ha subsistido en aquellas naciones del continente donde se pudo conservar, en la mayor parte de su recorrido histórico, el régimen constitucional, como es el caso de Colombia. En otras, por el contrario, no ocurrió así, pero no porque en ellas se haya dado una excepción dentro del sistema presidencial sino porque éste, jurídicamente hablando, desapareció o funcionó precaria y esporádicamente. Como en los países a que me refiero no se logró consolidar y mantener la vigencia de la constitución y la consiguiente celebración de elecciones periódicas, no se dieron las circunstancias propicias para la formación de partidos estables, ideológicamente estructurados, que compitieran permanentemente por alcanzar la dirección del Estado. Muchos de ellos vivieron la mayor parte del tiempo en dictaduras, surgidas de revoluciones triunfantes, que duraban lo que alcanzara el prestigio de su jefe y que eran sucedidas por el que aparecía como heredero natural del dictador o por el líder de una nueva revolución. Es verdad que a veces se formaban partidos, pero partidos de ocasión, que por su misma naturaleza tenían marcado sabor caudillista y estaban llamados a desaparecer con el nuevo cambio de gobierno.

Concretándonos al caso de nuestro país, es preciso recordar que ya don Mariano Ospina Rodríguez, uno de los autores del programa conservador en 1849, citado por el académico Luis Martínez Delgado y por el doctor Martín Alonso Pinzón en sus excelentes estudios sobre nuestros partidos políticos, señalaba la natural inclinación de los granadinos a dividirse en dos tendencias o corrientes políticas. Así, dice él, en el primer decenio del siglo pasado hubo monárquicos o godos, y patriotas o amigos de la independencia. Después, este último partido se dividió en centralistas y federalistas y, ya en la Gran Colombia, en partidarios de las reformas de la Constitución de Cúcuta, o de su intangibilidad, conocidos dichos bandos con los nombres de boliviano, y constitucional o liberal. Y disuelta la Gran Colombia, en liberales-conservadores (o moderados) y liberales rojos (o exaltados), o en ministeriales y progresistas (o liberales), y luego en liberales y conservadores a secas.

En la imposibilidad de comentar en detalle todos los motivos de desacuerdo o enfrentamiento entre los grupos o partidos a lo largo de nuestra historia, debo referirme a los más importantes por su duración o efectos. Todos sabemos que algunos de nuestros próceres, con don Camilo Torres a la cabeza, creyeron ingenuamente que la prosperidad de los Estados Unidos se debía al sistema federal que habían adoptado y se empañaron en copiarlo, sin darse cuenta de que esa prosperidad se debía a otras causas y que allá había habido circunstancias históricas y políticas que hacían forzoso ese sistema y que aquí, por el contrario, no se justificaba dividir en pequeños Estados (Cundinamarca, Tunja, Cartagena, Antioquia, etc.) lo que había permanecido unido y sometido a unas mismas autoridades y leyes. Fue el ilustre Precursor, don Antonio Nariño, quien vio claramente la radical diferencia entre nuestra situación y la de la república norteamericana y se aplicó a la tarea de hacer ver a sus compatriotas el peligro de esa absurda atomización de la autoridad y de esa dispersión de recursos materiales y humanos, que haría muy difícil, por no decir imposible, la resistencia a la reconquista que tarde o temprano intentaría España.

Los hechos demostraron la clarividencia de Nariño, pues caído Napoleón, libertada la Península y restaurado en el trono Fernando VII, éste sólo pensó en recuperar la colonias americanas por medio de la llamada «expedición pacificadora». En ese momento los antiguos federalistas comprendieron que era preciso marchar hacia la unidad y expidieron la primera reforma del Acta de Federación de 1811, creando un triunvirato que ejerciera autoridad en todo el territorio de la Nueva Granada pero circunscrita a los ramos de Hacienda y Guerra. Y al año siguiente, cuando ya Cartagena estaba a punto de sucumbir ante sus sitiadores, crearon el gobierno unipersonal, confiado a un presidente con jurisdicción en todo el país y en todos los ramos de la administración. Enmienda obvia pero demasiado tardía, pues a la vuelta de seis meses los escuadrones de Morillo arrollaron la heroica pero débil resistencia granadina en Cachirí y en la Cuchilla del Tambo e iniciaron el régimen del Terror, que subsistió por tres años, hasta el esplendoroso triunfo con el que el Libertador cerró, en el puente de Boyacá, la increíble hazaña de la travesía de los llanos y de la cordillera Oriental.

Conquistada así la libertad de buena parte de Venezuela y Nueva Granada, Bolívar realizó su antiguo ideal de unirlas con el Ecuador en una sola y gloriosa nación que él veía llamada a desempeñar papel preponderante en el continente. Para dar forma y organización al nuevo Estado reunió el Congreso de Angostura y éste convocó el Constituyente de Cúcuta, que se instaló en 1821. Fue obvio que éste, al iniciar sus sesiones con el estudio de la que debía ser Ley Fundamental de la Gran Colombia, abocara el tema de la organización, unitaria o federal, del nuevo Estado. A la mayoría de los diputados les bastó recordar la desgraciada experiencia del período llamado de la «patria boba» para descartar cualquier forma de federalismo. Sin embargo, el ilustre Precursor, que como dije atrás había sido en el anterior período campeón del centralismo, presentó al Congreso un proyecto de constitución que se resumía en la fórmula «centralismo actual [mientras durara la guerra de Independencia] y federalismo futuro [una vez terminada ésta]». Desafortunadamente la mayoría del aquel cuerpo no entendió que la situación de la Gran Colombia en 1821 era muy distinta de la de la Nueva Granada en 1811, pues ahora no se trataba de dividir en pequeños e ilusorios Estados lo que había permanecido unido en el virreinato y sometido a unas mismas autoridades y leyes, sino de integrar en un nuevo Estado varias regiones (Venezuela, Nueva Granada y Ecuador) que, además de extensas e incomunicadas, habían gozado de un cierto grado de autonomía administrativa y tenían evidentes diferencias de idiosincrasia. Es más: si la relativamente pequeña Nueva Granada no podía atomizarse en 1811, cuando todo indicaba que tarde o temprano tendría que enfrentarse a la posible reconquista española, la Gran Colombia, diez años después, cuando estaba asegurada y a punto de consolidarse la independencia total, no podía desconocer la realidad de que las regiones que la integraban eran prácticamente nacionalidades, separadas por altas montañas, que no sería fácil ni prudente gobernar desde el centro. En apoyo de esta tesis presentó muy sólidos argumentos el doctor José Ignacio de Márquez, futuro presidente de la república, y el diputado granadino Alejandro Osorio la recogió en un proyecto que guardaba similitud con el moderado federalismo de la fórmula de Nariño. Como lo anota el general Carlos Cuervo Márquez, con el rígido centralismo de la Constitución de Cúcuta la Gran Colombia quedó herida de muerte, y a la vuelta de cinco años las tensiones y resentimientos que se habían ido creando en Venezuela engendraron la crisis con que el general Páez y el doctor Miguel Peña iniciaron el proceso de disolución de la gran república con la que había soñado Bolívar. Es curioso observar que entre los miembros del Congreso que con mayor entusiasmo defendieron aquel exagerado centralismo estaban los venezolanos, con el nombrado doctor Peña a la cabeza, y algunos granadinos como los señores Vicente Azuero, Diego Fernando Gómez y Francisco Soto, que siete años más tarde, en la Convención de Ocaña y al lado del general Santander, presentarían un proyecto de Constitución federalista, no por antigua convicción sino con el propósito de quebrantar la autoridad del Libertador.

Resulta, pues, que el único momento en que no hubo enfrentamiento entre federalistas y centralistas fue precisamente el único en que, como queda explicado, ha debido adoptarse un sistema moderadamente federal, y en que todos los dirigentes del país, con las tres excepciones anotadas, abrazaron el más cerrado centralismo.

Pero no fue ésta la única grave falla de la Constitución de Cúcuta, ya que al propio tiempo que dejó sin la menor autonomía a la regiones, limitó al máximo los poderes del Ejecutivo. En efecto: el presidente no podía nombrar, sin aprobación del Senado, a los intendentes de departamento, que eran por naturaleza sus agentes inmediatos, llamados a mantener el orden o a restablecerlo si fuera turbado, ni a los embajadores o ministros diplomáticos, con cuyo concurso debía mantener relaciones con otros Estados y celebrar tratados internacionales. Otra falla de esa Carta, y muy grave, es la relacionada con las facultades extraordinarias. Fuera de que no estableció un sistema como el del estado de Sitio, dispuso que aquéllas sólo podrían ser otorgadas por el Congreso, y circunscribirse a los lugares que fuesen teatro de las operaciones militares durante la guerra de Independencia, y limitadas, en caso de conmoción a mano armada, a los lugares y tiempo indispensablemente necesarios. Es decir, que la Constitución era a la vez rígidamente centralista y exageradamente liberal.

Así las cosas, cuando aparecieron los primeros síntomas de la crisis que iba a precipitar la disolución de la Gran Colombia, el gobierno se hallaba desprovisto de herramientas adecuadas para conjurarla, y cuando empezó a buscar la necesaria reforma de la Carta, algunos elementos señalaron al Libertador como un ambicioso que deseaba perpetuarse en el poder y ejercerlo tiránicamente. Él, que si algo tuvo fue total desprendimiento y que vivió obsesionado por encontrar normas jurídicas adecuadas a la realidad del país, dentro de las cuales se ejerciera el poder, con eficacia pero sin desbordamiento.

Quienes atribuían al Libertador aquellas intenciones buscaron la formación de un grupo o partido político, que llamaron «constitucional» (por su empeño de mantener inalterable la constitución de 1821) y más adelante liberal. En oposición a ese partido, personas que compartían las ideas republicanas y habían participado en el Congreso de Cúcuta pero que no concebían que la nación pudiera olvidar los inmensos servicios de Bolívar, ni desconfiar de su rectitud y desinterés, ni atribuir mezquinos móviles a su propósito de reforzar la autoridad para conjurar la anarquía y asegurar la subsistencia de la Gran Colombia, se agruparon alrededor del gobierno, propugnando la reforma de la Carta, el mantenimiento de la autoridad del Libertador y la integridad de la república fundada en Angostura. Al partido así formado se le conoció con los nombres de «colombiano» o «boliviano».

La oposición al Libertador se acentuó cuando sus adversarios creyeron que pretendía implantar aquí la Constitución que había ideado para Bolivia a petición de su Congreso Constituyente. Como lo anotaba un historiador tan ilustre e imparcial como don Tomás Rueda Vargas, si Bolívar pensó, cuando recibió en el Perú las primeras noticias de la crisis, que la anarquía a que ésta llevaba podría remediarse con aquella Constitución, es lo cierto que al llegar a Bogotá comprendió que la índole de la Nueva Granada hacía prácticamente imposible su adopción. Y se aplicó a buscar medidas conciliadoras que, dejando a un lado la presidencia vitalicia concebida para Bolivia y adoptada por el Perú, dieran al gobierno suficientes medios para defender al país del desorden. Dentro de ese espíritu se expidió por el Congreso, en 1827, la ley que anticipó para 1828 la reunión de la Convención Constituyente prevista en Cúcuta para 1831. O sea que el Congreso reconoció el hecho de que la Carta de Cúcuta se había hecho impracticable y era preciso reformarla. Desafortunadamente la exacerbación de las pasiones políticas, de que eran principales agentes los señores Azuero, Soto, Gómez, Florentino González y Vargas Tejada, aumentada por el error en que incurrió Bolívar al eliminar la vicepresidencia de la república, hicieron imposible cualquier entendimiento en la Convención de Ocaña, frustraron la proyectada reforma constitucional, obligaron al Libertador a asumir poderes dictatoriales previstos para un período de dieciséis meses, lanzaron a sus apasionados enemigos a la nefanda conspiración del 25 de septiembre y completaron la creciente agonía de la Gran Colombia, que se iba a extinguir al tiempo con la vida de su fundador.

Enseguida la Nueva Granada empezó a organizarse, primero de hecho y luego jurídicamente, por medio de la Convención Constituyente reunida en octubre de 1831, y de la Constitución que ésta expidió el 29 de febrero del año siguiente. Separadas Venezuela y Ecuador y muerto el Padre de la Patria, era natural que los diputados de esa convención volvieran los ojos hacia el general Santander, considerado como la primera figura granadina, y en efecto fue invitado a regresar al país y designado por aquélla como presidente provisional hasta el 1 de abril de 1833, fecha en que debería iniciarse el primer período presidencial completo, para el cual fue también elegido.

Como lo anota don Mariano Ospina Rodríguez en el escrito a que hice referencia, disuelta la Gran Colombia y muerto el Libertador, quedó sin bandera el antiguo partido boliviano, de modo que en el escenario político sólo figuraba el partido que se había denominado constitucional por sostener la intangibilidad de la Constitución de Cúcuta y que, en ocasiones y ahora especialmente, se daba el nombre de liberal.

Aunque el general Santander, a su regreso al país, hizo declaraciones de concordia y entendimiento con sus compatriotas, y éstos creyeron que venía dispuesto a aprovechar las lecciones de la penosa experiencia de los últimos años, con olvido de agravios pasados y propósito de hacer nueva vida, sobre bases de convivencia con todos los sectores, a poco se vio que no estaban cicatrizadas sus antiguas heridas. En efecto: empezó por declarar que a los bolivianos les daría garantías pero no empleos, y bien sabemos lo que significa una declaración de éstas en un país subdesarrollado, donde el primer empleador es el gobierno.

Enseguida se vio que, como lo había empezado a hacer el general Obando en su breve gobierno anterior, no se cumplían las cláusulas del Tratado de Apulo sobre garantías a los oficiales que habían servido bajo el último gobierno del Libertador y en el del general Urdaneta. A lo cual se agrega la ley de conspiradores que expidió el Congreso el 3 de junio del mismo año (1833), cuyo artículo 26 establece que la pena de muerte se aplicará a quienes tomen las armas para destruir las autoridades constituidas, a los que tengan comunicación con el tumulto o facción y a quienes aconsejen, auxilien o fomenten la rebelión, traición o conspiración. Es decir, para delitos políticos. De manera que, aunque el objeto de la conspiración no se hubiere cumplido, porque descubierto el conato o proyecto los comprometidos en él huyesen o desistiesen, la ley los condenaba al banquillo.

A poco de sancionada esta ley ocurrió la frustrada conspiración del general Sardá, que fue implacablemente reprimida. Condenadas cuarenta y siete personas, el tribunal pidió al presidente que conmutara la pena capital a treinta y seis de ellas, pero él sólo lo hizo con veintinueve, que fueron enviadas a las prisiones de Bocachica, en Cartagena, y de Chagres, en Panamá. De los restantes, diecisiete fueron fusilados en la Plaza Mayor de Bogotá, y el general Sardá y el señor Mariano París eliminados alevosamente por miembros del ejército, que quedaron sin sanción.

Este exceso de dureza, agregado a la hostilidad que cercanos amigos del presidente mostraban en la prensa contra antiguos seguidores del Libertador, fue conformando un espíritu de partido que estrechaba y reducía el círculo de allegados al gobierno y producía de nuevo el enfrentamiento entre los granadinos.

En el ya citado escrito del doctor Ospina Rodríguez se lee:

> «El partido liberal, que gobernaba, se dividió en dos grandes bandos que pudieron haberse denominado tolerantes y exclusivistas, y que nosotros nos tomamos hoy la libertad de llamar liberales "conservadores" y liberales "rojos". Estas denominaciones, análogas a las que los mismos partidos llevan en Europa, no deben tener

nada de odiosas, y harán conocer la índole de los bandos. Pero ¿qué diferencia de principios separaba a estas dos fracciones del antiguo partido liberal? Los que llamamos liberales conservadores querían la reconciliación de todos los granadinos, querían el gobierno de la mayoría, querían tolerancia y respeto a los derechos de todos. Los liberales rojos querían que los granadinos formaran perpetuamente dos porciones: vencedores y vencidos y sobre todo que el jefe del gobierno [Santander] señalara su sucesor en el mando». Hasta aquí el doctor Ospina.

Muchos antiguos servidores de la Gran Colombia que se habían considerado liberales y que en ningún caso fueron enemigos del general Santander, se fueron distanciando de éste por no compartir la tónica que caracterizaba a su gobierno, y unidos a algunos bolivianos se agruparon tras la candidatura presidencial del doctor José Ignacio de Márquez, el ilustre miembro del Congreso de Cúcuta a que ya hice referencia, y luego ministro de Hacienda y vicepresidente de la república, encargado del poder Ejecutivo entre marzo y octubre de 1832. En oposición a esta candidatura los amigos del presidente lanzaron las del doctor Vicente Azuero y del general José María Obando para el período 1837-1841.

El doctor José Ignacio de Márquez. La guerra civil de 1840 y la definición de los partidos políticos

El doctor José Ignacio de Márquez había empezado tempranamente su brillante carrera de servicio al país, pues cuando apenas contaba veintiocho años de edad fue varias veces presidente del Congreso Constituyente de Cúcuta, que expidió en 1821 la Constitución de Colombia (la conocida en la historia como Gran Colombia). Ésta fue la primera de carácter nacional que tuvimos, pues las expedidas en el período de la Independencia o de la llamada «patria boba» fueron simplemente provinciales (Cundinamarca, Tunja, Antioquia, Cartagena, etc.), y la de Angostura, de 1819, aunque expedida para toda la nación, sólo pudo aplicarse en las regiones que se iban independizando y por el tiempo que faltaba para que entrara en vigencia la que expediría el mencionado Congreso de Cúcuta. Posteriormente, el doctor Márquez fue nombrado intendente (gobernador) de Boyacá y ministro de Hacienda de la gran república.

Luego de ocupar con altura y sabiduría el cargo de magistrado de la Corte Suprema de Justicia, fue elegido diputado a la Convención Constituyente de la Nueva Granada, reunida en octubre de 1831 en Bogotá, que expidió la nueva Carta (febrero de 1832), y que a continuación procedió a elegir como presidente y vicepresidente al general Santander y al doctor Márquez, respectivamente. En ese carácter y por ausencia del primero, ejerció la presidencia desde marzo hasta octubre, cuando llegó del exterior el nombrado general y asumió la jefatura del gobierno. En ese cargo el doctor Márquez dio muestras no sólo de gran capacidad administrativa, por el amplio conocimiento de los problemas públicos, sino también de mesura y prudencia ejemplares.

Para suceder al general Santander en el período 1837-1841 hubo tres candidatos: el doctor Vicente Azuero y el general José María Obando por el partido del presidente; y el doctor Márquez por el grupo de los llamados liberales moderados (y luego liberales conservadores), que se unieron a quienes habían acompañado al Libertador en el gobierno y en los últimos meses de su vida, como los generales Herrán y Mosquera.

Planteado en tal forma el debate electoral, el general Santander, en carta dirigida al doctor Rufino Cuervo, gobernador de Bogotá, se declaró partidario de Obando, por estimar que su antiguo amigo Azuero constituía serio peligro por la exageración de sus teorías radicales, que lindaban con la utopía, y también por sentirse incapacitado para apoyar a Márquez, porque ello significaría un acercamiento al grupo boliviano. Esta carta tiene más importancia de la que parece a primera vista, pues ella constituye el fiel retrato de la ideología y del temperamento del general Santander. Hombre de gobierno por excelencia, más inclinado al orden que a la libertad, centralista y autoritario como el que más, no podía ver con buenos ojos el liberalismo anarquizante de Azuero, que revivirá más tarde con don Florentino González y los «Gólgotas» a mediados del siglo y con los radicales a partir de la década de 1860; y hombre de partido y de grandes pasiones, no podía apoyar a un candidato como Márquez, que estaba rodeado en parte por antiguos partidarios del Libertador. Las reservas de Santander sobre Azuero comprueban la afirmación de que aquél no fue doctrinariamente liberal, y tanto esas reservas como su sentido autoritario del gobierno confirman la tesis de que el llamado padre, precursor o fundador del partido liberal no profesaba la ideología de éste. Lo que ocurrió fue que los amigos que lo rodearon en la Gran Colombia (Azuero, Soto, Gómez, Florentino González, Vargas Tejada, etc.), que sí la profesaban, lograron estimular hábilmente su emulación con Bolívar para alejarlo de éste y darle una cabeza de prestigio a su naciente agrupación política. Esta tesis, indiscutible para quien conozca bien su pensamiento y conducta, encuentra también apoyo en un concepto de don Miguel Antonio Caro cuando dijo de él que eran mucho mejores sus ideas que su carácter, así como en uno de los párrafos del programa de Caro y Ospina en que afirman que Santander defendió y practicó algunas veces principios conservadores.

A pesar de la hostilidad del gobierno, o quizás por ella, el doctor Márquez triunfó en los comicios. Y aunque los partidarios de los candidatos derrotados trataron de invalidar su elección con sofismas constitucionales, el Congreso, después de examinarlos, los desechó por infundados. El doctor Márquez se posesionó el 1 de abril de 1837, y era tan amplio y conciliador su espíritu, que conservó a uno de los ministros de Santander y confió la cartera de Guerra nada menos que al general José Hilario López, compañero de Obando en la revuelta de 1828 contra el Libertador y en la de 1831 contra el general Urdaneta.

Con esta actitud del doctor Márquez, la agrupación política que lo apoyaba y que constituye el núcleo del futuro partido conservador muestra ya su vocación por el sentido nacional del gobierno con inclinación a la colaboración de los partidos, como la practicarán más adelante Mosquera en su primera administración, Mallarino y los presidentes de este siglo, desde el general Reyes hasta el doctor Abadía, y luego, antes del Frente Nacional, el doctor Ospina Pérez. No obstante esa amplitud sin precedentes, los seguidores de los candidatos derrotados cerraron filas contra el nuevo gobierno y el propio general Santander encabezó en la Cámara una tenaz y apasionada oposición.

El Congreso de 1839 expidió una ley –perfectamente normal dentro del régimen del Patronato que existía entonces– por medio de la cual dispuso la supresión de cuatro conventos en Pasto y la destinación de sus bienes a la instrucción pública y a la civilización de las tribus indígenas del Putumayo. A pesar de que esa ley se aprobó con los votos de los representantes de esa provincia, al ir a aplicarse en la nombrada ciudad el padre Villota, que gozaba de gran prestigio popular, promovió una asonada contra el Congreso y el gobierno, «en defensa de la religión del Crucificado», que nadie estaba atacando. El motín, de apariencia inicialmente religiosa, fue secundado por el general Obando, quien lo aprovechó para desatar una guerra general contra el doctor Márquez, alegando que la elección de éste no había sido legítima e invitando a los gobernadores de las provincias a levantarse contra el presidente y proclamar la organización federal de la república. Así empezó la terrible y desastrosa guerra «del 40» o «de los Supremos», que ensangrentó el país durante tres años y lo dejó en auténtica situación de ruina. Naturalmente el gobierno, que tenía no sólo el derecho sino el deber de conservar el orden y mantener la autoridad constitucional, se preparó para debelar la revuelta, poniendo al frente de sus tropas al general Pedro Alcántara Herrán y luego al general Tomás Cipriano de Mosquera. Tras duro y largo batallar, éstos lograron dominar la rebelión y pacificar el país.

Esta guerra civil, que es sin duda una de las más injustas y desprovistas de motivos que puedan justificarla, fue –contra lo que se propusieron sus autores– el crisol que cuajó o fundió los elementos que, provenientes de distintas vertientes políticas, marchaban hacia una concepción de democracia ordenada y de respeto a valores tradicionales, realmente constitutivos de la nacionalidad. Estos elementos, al reaccionar contra la absurda insurrección, rodearon al gobierno que representaba la causa de la legitimidad y el mantenimiento del régimen constitucional y, al calor de la lucha que no habían provocado, se fueron cohesionando más y más y comprobando que los acercaban y unían no sólo razones circunstanciales sino una clara inclinación al orden y una evidente comunidad de ideas. Es decir, que había ya alrededor del gobierno un auténtico partido político, definitivamente integrado, aunque no tuviera todavía un nombre que lo distinguiera oficialmente. Se lo conocía como la agrupación de los republicanos moderados o liberales conservadores, defensores de la libertad y el orden y respetuosos de la religión y de la tradición del país. A este partido pertenecían ya los señores Joaquín Mosquera, Domingo Caicedo, José Ignacio de Márquez, Pedro Alcántara Herrán, Tomás Cipriano de Mosquera, Mariano Ospina Rodríguez, Rufino Cuervo, Joaquín Posada Gutiérrez, Joaquín Acosta, José Acevedo Tejada, José Manuel Restrepo, Alejandro Vélez, Alejandro Osorio, Eusebio Borrero, Juan de Dios Aranzazu, Lino de Pombo, José Rafael Mosquera, Julio Arboleda, José Eusebio Caro, etc. Es decir, que allí había antiguos liberales como Márquez, o antibolivianos como Ospina; o constitucionales como Posada Gutiérrez; o colaboradores de Santander como Restrepo, Pombo y Cuervo; o bolivianos como Herrán y Tomás C. de Mosquera. A los integrantes de este partido sus adversarios los llamaban despectivamente «ministeriales», «serviles» y «godos».

Además del factor aglutinante anotado, la guerra del 40 hizo resaltar o puso de bulto las fallas protuberantes de la Constitución de 1832, que había repetido algunos de los errores de la de 1821 y agravado otros. Esa constitución, casi tan centralista como la de Cúcuta, exageró la tendencia liberal a debilitar la autoridad del Ejecutivo, sometiendo la acción normal de éste al permanente control del Consejo de Estado, que no era un tribunal de lo contencioso para juzgar de la legalidad de los actos administrativos como es hoy, sino un delegatario del Congreso para ejercer esa labor fiscalizadora; y sobre todo, por el absurdo sistema de nombramiento de gobernadores, que el presidente tenía que escoger forzosamente de una lista de seis candidatos que le pasaba la respectiva Cámara de provincia (origen de nuestras Asambleas departamentales).

Esas graves fallas fueron puntualizadas en el informe que don Mariano Ospina, como ministro del Interior y Relaciones Exteriores del presidente Herrán, sucesor de Márquez, pasó al Congreso de 1842, en el cual dijo:

> «Uno de los defectos de mayor trascendencia que se han notado en la Constitución vigente [la de 1832] es que, calculada para un estado de perfecta paz, llegado el caso de una invasión o de una sublevación, es ineficaz, y el poder público que ella establece impotente para proveer a las necesidades extraordinarias y urgentes de aquella situación. Esta opinión, que era bastante común antes de que la experiencia hubiese puesto a prueba la Constitución, se ha generalizado después de esto: la nación ha visto al gobierno, en la pasada crisis, en la imposibilidad de defenderse, resignado a perecer abrazado a la Constitución misma que no le daba medios de defensa».

Y el Congreso, que estaba obviamente preocupado por la situación de debilidad en que se hallaba colocado el gobierno y había tratado de remediarla con la expedición de una ley de orden público –que el partido de oposición tachó de inconstitucional y atacó ardorosamente– comprendió que no había otra solución que la reforma sustancial de la Carta de 1832, y a ello se consagró en las legislaturas de ese año (1842) y del siguiente, y en ésta última aprobó en segunda vuelta el acto legislativo que había elaborado una comisión integrada por el doctor Márquez, don José Rafael Mosquera y don Cerbeleón Pinzón.

Este acto legislativo, que vino a ser la Constitución de 1843, devolvió al presidente las atribuciones que son propias de su cargo, como el libre nombramiento de gobernadores, de ministros diplomáticos y de la mayoría de los funcionarios de la administración, sin sujeción a lista de candidatos o al visto bueno de otras entidades, como las Cámaras de provincia o el Consejo de Estado, el cual fue suprimido porque, como ya se anotó, no era sino una emanación del Congreso para fiscalizar, estorbar y maniatar al Ejecutivo. También devolvió a los ministros la iniciativa parlamentaria que les había quitado la Carta anterior, reforzó las atribuciones del presidente en materia de objeción de las leyes y precisó los casos de responsabilidad del jefe del Estado, evitando la peligrosa ambigüedad a que daba lugar la frase «por mal desempeño en el ejercicio de sus funciones», que el Congreso (en la de 1832) podía calificar a su arbitrio. Así mismo extendió la ciudadanía a los sirvientes y jornaleros, que estaban privados de ella en la Constitución anterior, y conservó amplias facultades administrativas a las Cámaras de provincia, al propio tiempo que quitó a éstas la ya comentada –de carácter político– sobre intervención en el nombramiento de gobernadores.

En otras palabras, esta Constitución, al conservar el centralismo político con cierta dosis de descentralización administrativa, y al corregir la tendencia exageradamente liberal de la anterior, es el antecedente más directo de la de 1886, que se considera como el canon fundamental del partido conservador y que, con las modificaciones que impuso el paso del tiempo, se mantuvo en vigencia por más de un siglo y permitió que con ella gobernasen, conjunta o separadamente, los dos partidos tradicionales. Puede decirse, por consiguiente, que aquella Constitución fue el primer documento ideológico del partido del orden y de la tradición que venía formándose desde las postrimerías de la Gran Colombia y que acababa de compactarse y definirse en la reciente guerra civil.

No obstante que en la Carta de 1843 –como dicen Pombo y Guerra– quedaban eficazmente amparados los derechos civiles y garantías sociales, la igualdad, la libertad, la propiedad, la seguridad civil, que le daba el carácter de verdaderamente democrática y liberal en el sentido recto de la palabra, fue calificada de reaccionaria y monárquica por el partido que había hecho la guerra y ahora volvía a su sistemática oposición. Oposición que continuó a pesar de la amplitud con que el general Herrán se aplicó a restablecer la concordia y a pesar del estilo del gobierno siguiente, presidido por el general Mosquera, que bien podría calificarse de bipartidista, no sólo por su carácter progresista y nada hegemónico, sino por haber llevado a uno de los ministerios –el más influyente en la legislación y en la orientación económica y política–, nada menos que al doctor Florentino González, el antiguo apasionado enemigo del Libertador, coautor importante de la Constitución de 1832, entrañable amigo del general Santander y a quien sin lugar a dudas puede considerarse como el precursor del futuro partido liberal y fundador aquí de la escuela manchesteriana o liberalismo económico.

Durante ese primer gobierno del general Mosquera ocurrió la segunda revolución francesa, que sustituyó la monarquía por la república y que tuvo tanta repercusión en la América hispana. Bajo su influjo se desató aquí una ola de agitación popular, que se movía al impulso de las banderas libertarias y de la más exaltada literatura romántica, de la cual fue expresión muy caracterizada, tanto en la política como en las letras, el grupo juvenil e intelectual del liberalismo conocido con el sobrenombre de «Gólgota». Los jefes de éste, siguiendo el ejemplo de Francia, fundaron clubes o sociedades integradas por estudiantes y artesanos que se reunían por las noches para escuchar las encendidas arengas con que aquellos jóvenes líderes trataban de adoctrinar al pueblo, ejerciendo una especie de magisterio político. Esos clubes tomaron el nombre de Sociedades Democráticas, similar al de aquella que en 1838 había fundado el doctor Lorenzo María Lleras (llamada «Sociedad Democrática de Artesanos»), que estuvo destinada a apoyar a los candidatos de la oposición en las elecciones de dicho año.

Fue precisamente en ese año de 1848 cuando el doctor Ezequiel Rojas, una de las más salientes figuras del mencionado grupo, presentó el ideario del partido que ya se llamaba definitivamente liberal y que el doctor Gerardo Molina, en su magnífica obra *Las ideas liberales en Colombia*, sintetiza así:

>«Abolición de la esclavitud;
>»Libertad absoluta de imprenta y de palabra;
>»Libertad religiosa;
>»Libertad de enseñanza;
>»Libertad de industria y comercio, inclusive de armas y municiones;
>»Desafuero eclesiástico;
>»Sufragio universal directo y secreto;
>»Supresión de la pena de muerte y dulcificación de los castigos;
>»Abolición de la prisión por deudas;
>»Juicio por jurados;
>»Disminución de las funciones del Ejecutivo;
>»Fortalecimiento de las provincias;
>»Abolición de los monopolios, de los diezmos y de los censos;
>»Libre cambio;
>»Impuesto único y directo;
>»Abolición del ejército;
>»Expulsión de los jesuitas».

En la imposibilidad de comentar aquí la totalidad de ese programa, debo referirme a tres o cuatro de sus puntos más característicos. En primer lugar, la abolición de la esclavitud no fue obra, como creen muchos, de una sola ley, la de 1851, sino de un largo proceso de 39 años, que se inicia con la Constitución de Cartagena de 1812, continúa con la ley del Estado de Antioquia de 1814 y hace su mayor avance con la llamada de «libertad de partos», que el ilustre jurisconsulto José Félix de Restrepo hizo aprobar por el Congreso Constituyente de 1821. O sea que la ley expedida en el gobierno del general López concedió la libertad a los que aún quedaban como esclavos.

Puede decirse que fuera de algunas iniciativas lógicas y convenientes, como el fortalecimiento de las provincias, el impuesto directo y la abolición de la prisión por deudas, y de otras que pueden ser discutibles, como el juicio por jurados, lo esencial de este programa consistió en el establecimiento de libertades absolutas, sin razonables limitaciones y en el consiguiente debilitamiento o desmantelamiento del Ejecutivo. Entre esas libertades llaman especialmente la atención la de imprenta y palabra, sin responsabilidad alguna, la de libre comercio de armas y municiones, en un país con mayoría de analfabetas, y la de enseñanza.

Con respecto a esta última es bueno recordar, por una parte, que ella fue anulada en el gobierno siguiente por las leyes que hostilizaron a la Iglesia y a las comunidades religiosas, y por otra parte, porque la famosa ley del 15 de mayo de 1850, creyendo estatuir la libertad y abolir los privilegios, decretó la supresión de las universidades, hizo innecesario el grado o título para ejercer las profesiones científicas y obviamente derogó el admirable plan de estudios elaborado por el doctor Ospina en la administración Herrán. A este respecto comenta el citado doctor Molina: «Hubo que esperar hasta 1867 para rectificar tamaño disparate, mediante la creación de la Universidad Nacional». La situación debió ser tan calamitosa que el secretario del Interior, en su memoria de 1868, dijo: «Años hacía que se había perdido hasta la tradición de hacer formalmente estudios profesionales en el país», y concluye afirmando que «el cierre de la universidad dejó a la nación sin cuadros técnicos y sin dirección política idónea».*

Relacionado con las libertades de religión y de enseñanza está el último punto del programa liberal, pues la expulsión de los jesuitas implicó también el desconocimiento de esas libertades. Tal expulsión, además de injusta y perjudicial para el país, fue violatoria de la Constitución y de la ley. Más aun: tan carente fue de todo fundamento jurídico, que el gobierno del general López

---

* Gerardo Molina, *Las ideas liberales en Colombia*.

tuvo que invocar, en su apoyo, la orden expedida por el rey Carlos III en 1767.

Otro punto del mismo programa que casi no merece comentario, pues linda con la utopía y aun con lo irracional, pero que pinta la exageración de ese grupo, es la abolición del ejército.

Siguiendo con la explosión de las ideas liberales, es el momento de anotar que el doctor Florentino González, que acababa de pasar varios años en Inglaterra, donde prevalecían las doctrinas librecambistas, influido por ellas había logrado, como ministro de Hacienda, del presidente Mosquera y luego del Congreso, la expedición de una ley que eliminó o redujo apreciablemente los derechos de importación que pagaban algunos artículos extranjeros que, por esa causa, empezaron a adquirirse aquí a muy bajos precios, que les permitían competir ventajosamente con los de producción nacional. Esta tesis del librecambio, en la cual no veía don Florentino un medio de expansión económica de las potencias industriales sino la aplicación acabada del más puro liberalismo, produjo a la vuelta de poco tiempo la ruina de la incipiente industria granadina y la protesta obvia del artesanado. Del artesanado que era el núcleo de las sociedades democráticas que en sus comienzos tuvo tanta parte en la tumultuosa y agitada elección presidencial del general José Hilario López y en la consolidación del partido liberal en el poder, convirtiéndose en una especie de fuerza de choque contra el conservatismo y contra los propietarios territoriales, pero que luego, cuando empezaron a sentirse los efectos de la aludida ley de aduanas y la consiguiente quiebra de los talleres, se transformó, por tal causa, en un sindicato que defendía los intereses económicos de la incipiente clase industrial. Y dejó de ser exclusivamente el martillo que golpeaba al conservatismo para volverse contra el grupo «Gólgota», campeón del librecambio, generando así la división del liberalismo, que enfrentaría a dicho grupo con el segundo gobierno del general Obando y llevaría a la dictadura de Melo y a la guerra civil de 1854.

Pero volviendo a la agitación política de 1848, que acabó por dar con el programa de Rojas banderas ideológicas al viejo partido de Santander y de Obando, debo anotar que la agrupación contraria –que desde la década anterior tenía una orientación definida y coherente, y desde 1843, con la Constitución de ese año, un sistema completo de doctrina–, empezó a usar el nombre de conservador. Refiriéndose a ese partido decía don José Eusebio Caro, citado también por el doctor Pinzón:

«Bajo la administración del general Santander no llevaba nombre, y sin nombre alguno triunfó en 1837. Bajo la administración del doctor Márquez no tomó otros nombres que los injuriosos con que lo regalaban los facciosos, y a despecho de esos nombres triunfó». Y agrega: «Los facciosos, apenas lo oyeron, trataron de gritárnoslo diciendo: "¡Bah!, ¡qué nombre! ¿Partido conservador? ¿Hay algo que conservar en la Nueva Granada?" Pero como no hicimos caso y no nos quitamos el nombre, trataron de ridiculizarlo con apodos. Los hombres de orden, los amantes y defensores de la libertad legal, a quienes los rojos quisieron llamar oligarcas, absolutistas, estacionarios y retrógrados, nos llamamos hoy conservadores. Somos el partido conservador. "¿Conservador de qué?", preguntáis: conservador de todo lo que debe conservarse: la república, la sociedad, los principios, las bases eternas de toda república».

Hasta aquí el señor Caro. Precisamente en desarrollo de esta concepción política el mismo Caro y don Mariano Ospina, su compañero de luchas y de dirección del periódico *La Civilización*, formularon el manifiesto que ha pasado a la historia como el programa doctrinario del partido. Dice así:

«El partido conservador es el que reconoce y sostiene el programa siguiente:

»El orden constitucional contra la dictadura;

»La legalidad contra las vías de hecho;

»La moralidad del cristianismo y sus doctrinas civilizadoras contra la inmoralidad y las doctrinas corruptoras del materialismo y del ateísmo;

»La libertad racional, en todas sus diferentes aplicaciones, contra la opresión y el despotismo monárquico, militar, demagógico, literario, etc.;

»La igualdad legal contra el privilegio aristocrático, oclocrático, universitario o cualquiera otro;

»La tolerancia real y efectiva contra el exclusivismo y la persecución, sea del católico contra el protestante y el deísta, o del ateísta contra el jesuita y el fraile, etc.;

»La propiedad contra el robo y la usurpación ejercida por los comunistas, los socialistas, los supremos o cualesquiera otro;

»La seguridad contra la arbitrariedad de cualquier género que sea;

»La civilización, en fin, contra la barbarie;

»En consecuencia, el que no acepta algo de estos artículos, no es conservador.

»El conservador condena todo acto contra el orden constitucional, contra la legalidad, contra la moral, contra la libertad, contra la igualdad, contra la tolerancia, contra la propiedad, contra la seguridad y contra la civilización, sea quien fuere el que lo haya cometido.

»Y aprueba todos los actos en favor de estos grandes objetos, sea quien fuere el que los haya ejecutado.

»Ser o haber sido enemigo de Santander, Azuero y López, no es ser conservador, porque Santander, Azuero y López defendieron también, en diferentes épocas, principios conservadores.

»Haber sido amigo de estos o de aquellos caudillos en las guerras por la independencia, por la libertad o por la Constitución, no constituye a nadie conservador; porque alguno de esos caudillos han defendido también alguna vez principios anticonservadores.

»El conservador no tiene por guía a ningún hombre; eso es esencial en su programa.

»Si alguno o muchos de los hombres eminentes del partido se apartan del programa, el partido los abandona, los rechaza.

»El partido conservador no acepta ningún acto ejercido a su nombre contra su programa; ninguna aserción que esté en oposición con estos principios, sea cual fuere su procedencia.

»El partido conservador no quiere aumentar sus filas con hombres que no profesen teórica y prácticamente los principios de su programa; por el contrario, le convendría que si en sus filas se hallan algunos que no acepten con sinceridad estos principios, desertasen de una vez.

»Mariano Ospina,
»José Eusebio Caro».

En esta forma, de sorprendente precisión y lucidez, acabó de estructurarse doctrinariamente y con nombre propio el partido que empezó a formarse en el último gobierno del general Santander, se organizó y cohesionó en la administración del doctor Márquez y en la guerra civil de 1840, y formuló su primer cuerpo de doctrina en la Constitución de 1843, cuyas directrices y principios fundamentales quedaron reflejados, filosóficamente, en el programa que acaba de transcribirse.

Decía el doctor Leopoldo Uprimny, en un magnífico ensayo sobre Edmundo Burke, que no se sabía si los señores Caro y Ospina habían leído al gran parlamentario irlandés, ideológico del conservatismo europeo, pero que era evidente la afinidad de sus principios. Y ello es explicable porque tanto éstos como aquél habían llegado a una concepción política de inspiración espiritualista y cristiana, basada en el Evangelio y en el realismo de la escuela aristotélico-tomista, que les libraba de buscar soluciones abstractas o puramente racionalistas, con desconocimiento de las realidades del país y de la época, como las «repúblicas aéreas» de que hablaba el Libertador.

Si el individualismo liberal estuvo dominado por la obsesión de las libertades absolutas y de los intereses del individuo, aun con desmedro del bien común, y si el socialismo, en su afán de asegurar la preponderancia del Estado y una engañosa igualdad económica, sacrifica prerrogativas provenientes del derecho natural, el conservatismo ofrece una doctrina integrada y dinámica que afirma en lo espiritual la primacía de la persona –superior como ser trascendente al Estado– y en lo económico o temporal el predominio del bien común, más valioso que los intereses materiales de los individuos, que sólo son parte de un todo. En otras palabras, la concepción personalista y comunitaria expuesta por filósofos católicos como Maritain.

Por eso el referido programa sigue siendo el sillar de la doctrina conservadora, sin perjuicio de las mutaciones que exigen el paso del tiempo, el mayor desarrollo del país y los postulados de la justicia social. El conservatismo es doctrinario pero no dogmático; evoluciona en sus postulados prácticos porque así lo exigen la realidad de la vida y del mundo; no se opone a las reformas, pero sí a las precipitadas, inconsultas o inadecuadas, y las quiere siempre en armonía con la justicia y la moral. Esto se confirma con el hecho de que algunas de las más importantes en materia económica y social han sido realizadas o propuestas por gobiernos o parlamentarios conservadores. A diferencia de lo que ocurre en la izquierda, su adaptación a la nuevas situaciones no implica arrasar o demoler el edificio pacientemente construido por las generaciones anteriores para levantar uno nuevo, sino conservarlo con retoques, adiciones y rectificaciones, a fin de ajustarlo a las nuevas exigencias de la sociedad. De ahí que del conservatismo pueda decirse, como anotó uno de sus ilustres presidentes, que cambia siempre y sin embargo sigue siendo el mismo.

Definidos los dos partidos tradicionales con los programas de don Ezequiel Rojas y de Caro y Ospina, puede decirse que a partir de ese momento y por el resto del siglo pasado fueron tres los puntos fundamentales de desacuerdo o enfrentamiento, a saber: centralismo y federalismo, autoridad y libertad y actitud frente a la Iglesia. Pero esas diferencias, que mantuvieron dividido al país y ocasionaron varias guerras civiles, empezaron a atenuarse y aun a desaparecer desde comienzos de este siglo. En efecto: el liberalismo abandonó sus viejas tesis federalistas, quizás porque se convenció de la sinrazón de ellas, reconociendo en la práctica –pero sin decirlo entonces– que la fórmula de Núñez de «centralismo político y descentralización administrativa» era el *desiderátum* que permitía superar la sangrienta polarización de la centuria anterior. Problema distinto, que ahora nos preocupa a todos, es el de lograr que la descentralización administrativa, que se ha ido desvirtuando en las últimas décadas, por diversas causas que no es el caso de anotar aquí, no sólo se restaure sino que se refuerce y haga eficaz.

En cuanto al problema de la autoridad y la libertad, cuando el general Reyes inició su política de concordia nacional y llamó al gobierno al liberalismo, éste no sólo aceptó la Constitución de 1886, con las grandes prerrogativas que confiere al Ejecutivo, sino que votó las reformas que aumentaban esas prerrogativas y la extensión a diez años y medio del período de dicho presidente. Después, si bien es cierto que abogó por la reducción a cuatro años del período de sus sucesores, no ha tratado de disminuir sino de aumentar la intervención del Estado y las atribuciones del gobierno, como se vio en las reformas de 1936 y 1968, y sin pretender nunca que los derechos individuales y las libertades dejen de tener las limitaciones que la razón y el bien común imponen.

En lo que respecta a la posición ante la Iglesia, es evidente que aunque algunos sectores del liberalismo se mostraban desafectos y hostiles a ella, el partido, oficialmente, recogió su actitud antirreligiosa y anticlerical del siglo pasado. Ello se debió, en primer término, al acercamiento con el gobierno del general Reyes; luego a la actitud del general Uribe Uribe en los años que precedieron a su muerte; más adelante a la decisión del presidente Olaya Herrera de mantener vigente el Concordato y excelentes relaciones con la Jerarquía, y finalmente a la posición asumida por los directores responsables de ese partido en los acuerdos y en las reformas constitucionales que estructuraron el Frente Nacional.

¿Qué significa todo esto, sino el triunfo más asombroso del pensamiento conservador? Luchar ardorosamente por unos principios y encontrar que a la vuelta de unos años el partido contrario los adopta, es comprobar la bondad de ellos y la adecuación a las circunstancias del país. Ello se debe a que tales principios son la expresión de un partido que no surgió, como otros de América, al servicio de un caudillo, por terratenientes que oponían resistencia a necesarias innovaciones, sino por dos intelectuales desprovistos de poder militar y económico –un egregio poeta y un insigne humanista y maestro– pero dotados de altísima inteligencia, dilatada cultura, ardiente patriotismo y cristiana preocupación por su pueblo. Y esto explica también que, a pesar de las mudanzas de los tiempos, sigan siendo válidas las concisas cláusulas en que ellos formularon un criterio apto para estudiar y resolver los problemas colombianos de todas las épocas.

El doctor José María Samper
y el conservatismo

Sobre la filiación política y la trayectoria del doctor José María Samper ha habido en el país inexplicable desconocimiento, inclusive de parte de algunos que escriben sobre nuestra historia. En 1986, con motivo del centenario de la Constitución todavía vigente, se publicaron infinidad de notas e informes relacionados con su expedición y con los miembros del Consejo Nacional de Delegatarios que la expidió. Todos anotaron que éste había sido integrado por nueve conservadores y nueve liberales, en representación de los nueve Estados federales que existían entonces. O sea que el Consejo era políticamente paritario. Pero al señalar el partido a que cada uno pertenecía se incurrió en errores, provenientes en parte del apellido de alguno de ellos. Así, por ejemplo, no faltó quien matriculara como conservador al doctor Jesús Casas Rojas que, a título de miembro del sector independiente del liberalismo o «independentismo», ingresó al partido nacional y fue secretario (o ministro) de Educación y diputado al Consejo Nacional de Delegatarios.

Del mismo modo varios periodistas calificaron de liberal al doctor José María Samper, probablemente por confusión con su hermano don Miguel, llamado el «Gran Ciudadano», que, como moderado y católico, perteneció al mencionado «independentismo» que acompañaba a Núñez desde su frustrada candidatura de 1875. Más adelante se separó don Miguel de ese movimiento porque su individualismo manchesteriano no le permitía aceptar las leyes propuestas por el Regenerador en 1880 sobre moneda fiduciaria, monopolio de emisión del Banco Nacional y restricción del comercio exterior por medio de la protección aduanera a la industria. Ya que se habla de confusiones, vale la pena recordar que, a diferencia de lo que sostienen los planfletarios contra Núñez, éste jamás ingresó al conservatismo. «Miembro irrevocable del liberalismo», como él mismo dijo, libró larga campaña para que su partido se aviniera a reformar la Constitución de 1863, al menos en sus puntos más exagerados y contrarios al sentimiento nacional, y no habiéndolo logrado, fundó con el sector «independiente» que lo seguía y con el conservatismo, el partido nacional.

Volviendo al doctor José María Samper debe aclararse, en primer término, que nunca fue miembro del «independentismo» porque desde hacía mucho había pasado directamente –y sin escalas o puentes– del liberalismo radical o «Gólgota» de su juventud al conservatismo, derrotado por el general Mosquera en 1861 y perseguido implacablemente por los gobiernos que le siguieron. Quizás el error de quienes lo matriculan equivocadamente provenga, en parte, de la confusión familiar a que se hizo referencia y, en parte, a que el doctor José María, en los primeros treinta años de su vida, fue –como lo confesó más tarde– no sólo radical y «Gólgota», sino también afiliado, aunque transitoriamente, a las tormentosas Sociedades Democráticas y a la masonería. Pero a poco inició su fundamental rectificación y su consiguiente tránsito político. En 1858 viajó a Europa con el ánimo de mejorar su formación académica y desde allá improbó y condenó la injusta guerra promovida por Mosquera contra el gobierno de don Mariano Ospina en 1860, y luego desde Lima, como él mismo lo dice:

> «Critiqué la Constitución en 1863, con su artificial, ficticia, funesta y decantada soberanía de los Estados (...), y al regresar del extranjero comencé inmediatamente a

combatir los excesos y abusos del liberalismo triunfante, y desde entonces [1864] he estado casi constantemente del lado de la oposición y sosteniendo o preconizado una política de conciliación entre los dos grandes partidos nacionales, de estricta legalidad y de reforma constitucional que corrija los males causados por la guerra, la adulteración del régimen federal y la perversión del espíritu de partido».*

Lo anterior significa que Samper, como más tarde Núñez, al contacto con la civilización europea y con el estudio de las instituciones inglesas, comprendió que aquí habíamos equivocado el rumbo y se imponía una rectificación fundamental. Ese cambio conceptual o ideológico lo fue acercando más y más al conservatismo y a la vuelta de poco tiempo era ya considerado como uno de sus más calificados voceros.

Más aun: como dice don Álvaro Holguín y Caro en su admirable biografía de don Carlos Holguín, «la lucha electoral de 1875 [en pro de la candidatura de Núñez] y las campañas militares de 1876 y 1877 ocasionaron gravísimos quebrantos en los intereses particulares del doctor Samper y lo obligaron a separarse temporalmente de la dirección de *El Deber*, el admirable periódico que él había fundado a raíz de la guerra del 76 para sostener la causa conservadora, contra la cual se había acentuado en esos días la impecable persecución radical».** Al separarse el doctor Samper de la dirección del periódico, la asumió don Carlos, su amigo y compañero de luchas y el más brillante paladín del partido, y más adelante, cuando éste fue enviado a Europa en importantísima misión diplomática, volvió Samper a dirigirlo. En 1878 el doctor Samper redactó el programa conservador, que fue el segundo después del de Caro y Ospina de 1849. Con tal motivo recibió de los

---

*   Gonzalo Cuervo, *José María Samper Agudelo*.
** Álvaro Holguín y Caro, *Don Carlos Holguín*.

jefes del partido una importantísima carta, a la cual pertenece el siguiente párrafo:

>«Al reducir usted a fórmulas precisas, en el número 50 de *El Deber*, las ideas del partido conservador sobre los puntos principales de política y religión, de moral y de legislación que se han discutido en Colombia de algunos años hasta la época presente, ha interpretado usted fiel y exactamente los sentimientos, las ideas y las aspiraciones de nuestro partido. El programa que usted ha presentado es, en lo esencial, nuestro programa, y por el triunfo de las ideas en él contenidas estamos luchando hace mucho tiempo y lucharemos en lo futuro. Usted puede dar por puestas nuestras firmas al pie de ese documento y, si lo tiene a bien publicarlo de nuevo con ellas, cuando lo juzgue oportuno.
>
>»Al hacer la presente manifestación, permítanos usted agregar la expresión de nuestro reconocimiento por el trabajo que usted se ha impuesto, por la inteligencia y la exactitud con que ha fijado las cuestiones, y por la fidelidad con que ha interpretado el pensamiento de sus verdaderos amigos y estimadores sinceros,
>
>»Antonio B. Cuervo, Carlos Holguín, Vicente Ortiz Durán, M. A. Caro, Sergio Arboleda, José Joaquín Ortiz, José Caicedo Rojas, Carlos M. Urdaneta, Rafael Pombo, Ricardo Carrasquilla, Lázaro María Pérez, Manuel Briceño, Carlos Martínez Silva, Diego Rafael de Guzmán, F. Fonseca Plazas, Jerónimo Argáez, Filemón Buitrago, Gabriel Rosas, Máximo A. Nieto, Aureliano González Toledo, Pedro Pablo Cervantes, Rafael Arboleda, Ramón Argáez, Carlos Eduardo Coronado, Diego Fallón, Víctor Mallarino, Jorge Holguín, José María Quijano Otero».*

---

* *Ibídem.*

Además de esta carta, de por sí más que suficiente, los mismos jefes organizaron en su honor un gran banquete al cual concurrieron, fuera de ellos, tres o cuatro representantes de cada Estado, entre los cuales algunos que habían desempeñado o desempeñarían más adelante un papel importantísimo en la vida pública. El banquete fue ofrecido por el doctor Holguín en sustancioso, efusivo y brillante discurso.

La carta y el banquete en referencia fueron el reconocimiento expreso de que el doctor Samper era auténtico y autorizado exponente del pensamiento conservador. En realidad puede decirse que ningún jefe político había recibido de los prohombres de su colectividad un espaldarazo tan valioso y significativo.

En septiembre de 1885 el presidente Núñez convocó el Consejo Nacional de Delegatarios que debía expedir la Constitución, el cual, como se dijo, estuvo integrado por dos representantes de cada Estado. Por el de Bolívar fueron designados el doctor Miguel A. Vives, liberal, y el doctor Samper, conservador. Más adelante el primero fue remplazado por don Joaquín Campo Serrano, obviamente liberal. En este punto debo expresar la sorpresa que me produjo leer en el artículo «El día histórico», de *El Nuevo Siglo* del 5 de noviembre de 1986, la clasificación contraria de los delegatarios de Bolívar, señalando a Vives como conservador y a Samper como liberal. Bien es cierto que el autor del artículo agregó que éste «después fue conservador». Pero yo pregunto: ¿después de qué? ¿De 1886? Ya vimos que este ilustre repúblico profesaba ideas conservadoras desde 1860 y militaba al servicio del conservatismo desde finales de esa década. Es decir, desde unos veinte años antes de la Constitución.

Este error o ligereza comprueba lo que dije al principio: que la mayoría de los historiadores, inclusive uno tan autorizado como el autor de «El día histórico», desconocen u olvidan la antigua filiación conservadora y la larga trayectoria del doctor

Samper en dicha colectividad. Esto es especialmente sorprendente por tratarse no sólo de una de sus principales figuras políticas sino de un caso excepcional de fidelidad a las convicciones, de honradez política, desinterés personal y altísimo nivel moral, pues él no llegó cuando el partido estaba compartiendo el gobierno, sino en los peores momentos de persecución y abatimiento.

Claro que para el conservatismo representó valiosísimo aporte la incorporación de ilustres figuras del liberalismo que llegaron a él a través del «independentismo» o del partido nacional en los gobiernos de Núñez, de Holguín o de Caro. Pero si en importancia y valer intelectual y político pueden igualar al doctor Samper, no lo alcanzan en materia de desinterés y abnegación.

Por no extenderme demasiado no entro a comentar lo que fue el aporte del doctor Samper a las labores del Consejo Nacional de Delegatarios, pues como experto constitucionalista ocupó allí lugar principalísimo. Es frecuente encontrar en los escritos sobre historia constitucional la afirmación de que, después de don Miguel Antonio Caro, fue la figura más destacada, no obstante la gran cantidad de hombres ilustradísimos que allí había.

Ese concepto encuentra pleno respaldo en el admirable libro del doctor Samper *Derecho público interno de Colombia*, que es afortunada síntesis de nuestra historia política, autorizado comentario de las normas de la Constitución de 1886 y reflejo fiel de la auténtica doctrina del conservatismo.

La Carta de Rionegro. Valiosos juicios de prohombres liberales

La primera Constitución, expedida por el Congreso de Cúcuta en 1821, ha debido adoptar un sistema moderadamente federal –como lo propusieron el ilustre Precursor Antonio Nariño y los diputados granadinos José Ignacio de Márquez y Alejandro Osorio– porque en ese momento no se trataba de la antigua y unida Nueva Granada sino de la que se conoce en la historia como «Gran Colombia», que integró en un Estado el territorio formado por Venezuela, Nueva Granada o Cundinamarca, Ecuador y Panamá, el cual, además de muy extenso, estaba separado por altas montañas y con escasas vías de comunicación, lo que hacía muy difícil la acción del gobierno desde un solo centro. Con el agravante de que las regiones de la periferia habían gozado de cierto grado de autonomía administrativa y tenían evidentes diferencias de idiosincrasia. El no haber tenido en cuenta estos factores hizo precaria la existencia de la gran nación soñada por el Libertador y contribuyó eficazmente a su prematura disolución. Consumada ésta, no ha habido razón válida que justifique el sistema federal. Sin embargo, el país tuvo entre 1830 y 1886 tres constituciones de ese sistema y tres de carácter unitario o central. De las federales, el liberalismo es responsable de las de 1853 y 1863 y el conservatismo de la de 1858, expedida por un Congreso en el cual tenía amplísima mayoría.

La circunstancia de que esta última (de 1858) se hubiera expedido por el partido conservador con las doctrinas del liberal auguraba un período de convivencia y completa paz. Sin embargo ésta no duró más de dos años, pues el ex presidente Mosquera, que había sido elegido en 1845 por el partido que en ese mismo período adoptó definitivamente el nombre de Conservador, estaba resentido porque éste no lo reeligió en 1857, se declaró en rebeldía contra el gobierno del presidente Ospina Rodríguez e invitó a sus antiguos adversarios liberales a derrocarlo. Triunfante esa revolución en 1861 (única que ha triunfado en nuestro país) Mosquera quiso fusilar a Ospina y a su hermano, pero, por las súplicas de su propia hija y de varios ministros diplomáticos, cambió la orden de ejecución por la de prisión, hizo fusilar a varios funcionarios del gobierno anterior, disolvió las comunidades religiosas, expropió los bienes de éstas, de la Iglesia y de otras corporaciones y fundaciones y ejerció una drástica dictadura hasta 1863.

En este año, a instancias de los elementos civiles y letrados de su nuevo partido, convocó una convención constituyente que se reunió en Rionegro (Antioquia) y expidió la Constitución de 8 de mayo, que dio a la república el nombre de Estados Unidos de Colombia, integrada por nueve Estados soberanos. Esta Carta llevó al extremo la concepción federal, pues la soberanía residía en los Estados, de modo que al gobierno general o nacional sólo correspondía lo que dichos Estados hubieran delegado o delegaren en él. Extremó también el individualismo al consagrar derechos y libertades sin limitación ni responsabilidad de ninguna clase, como los de prensa y de palabra y el libre comercio de armas y municiones. Y redujo al mínimo las atribuciones del Ejecutivo nacional, hasta el punto de que los Estados tenían sus propias milicias, y la Guardia Colombiana, que reemplazaba al antiguo ejército nacional, se formaba sólo con los contingentes que los Estados consintieran en cederle. En materia religiosa llevó el laicismo a su colmo, sometiendo la Iglesia al Estado por medio de normas sobre tuición de cultos que facultaban a éste para permitir o no los actos propios del culto y que fueron un permanente desconocimiento de los derechos de la Iglesia y de la mayoría de la población. Y también la norma que obligaba a que en las Constituciones de los Estados se consagrara la prohibición de que la Iglesia y las comunidades religiosas pudieran ser propietarias de inmuebles.

Bajo el régimen de esta Carta se acentuó la situación de anarquía por la incontrolada soberanía de los Estados, que llegó a comprometer y amenazar la unidad nacional; por la carencia de un verdadero ejército y la consiguiente debilidad del gobierno; por el libre comercio de armas y municiones y la consagración de derechos individuales ilimitados, sin perjuicio de desconocer los derechos políticos del partido vencido y la libertad religiosa de los ciudadanos, como consecuencia de algunas normas de la misma Constitución o de la ley, o de la política fanáticamente anticlerical y anticatólica de algunos sectores del partido gobernante. Como corroboración de este aserto nada más significativo que la opinión de algunos prohombres del liberalismo, antiguos miembros de la Convención de Rionegro y luego senadores, ministros o presidentes.

El doctor Salvador Camacho Roldán, miembro de esa Convención y coautor de la constitución que ésta expidió, varias veces ministro, encargado de la presidencia de la república y una de las figuras más brillantes del liberalismo y del país, escribió a propósito de dicha Convención:

> «Mi primer concepto fue proponer el restablecimiento puro y simple de la Constitución de 1858, expedida con el concurso de ambos partidos, y aunque en su expedición había tenido mayoría de más de tres quintos el conservador, mi opinión era que en ella había elementos necesarios para un funcionamiento liberal. El personal de la convención era pues muy bueno; pero nada compensaba la ausencia de representación del partido conservador. La representación de las minorías, por medio de instituciones especiales, es muy de desear en estos casos».

El doctor Francisco Javier Zaldúa, ministro de Gobierno del general José Hilario López, presidente de la Convención de Rionegro y coautor también de su Constitución, y luego presidente de la república, dijo en 1882:

> «Se trata de la paz o de la guerra, del orden o de la anarquía, del progreso en todas sus manifestaciones o de la barbarie en sus desastrosas consecuencias y es preciso levantar la inteligencia y abatir todas las pasiones para buscar con acierto la solución de tan difícil problema. (...) *Desde 1863 la república ha presentado un cuadro de completa anarquía,* porque tolerándose las revoluciones en los Estados se ha desbaratado la estructura del gobierno federal y *se han anulado los principios fundamentales de la democracia.* El sufragio popular ha caído en desprestigio, *porque ha sido remplazado por la fuerza. Esa fuerza bruta es hoy la única manifestación del querer de los pueblos,* cuando sólo revela y no puede revelar sino la ambición de los audaces y el desenfreno de los elementos perturbadores del sosiego público. La existencia del gobierno de los Estados Unidos de Colombia ha llegado ha ser en extremo precaria. La desmoralización cunde; la industria, los adelantos materiales, la instrucción de las masas y los bienes todos de la paz se hallan en decadencia. *El progreso general del mundo exige que Colombia se regenere»* [subrayo].

El doctor Francisco Eustaquio Álvarez, figura notable del radicalismo, dijo:

> «El gobierno de los Estados Unidos de Colombia es un gobierno excepcional: se distingue de todos los gobiernos conocidos *en que no tiene por objeto dar seguridad a los derechos individuales, y en que le está prohibido protegerlos y ampararlos,* aun cuando a su presen-

cia se atente contra personas y propiedades, discrecional y arbitrariamente. Si la *Constitución de Rionegro, tejido de sofismas anárquicos,* hace daño como ciento, por la manera como la han entendido los hombres que han figurado a la cabeza del gobierno, ella hace daño como mil. La historia de la escuela *que ha interpretado hasta ahora la Constitución, que ha formado la de estos últimos dieciocho años, es la historia más oprobiosa para el país y para pueblo alguno»* [subrayo].

Y don Miguel Antonio Caro, la gran figura intelectual del siglo pasado, estampó este acertadísimo juicio:

«El haber sido formada la Constitución de Rionegro por un solo partido, con exclusión de los vencidos, no fue ciertamente lo que le imprimió sello funesto. Había triunfado una revolución y era preciso restablecer en alguna forma la legalidad. No hay orden sin regla y los que tienen en sus manos el poder son los únicos en quienes reside la capacidad y, por lo mismo, la obligación de dictarla. Si aquella ley escrita *hubiese sido reflejo auténtico de las condiciones orgánicas del país, los pueblos, sin reparar en los títulos del Constituyente, la hubieran confirmado con su asentimiento, y aun recibídola con gratitud; y todavía se le hubieran perdonado graves imperfecciones si se hubiese declarado sometida a posterior revisión.* Pero los convencionales de Rionegro cometieron *el doble error de expedir una Constitución quimérica y al mismo tiempo tiránica:* hicieron una obra *impracticable y la proclamaron irreformable.* Ellos crearon *perpetuo conflicto entre opuestas soberanías;* redujeron a la impotencia al gobierno general y disimuladamente confirieron la omnipotencia al presidente de la Unión; deprimieron como a casta proscrita y enemiga de la soberanía nacional a una de las clases más respeta-

bles, a la clase encargada de sembrar y cultivar en los pueblos la enseñanza cristiana; ellos, en fin, reconocieron todas las libertades sin razonables limitaciones, *exaltándolas a tal punto, que sólo dejaron asegurada la de hacer el mal, abandonando la protección de la justicia, única defensa del individuo y de la sociedad»** [subrayo].

La situación creada por la Constitución de 1863 no podía subsistir, como lo observó en luminosos escritos el doctor Rafael Núñez. Este había pertenecido desde su juventud al partido liberal y como tal había sido parlamentario, vicepresidente de la Cámara que expidió la constitución radical de 1853 y ministro de los presidentes Obando, Mallarino y Mosquera. A este último lo acompañó en la elaboración del famoso decreto de «desamortización de los bienes de manos muertas» que arrebató sus propiedades territoriales a la Iglesia y a las comunidades religiosas. No obstante su afiliación a ese partido, su mentalidad escéptica y positivista lo distanció de las exageraciones de sus copartidarios, lo alejó de la Convención de Rionegro y viajó a Europa, donde permaneció diez años dedicado apasionadamente al estudio de la ciencia política y de la economía y a la observación directa de las instituciones inglesas. Este estudio, en una mentalidad como la suya, lo divorció definitivamente de las concepciones racionalistas de su partido y lo llevó a sostener la necesidad de variar el rumbo que traía el país, modificando sustancialmente la Carta de Rionegro para asegurar la unidad nacional, evitar la anarquía, robustecer la autoridad, mantener el orden y proteger las nacientes industrias. Estas tesis encontraron tremenda oposición en el sector radical del liberalismo, que mantenía como dogma el federalismo, el individualismo sin límites y el laicismo exagerados de la Constitución de 1863, y por el contrario, cayeron muy bien en el sector moderado del liberalismo, conocido con el nombre de «independentismo», y en el viejo partido conservador que, por su ideolo-

---

* *Ibídem.*

gía tradicional, su formación aristotélico-tomista y su temperamento pragmático, realista y hasta cierto punto positivista, encontró que ellas respondían a su programa de siempre y a las más apremiantes necesidades del país. Y ello explica la aceptación que le dio la gran mayoría de la población.

Pero el sector más intransigente del partido de gobierno, el llamado radicalismo, desoyó las sabias advertencias de Núñez y cerró el paso a su candidatura presidencial. Fue un error político increíble, un caso de ceguera, hijo de la pasión, pues si la Carta se hubiera reformado por un congreso de mayoría liberal, este partido habría podido conservar el poder. Se empeñó en impedir el remedio, la crisis se agudizó y finalmente se produjo la inevitable reacción. Esto es tan evidente que así lo reconoció el doctor Eduardo Santos en el prólogo a la biografía de Núñez por Indalecio Liévano Aguirre. Dice así el ex presidente:

«Para nosotros es evidente que la más trágica equivocación de nuestra vida política fue la que padecieron, respecto al doctor Núñez, los políticos radicales en los diez años anteriores a mil ochocientos ochenta y seis. *El grupo radical tenía indiscutiblemente excelsas condiciones morales pero adolecía de un fanatismo y de una intransigencia que a todos nos costó muy caro.* Cuando el doctor Núñez preconizaba *reformas que la opinión nacional reclamaba con angustia, ellos cerraban los ojos a esa política reformista para no pensar sino en el odiado enemigo.* En un enemigo que *multiplicaba sus ofrecimientos de conciliación y acuerdo y que fundamentalmente vinculado a la política liberal no quería desprenderse de ella y reclamaba una y otra vez, para la realización de sus justos programas reformistas, el concurso de sus antiguos copartidarios.*

»La manera como *ese concurso fue negado sistemáticamente, en forma ruda y agresiva,* con sentimientos *de hostilidad personal implacable,* es uno de los hechos más sorprendentes de nuestra historia. En muchos momentos los radicales procedieron con un áspero fanatismo que cualquier conservador les hubiera envidiado. En lugar de abrir paso a las reformas, lo redujeron todo al prurito de cerrarle el paso a un hombre, y no es exagerado decir que lo arrojaron al campo a donde él no quería ir, lo empujaron ciegamente a las soluciones que él no quería adoptar.

»*Mejor que nadie comprendió Núñez que la anarquía de la Federación no podía continuar sin dar al traste con la república;* que las instituciones que se habían creado para contener los impulsos cesáreos del general Mosquera estaban *culminando en un régimen de desorden incompatible con la vida regular y progresista del país.* En ese sentido muchas de las páginas de la reforma política tienen caracteres de axioma y era evidente que, *por su vigor intelectual y maravillosa comprensión de las realidades colombianas, tenía que ser Núñez uno de los conductores esenciales de esas reformas, que él mejor que nadie preconizaba.*

»No lo comprendieron así los radicales. Muchos de ellos *se daban cuenta de la exactitud de las doctrinas de Núñez pero los cegaba la hostilidad al hombre* y entonces con prodigiosa habilidad, que también la historia tendrá que reconocer, los conservadores llenaron el vacío que la pasión radical producía. Al fanatismo radical opusieron una amplitud habilidosa que no reconocía límites y así por la fuerza misma de los hechos vino a crearse una situación que, dado el temperamento del doctor Núñez *y las armas que contra él se empleaban, no podía menos de tener las consecuencias lógicas que tuvo*»* [subrayo].

---

* Eduardo Santos, prólogo a Indalecio Liévano Aguirre, *Rafael Núñez*.

A medida que se agravaron los males a que se ha hecho referencia aumentó la fuerza y el prestigio del sector liberal independiente, que logró la mayoría de ese partido y eligió al doctor Núñez en 1880, y lo reeligió, con apoyo del conservatismo, en 1884. En su primer periodo implantó un clima de tolerancia y convivencia y logró del Congreso tres reformas que el radicalismo había impedido: la protección aduanera a las industrias; la creación del Banco Nacional, con el privilegio de emisión de moneda, y una ley de orden público que permitió al Ejecutivo nacional la intervención en las contiendas domésticas de los Estados para restablecer el orden público.

En su segundo gobierno Núñez integró el ministerio con miembros de las dos fracciones del liberalismo, con el propósito de hacer la unión de éste, y dio una pequeña participación al conservatismo. Y cuando se disponía a proponer e impulsar la inaplazable reforma de la Carta, el radicalismo, enceguecido por el odio al presidente, se lanzó a la guerra civil para derrocarlo. Naturalmente el gobierno, que tenía no sólo el derecho sino el deber de defender y mantener la legitimidad, afrontó el reto y al cabo de nueve meses derrotó a los rebeldes. Restablecida la paz y utilizando un procedimiento similar al empleado para la expedición de la Carta de 1863, convocó un congreso constituyente, denominado Consejo Nacional de Delegatarios, integrado por dos diputados de cada Estado. Pero no ya de un solo partido, como la Convención de Rionegro, sino nueve del liberalismo independiente y nueve del conservatismo, que habían apoyado las tesis de Núñez sobre reforma y sostenido a éste en la reciente guerra.

La Constitución de 1886

Reunido este Consejo Nacional el 11 de noviembre de 1885, el presidente le dirigió un admirable mensaje, en el cual sintetiza la índole de las reformas que era preciso llevar a cabo. Ese mensaje, que es considerado como uno de los grandes documentos no sólo de la historia política sino de la literatura del país, merecería transcribirse íntegramente, pero, en obsequio de la brevedad, me limito a unos pocos párrafos, que dicen:

«La nueva Constitución, para que satisfaga la expectativa general, *debe en absoluto prescindir de la índole y tendencias características de la que ha desaparecido dejando tras sí prolongada estela de desgracias.* El particularismo enervante debe ser remplazado por la vigorosa generalidad. *Los códigos que funden y definen el derecho deben ser nacionales y lo mismo la administración pública encargada de hacerlos efectivos.* En lugar de un sufragio vertiginoso y fraudulento, deberá establecerse la elección reflexiva y auténtica; y llamándose, en fin, en auxilio de la cultura social los sentimientos religiosos, *el sistema de educación deberá tener por principio primero la divina enseñanza cristiana, por ser ella el* alma mater *de la civilización del mundo.* Si aspiramos a ser libres es preciso que comencemos por ser justos. El campo de acción de cada individuo tiene, por tanto, límites obligado en el campo de acción de los otros y en el interés procomunal. *La imprenta debe, por lo mismo, ser antorcha y no tea, cordial y no tósigo; debe ser mensajera de verdad y no de error y calumnia porque la herida que se hace a la honra y al sosiego es con frecuencia la más grave de todas.* Las sociedades que organizan las facciones sin escrúpulos, para intimidar por la audacia y el escándalo al mayor número, que siempre se compone de ciudadanos pacíficos, *no ejercen derecho legítimo, si no que, por el contrario, vulneran el de los demás. El amplio comercio de armas y municiones es estímulo constante dado a la guerra civil en países donde ha hecho corto camino la noción de orden.* Se cae de su peso el que la palabra deja de ser inocente cuando se convierte en agresiva. *Justicia y libertad son, pues, entidades armónicas.* En este sencillo principio debe exclusivamente fundarse la definición de los derechos individuales. *La realidad de tales derechos es cosa muy diversa de su teórica enunciación con más o menos énfasis.* La Constitución que ya termina su procelosa carrera *declaraba inviolable la vida humana, y sin embargo no hemos tenido una época más fértil en asesinatos y matanzas colectivas que ese período de veintidós años transcurridos desde 1863, fecha de su promulgación. La tolerancia religiosa no excluye el reconocimiento del hecho evidente del predominio de las creencias católicas en el pueblo colombiano.* Toda acción del gobierno que pretenda contradecir ese hecho elemental, *encallará necesariamente, como ha acallado en efecto, entre nosotros,* y en todos los países de condiciones semejantes. *Reemplazar la anarquía por el orden es, en síntesis estricta, lo que de vosotros se promete la república. Estad seguros de que la ratificación del nuevo Pacto de Unión será tanto más voluntaria cuanto mayor sea el esfuerzo que hagáis a fin de que él, como su nombre lo presupone, sea generador de concordia y progreso, en vez de desconcierto y ruina.* A los tiempos de peligrosas quimeras *deben suceder los de austero culto a la inexorable verdad que no se puede infringir impunemente»* [subrayo].

El Consejo procedió a expedir un Acuerdo que en su primera parte contiene las Bases de la reforma proyectada, y en la segunda el procedimiento que se debía seguir para la expedición de la nueva Carta, consistente en someter dichas Bases a la aprobación del Ejecutivo y de las Municipalidades. Aprobadas por la gran mayoría de éstas, el Consejo Nacional inició en febrero de 1886 la redacción del texto de la Constitución, que fue adoptado el 4 de agosto y sancionado al día siguiente por el encargado del poder Ejecutivo, general José María Campo Serrano, en calidad de designado.

La nueva Constitución, de acuerdo con las Bases aprobadas por las municipalidades, reconstituyó la nación colombiana en forma de *república unitaria, declarando que la soberanía reside esencial y exclusivamente en la nación y eliminando la de los Estados o regiones, a las cuales se les dio cierta autonomía en materia económica o administrativa.* La nueva organización se montó sobre la tesis con que Núñez superó el viejo antagonismo entre centralistas y federalistas, consagrando la centralización política y la descentralización administrativa. *La primera consiste en la unidad de la legislación, expedida por el Congreso para todo el país y en la existencia de un solo ejército, dependiente del Ejecutivo y en atribuciones eficaces de éste para mantener o restablecer el orden público.* Por medio de la segunda dio facultad a los departamentos para manejar sus rentas y gastos por Asambleas de diputados elegidos popularmente en su región. Es evidente que se ha cumplido la primera parte de la fórmula. No así la segunda, en la cual no sólo no hemos avanzado, sino que, inclusive hemos retrocedido, acentuando la centralización administrativa. No es éste el momento de analizar las causas de ese incremento del centralismo, porque sería demasiado largo, sino decir que el país, antes de que se acentúe una reacción de las regiones que llegue a comprometer la unidad nacional, debe abocar con seriedad una reforma que haga efectiva la deseada descentralización. Por fortuna en los últimos años en los Congresos se han dado pasos importantes en ese sentido.

La nueva Constitución, además, amplió los períodos del presidente y del Congreso, que la Constitución anterior había reducido a dos años, con la consiguiente agitación que produce la celebración tan frecuente, prácticamente anual, de elecciones populares. Consagró todos los derechos, garantías y libertades esenciales de los ciudadanos con las razonables limitaciones que imponen la conservación del orden y el bien común. Declaró que la Religión Católica, por ser de la casi totalidad de los colombianos, merece un status especial y reconoció a la Iglesia personería jurídica, no proveniente del Estado. Consagró la libertad de conciencia al disponer que nadie será molestado por sus opiniones religiosas ni obligado por autoridad alguna a profesar creencias ni a observar prácticas contrarias a su conciencia, y permitió así mismo el ejercicio de todos los cultos que no sean contrarios a la moral cristiana y a las leyes. Y finalmente estableció un sistema lógico y práctico de reformas de la Constitución por medio de actos legislativos o leyes aprobadas en dos legislaturas por mayoría especial. O sea que eliminó el absurdo requisito de que la reforma, como en la Carta anterior, tenía que ser ratificada por el Senado en forma unánime, teniendo cada Estado un voto. Lo cual significaba que si dos senadores de un mismo Estado votaban en contra, no quedaba aprobada. Por eso se dijo que los constituyentes de Rionegro hicieron una constitución utópica, inadecuada para el país y prácticamente irreformable.

Con las disposiciones que he mencionado muy sintéticamente la nueva Carta corrigió los errores más graves de la anterior, a saber: el excesivo federalismo, que puso en peligro la unidad nacional; el excesivo individualismo que, al reducir el gobierno a la impotencia, impidió el mantenimiento del orden y facilitó la anarquía; el extremado laicismo, llevado hasta la hostilidad contra la

Iglesia, que en un país de casi unanimidad católica significó el desconocimiento de derechos fundamentales de los colombianos y creó una situación de injusticia y permanente malestar; y finalmente la absurda pretensión de mantener intacta la organización constitucional, haciendo casi imposible sus reformas.

El movimiento o la alianza que llevó a cabo la reforma de 1886 quiso, para dar respaldo perdurable a ésta, convertirse en un nuevo partido, el partido Nacional, cuyo programa se denominó la Regeneración, pero a fines de la década siguiente entró en liquidación, pues la mayoría de sus miembros regresaron o ingresaron al Conservatismo y una fracción menor volvió a las toldas radicales, que recuperaron el nombre de liberales y que eran en realidad las que se habían opuesto a las ideas y a la persona de Núñez.

Visto en las líneas anteriores el proceso de nuestro derecho constitucional hasta su culminación en la Carta de 1886, que con las naturales reformas exigidas por el paso del tiempo estuvo vigente por más de cien años, cabe preguntar cuál es la razón de su perdurabilidad, excepcional en un pueblo joven, como son los de América Latina. En primer término porque esa carta, al superar el viejo antagonismo entre centralistas y federalistas y al corregir, como se explicó, las grandes fallas de la anterior, logró estructurar unas instituciones que corresponden a la índole de la nación y que resultaron por ello ajustadas a la realidad. De ahí que se haya mantenido vigente durante una centuria y que con ella hayan gobernado, separada o conjuntamente, los dos partidos históricos.

En segundo lugar porque el país, después de los primeros setenta años de ensayos y vacilaciones, logró cierto grado de madurez que le permitió superar la tentación de los continuos cambios y comprender que, habiendo encontrado instituciones adecuadas, lo lógico era conservarlas en lo fundamental e ir modificándolas pausadamente, cuando nuevas circunstancias así lo exigieran. Prueba de ello es la prudencia y el tino con que los dos partidos acometieron las reformas que pedían uno de ellos o ambos. Así lo hicieron el conservatismo en 1910 y el liberalismo en 1936.

En 1909 se formó otra alianza de los partidos históricos, llamada Unión Republicana, con el propósito de derrocar al general Rafael Reyes que, aunque elegido constitucionalmente, había disuelto el Congreso, creando una Asamblea constituyente y legislativa con diputados no elegidos popularmente y convertido el gobierno en algo muy personal y autoritario. Ese movimiento, que también trató de convertirse en nuevo partido, el partido Republicano, de duración efímera, logró el retiro del presidente, la restauración de la normalidad institucional, la elección de los presidentes González Valencia y Restrepo y la reforma constitucional de 1910.

El Concordato de 1887 y la situación matrimonial del presidente Núñez

En el diario *El Espectador*, con el título de «Urgencias e intrigas del Concordato», la excelente columnista Silvia Galvis ensaya una explicación o teoría sobre la causa u origen del Concordato de 1887. Después de recordar las conocidas críticas y ataques del radicalismo, sostiene que tal pacto se gestionó para arreglar o regularizar la situación matrimonial del presidente Núñez. Nada más inexacto, pues ésta no era susceptible de arreglo por medio de convenios o tratados internacionales, como bien lo sabía el jefe del gobierno. Basta recordar lo ocurrido en el siglo XVI con el caso de Enrique VIII de Inglaterra, uno de los monarcas más poderosos de la tierra. No obstante su creciente presión sobre el Pontífice, éste no accedió ni podía acceder a la disolución del matrimonio que el rey había celebrado antes con Catalina de Aragón, que aún vivía, como requisito para contraer otro con Ana Bolena, atractiva dama de su Corte. Y en esa actitud se mantuvo con firmeza, a pesar de que ésta se iba a utilizar y se utilizó como razón para separar de la obediencia del Papa y de la Iglesia a ese importantísimo reino. Con lo cual adquirió fuerza la rebelión que, por otros motivos, había iniciado Lutero en Alemania y que alejó del catolicismo a media Europa.

La realidad es que el Concordato se buscó y acordó con el primerísimo objeto de regularizar las relaciones de la Iglesia con un país, como el nuestro, de abrumadora mayoría católica, tranquilizar la conciencia de los colombianos perturbada por las medidas de hostilidad y persecución de los años anteriores, y hacer a aquélla (la Iglesia) una justa reparación por el despojo de que la había hecho víctima el general Mosquera. Ninguna otra consideración de carácter personal movió al gobierno de entonces para emprender esa negociación y lograr el consiguiente convenio.

Otra cosa muy curiosa en el artículo de la señora Galvis es la afirmación de que el doctor Carlos Holguín, cuando era ministro plenipotenciario en España, había propuesto al cardenal Rampolla, nuncio apostólico en ese país, que el problema del doctor Núñez se arreglara por medio de una bula papal similar a la que se había empleado en el caso del emperador Napoleón para facilitar su segundo matrimonio con María Luisa de Austria. Este aserto, además de extravagante, parece casi inverosímil, pues en el caso del emperador francés no había de por medio la existencia de un vínculo religioso anterior, y por tanto no existía problema en que tuviera que intervenir la Iglesia. Es bien sabido que Napoleón, poco después de la Revolución Francesa, contrajo matrimonio con Josefina, obviamente por lo civil, y años más tarde, a fines de la primera década del siglo XIX, se divorció de ella, también por lo civil. Nada, pues, tenía que hacer la Iglesia en este asunto, pues él estaba libre para contraer segundas nupcias, ya por lo católico o por lo civil. De donde se sigue que la referida bula papal probablemente no existió, por innecesaria e inadecuada al caso, y más increíble sería que un hombre erudito y sagaz como don Carlos Holguín hubiera creído ingenuamente ese cuento y pretendido invocar solución similar para un caso tan distinto.

No sobra recordar a la señora Galvis que el problema del doctor Núñez sólo podía solucionarse y se solucionó con el fallecimiento de su primera esposa, doña Dolores Gallego, con quien se había casado en Panamá católicamente en 1857, y de quien se había divorciado años después, de acuerdo con la legislación vigente entonces. Por lo cual sólo al fallecer aquélla, en 1889, pudo contraer matrimonio católico con doña Soledad Román. Recuérdese, a este respecto, la tarjeta en que ellos comunicaron a sus amistades que habían «elevado a la dignidad de sacramento el matrimonio que, de acuerdo con la ley colombiana, habían celebrado en 1877».

TERCERA PARTE

El general Rafael Reyes. Expediciones al sur y actuación en las guerras de 1885 y 1895

El general Rafael Reyes, que nació en Santa Rosa de Viterbo en 1849, se trasladó a los diecisiete años a Popayán, donde Elías, su hermano mayor, había establecido un negocio de comercio. Con la colaboración del menor, primero como dependiente y luego como socio, la empresa extiende rápidamente su acción a otros lugares del sur. Además del interés económico, al joven Reyes lo anima el deseo de conocer cada día más partes del territorio nacional. Es así como recorre el macizo de los Andes y las zonas más altas de las cordilleras Occidental y Central. Años más tarde recorrerá esta última hasta los límites de Antioquia. Movido por ese doble impulso, propone a Elías y a sus hermanos Enrique y Néstor, que también se habían trasladado a Popayán, atravesar la cordillera hacia el oriente, emprender la colonización en el Putumayo y en la región amazónica y explotar la quina, que se consideraba entonces como uno de los más promisorios renglones de exportación. Tras de ingentes esfuerzos y preparativos la expedición sale de Pasto y, después de hacer un trayecto a caballo, debe continuar a pie pues las condiciones del camino, que por el invierno ha desaparecido prácticamente, no permiten otro medio. En esas difíciles condiciones, superando constantes y gravísimos peligros provenientes de las fieras y de algunas tribus indígenas todavía antropófagas, van avanzando hacia el bajo Putumayo, para continuar por el río Amazonas hasta Belén del Pará. Luego Reyes y algunos de sus compañeros se trasladan a Río de

Janeiro, donde el emperador Pedro, que tenía vivo interés por la colonización, lo acoge cordialmente y le ofrece apoyo. Reyes no lo acepta porque desea que la empresa que tiene en mente sea completamente colombiana. A ese barco que allí adquiere da el nombre de *Tundama*, en recuerdo y homenaje de su provincia natal. Después de algunos años de relativo éxito, no obstante las abrumadoras dificultades, el precio de la quina empieza a decrecer en los mercados internacionales y por ende la prosperidad de la empresa. A lo cual se agregan dos inenarrables desgracias que sumen a Reyes en el más profundo abatimiento y lo obligan poco después a regresar al interior: la muerte de sus hermanos Enrique, víctima de las fiebres, y Néstor, devorado por una tribu antropófaga.

Estos empeños, que en definitiva no dieron a Reyes y a sus hermanos la fortuna que esperaban y merecían, constituyeron, en cambio, invaluable servicio al país, pues gracias a ellos se incorporaron a la actividad nacional vastas y ricas regiones, antes ignoradas, se reconocieron más de cerca nuestras fronteras y los problemas limítrofes y se abrió la posibilidad de seguir avanzando y hacer menos teórica y más efectiva la soberanía nacional.

Vuelto Reyes al interior del país tiene destacada actuación militar en la guerra de 1885. En los primeros meses de ese año entró al servicio como comandante de la cuarta división del ejército del Cauca, encargada de impedir que las fuerzas rebeldes de ese Estado se unieran con las de los revolucionarios de Antioquia, pero para ello era preciso atravesar el río Cauca y atacarlos en la otra orilla. Como desafortunadamente las embarcaciones estaban en poder de los rebeldes, hizo una balsa de guaduas y en ella, con pocos hombres y otros a nado, logró a la madrugada desprender de la orilla opuesta las canoas del adversario. Cuando éste se dio cuenta y empezó a disparar sobre el río, a oscuras, ya Reyes y sus hombres bajaban la corriente, y más tarde lograron cruzarlo y sorprender al enemigo, desconcertándolo y desmoralizándolo.

Después de este éxito, obtuvieron otro en Roldanillo y participaron en el triunfo del general Payán en la batalla de Santa Bárbara de Cartago sobre 3.800 invasores antioqueños. En esa acción Reyes fue ascendido a general.

Cuando se disponía a regresar a Popayán recibió telegrama del presidente Núñez, confiándole la misión de llevar una división del ejército a Panamá, donde los revolucionarios se habían apoderado de la línea del ferrocarril transoceánico e incendiado a Colón, dando ocasión a que los marinos norteamericanos ocuparan parte de ese Estado, amparados en la facultad que les daba el tratado de 1846 de garantizar, en defecto del gobierno colombiano, el libre tránsito por esa vía.

En cumplimiento de esa casi imposible misión llegó apresuradamente a Buenaventura, donde encontró muy desmoralizada la guarnición de la plaza, que sería la base de la expedición, y carencia absoluta de embarcaciones, pues sólo estaba la cañonera *Boyacá*, recién escapada del istmo y cuyo cupo de transporte era limitadísimo. Su obra empezó por restablecer la disciplina de la tropa y buscar o inventar otros medios de transporte. En ese empeño divisó en la bahía, sobre un banco de arena, el casco olvidado del viejo *Guayaquil*, cuyas máquinas habían dejado de moverse a impulso del vapor y ahora estaba convertido en pontón para depósito de carbón de los barcos que llegaban al puerto. Reyes pensó entonces que si no era posible hacer funcionar su maquinaria, podría ser arrastrado a remolque por la cañonera *Boyacá*. Aunque parecía temerario remolcarlo con 400 hombres a bordo, a través de 500 millas de mar, valía la pena intentarlo, y puso manos a la obra, con sus acostumbradas actividad y energía. Pero el jefe titular de la expedición no era él sino el general de división Miguel Montoya, a quien había que empezar por convencer. No obstante sus prudentes dudas, éste aprobó el proyecto y terminó como los demás viendo en Reyes al verdadero conductor de la expedición. Después de intenso trabajo para completar la preparación del pontón y de la cañonera, el 24 de abril la expedición se lanzó al mar. Al siguiente día la falta de agua empezó a torturar a la tropa y tuvieron que entrar a la ensenada de Utría, donde estuvieron hasta la noche. Al zarpar de nuevo los cables empezaron a ceder y romperse, ocasionando nueva demora, que logró superarse con la recursiva habilidad del jefe. El 27 ocurre una discusión y un conato de rebeldía en los marineros pero Reyes mete al calabozo a los más revoltosos y domina el motín. Al atardecer comienza a divisarse la ansiada isla de Taboga, donde echan ancla a las 8 de la noche. Naturalmente les llega el alivio y de nuevo la esperanza. Pero queda el interrogante de atracar en Panamá. En la mañana del 28 una pequeña embarcación americana se acerca a la *Boyacá* y entrega el general Montoya una nota en que los jefes de las fuerzas de ocupación le advierten que no les permitirán desembarcar en el único muelle que existía entonces en la ciudad, lo cual significaba casi una sentencia de muerte para ellos y un reto a las fuerzas legítimas del gobierno.

Reyes decidió entonces dirigirse al muelle y manifestó al almirante que el territorio que él ocupaba era colombiano y que, conforme al referido tratado de 1846, el gobierno americano tenía la obligación de garantizar el tránsito del istmo mientras llegaban fuerzas colombianas a reemplazar las suyas, y que preferirían morir atacando sus cañones y defendiendo el honor y los derechos de Colombia que perecer de sed. El almirante comprendió que no se trataba de salvajes, les tendió la mano y autorizó su inmediato desembarco. Lo hicieron enseguida y la banda americana tocó el himno colombiano y saludó la bandera nacional. En los días siguientes las fuerzas norteamericanas desocuparon el istmo y las de Reyes restablecieron las autoridades civiles y militares.

Panamá y Colón eran las ciudades colombianas más populosas, comerciales y conocidas en el exterior, pues su importancia había aumentado con los trabajos del Canal y su vida económica tenía la agitación propia de las épocas de inflación. Pero la inmensa ola inmigratoria había disminuido a causa de las pérdidas económicas producidas por el incendio de Colón, con el natural desprestigio como pueblo bárbaro. El hecho se había producido cuando, en ausencia del general Santodomingo Vila, presidente del Estado, ocurrió el alzamiento del general Azpurúa, rodeado de facinerosos, entre los cuales estaba el demagogo cartagenero Pedro Prestán.

En reemplazo del general Santodomingo Vila quedó el general Carlos J. Gónina, en cuya ayuda llegó el 29 de marzo el general Ramón Ulloa, quien siguió a Colón en tren expreso con 150 hombres a librar la ciudad de revolucionarios y facinerosos que actuaban al mando de Prestán y otros del estilo, que habían cometido toda clase de excesos, como la prisión del cónsul de los Estados Unidos y del teniente de una fragata de guerra americana. El general Ulloa atacó a los revolucionarios en la madrugada del 31, y cuando se vieron derrotados incendiaron la ciudad, reduciéndola a escombros. La voz pública señaló a Prestán como autor del incendio, que empezó a un mismo tiempo por los cuatro puntos cardinales y que él mismo había anunciado. La infantería de marina norteamericana desembarcó y tomó posesión de la ciudad en ruinas.

En primer término era preciso obtener la rendición de Azpurúa, que tenía gran influencia y amistades importantes, pero Reyes logra ocupar la zona del Canal y Colón y sustituye las fuerzas americanas de ocupación. El citado Pedro Prestán, el haitiano Antonio Petricelli y el jamaicano Jorge Davis, según testimonio de muchos habitantes de Colón y de los cónsules extranjeros, con la tea en la mano arrojaban petróleo en una ciudad construida en un noventa por ciento en madera. Sus moradores quedaron en la ruina. Reyes decidió negar beligerancia a los incendiarios, para que no quedaran cubiertos por el derecho internacional y se pudiera sancionar a los responsables del desastre, antes de que lo hicieran los marineros americanos. Declaró entonces que se trataba de un delito común y obtuvo del almirante la entrega de

Petricelli y Davis («Cocobolo»), que fueron juzgados por un consejo de guerra verbal, condenados como malhechores y ahorcados el 6 de marzo ante los cónsules extranjeros y 4.000 personas «que pedían justicia». Prestán logró huir a Cartagena e incorporarse en las fuerzas rebeldes que sitiaban la ciudad, pero cuando éstas fracasaron en su intento fue apresado, llevado a Colón, juzgado y ejecutado el 18 de agosto. Cuando ya Reyes regresaba por el Magdalena, Petricelli acusó a Prestán en una carta que dice: «Muero por los hechos ocasionados por el incendio de Colón. Aunque estoy en la tumba, hágame el favor de quitar de las ideas de la población de Colón que usted no es el autor del crimen. Ya me había yo rendido a las tropas del gobierno a la 1:00 p.m., y usted puso fuego a las 2:00 p.m. Muero como un soldado, pero usted lo sabe muy bien, por causa *(sic)*, es decir, por usted. Mi familia queda sobre la tierra; he sacrificado mis bienes por usted».

Por odio a Núñez y a Reyes los opositores radicales hicieron de Prestán un héroe, víctima de un gobierno tiránico y sanguinario, pero bien pronto se impuso la voz de la verdad y la justicia. El *Star and Herald* dijo el 12 de marzo: «Hay casos en que la pena capital es necesaria, casos en los cuales no existe ley ni constitución que puedan amparar a seres que por sus hechos se han asemejado a bestias feroces. Prestán y con él sus cómplices se hallan en este caso: no tienen derecho de ampararse en una ley o una Constitución que han violado al cometer un crimen tan inaudito».

Contra la aureola que el sectarismo quiso dar inicialmente a Prestán, hubo valiosos conceptos de eminentes prohombres liberales que condenaron sin rodeos el criminal incendio. Entre ellos merecen destacarse los del maestro Sanín Cano, don Enrique Cortés y el general Sergio Camargo.

Despejado así ese gravísimo peligro, inclusive de carácter internacional, Reyes da paso decisivo al triunfo de la legitimidad y el advenimiento de la paz. Lograda ésta, se reúne el 11 de noviembre de 1885 el Consejo Nacional de Delegatarios que ha de expedir la nueva Constitución. A él presentó Reyes, como diputado por el Estado del Cauca, un proyecto de constitución federalista, preparado por don Sergio Arboleda, que no es acogido porque el Consejo se inclinó por el que elaboró una comisión de su seno, orientada sabiamente por don Miguel Antonio Caro. Sin embargo, la voz de Reyes es siempre escuchada con respeto y atendidas algunas de sus opiniones.

Hacia 1890 un grupo de miembros del antiguo partido conservador (en ese momento partido nacional, en el gobierno) empezó a formular reparos a la Constitución de 1886 y al gobierno presidido por el designado, doctor Carlos Holguín. Tal grupo, para diferenciarse del que predominaba en la Administración, tomó el nombre de conservatismo histórico o «historicismo», y rodeó al general Marceliano Vélez en su aspiración, primero a la designatura y luego a la presidencia. Ese distanciamiento se hizo definitivo en 1891, con ocasión de la elección para el período de 1892-98, cuando las dos corrientes del partido de gobierno lanzan la candidatura presidencial del doctor Rafael Núñez, pero discrepan en la de vicepresidente, ya que la más cercana a la administración acogió la de don Miguel Antonio Caro, y los «históricos» la del nombrado general Vélez. Es preciso recordar que éstos últimos cometieron el gravísimo error de combatir la Constitución recién expedida y la orientación del doctor Núñez, que coinciden con los puntos fundamentales del pensamiento y del programa tradicional del partido conservador, aunque él, Núñez, no hiciera parte de éste; y en el empeño de diferenciarse, a medida que avanzaba la campaña, arreciaron sus críticas a la obra de la «Regeneración» y de su jefe, que se vio obligado a manifestar que, por razones ideológicas, no podía participar en una fórmula electoral con el general Vélez. Entonces los seguidores de éste lo proclamaron candidato a la presidencia y al poeta José Joaquín Ortiz a la vicepresidencia. En las elecciones triunfó por abrumadora mayoría la papeleta Núñez-Caro, y como el primero manifestó que no tomaría posesión y seguiría en su retiro de Cartagena, asumió el gobierno el señor Caro y lo ejerció durante todo el período, con excepción de un breve retiro de cinco días en 1896, en que fue reemplazado por el designado, general Guillermo Quintero Calderón. Como el vicepresidente era el autor principal de la Constitución, no veía con buenos ojos y no concebía que pudiera intentarse una prematura reforma de ella, como lo deseaban y sugerían los «históricos». Ese distanciamiento se fue acentuando día tras día, hasta culminar en el documento titulado *Motivos de disidencia*, de 1896, más conocido con el nombre de *Manifiesto de los 21*, por ser éste el número de quienes lo suscribieron. Allí propugnaron por una atenuación del régimen presidencialista, reduciendo sus poderes, y del centralismo que caracterizaba la Constitución, y criticaron con acerbia las prácticas administrativas de los dos últimos gobiernos.

También es preciso recordar que mientras el grupo «histórico» hacía firme oposición en la prensa y en el Congreso, el liberalismo, o mejor el radicalismo, se solazaba con esta situación, estimulaba a los nuevos opositores y, de acuerdo con su manía tradicional, acariciaba la idea de un próximo alzamiento para alcanzar el poder. Y, por fin, vio llegada esa oportunidad en enero 1895. En desarrollo de esos preparativos se produjeron graves incidentes contra la fuerza pública en la plazuela de las Nieves, de Bogotá, en Facatativá y en El Corso, donde destruyeron el puente del Ferrocarril de la Sabana y se fortalecieron en La Tribuna, una elevación montañosa un poco adelante de Facatativá, cuyo dominio permite controlar la comunicación de la capital con el río Magdalena. En esa posición estratégica los revolucionarios esperarían refuerzos ofrecidos del Tolima, de Santander y de Venezuela. En la mañana del 29 de enero el general Reyes, al mando de importante destacamento, atacó con vigor esa posición, que estaba al mando del general Siervo Sarmiento, y se trabó feroz combate. Allí estuvo Reyes en gran peligro, pues un revolucionario, conocido como el «Cojo» Soto, se dedicó a dispararle, pero con mala suerte para éste, el tiro que parecía definitivo mató la cabalgadura de Reyes y éste se salvó. A la una de la tarde ya era completamente dueño de la situación y el general Sarmiento se vio obligado a huir hacia el Magdalena. Reyes lo persiguió hasta Villeta y Honda y el 9 de febrero se entrevistó con él en Ambalema, donde se entregó, mediante una generosa capitulación que le concedió el vencedor. Liquidada así la revolución en el centro del país, Reyes viajó a la Costa para conocer y controlar la situación. En Cartagena recibió telegrama del general José Santos, gobernador de Santander, en que le comunica el nuevo alzamiento del radicalismo y la invasión de tropas auxiliares venezolanas. Entonces Reyes, con la celeridad que lo caracteriza, recorrió en diez días 1.900 kilómetros, organizó dos ejércitos y el 25 desembarcó en Puerto Nacional para unir su ejército al que el general Santos había preparado en Santander e impedir la reunión de los dos ejércitos de liberales y venezolanos que pretendían llegar a Bogotá: el comandado por el general José María Ruiz, que entró por Cúcuta, y el del general Campo Elías Gutiérrez, que hizo su ingreso por Arauca y se colocó en el Cocuy. Como al llegar a Bochalema supo Reyes que Ruiz había pasado por allí dos días antes, decidió alcanzarlo a marchas forzadas, atravesando el páramo para impedir su reunión con el de Gutiérrez. Éste se dirigía a Capitanejo y aquél a Málaga, separados estos dos pueblos por 35 kilómetros.

Ruiz se detuvo un día en Málaga y luego siguió a Capitanejo, seguro del triunfo que veía inminente. En el camino oyó disparos que no le preocuparon porque creyó que se trataba de alguna acción menor de los «pozanos», guerrilleros adictos al gobierno, y continuó su camino. Más adelante lo alcanzó el oficial Soler con la noticia casi inverosímil de que Reyes estaba ya en Enciso. Allí se trabó un violento combate, que estuvo indeciso varias horas, hasta cuando Reyes dio orden al «general» Pedro J. Berrío, que era apenas coronel, de recuperar el terreno perdido. Así lo hizo éste, instalando en la plaza del pueblo la única ametralladora que tenía el ejercito oficial, con la cual logró cambiar la situación. Entonces Ruiz se dirigió a Capitanejo, de donde había salido Gutiérrez y, por increíble error, estos dos socios se atacaron en el camino y se aniquilaron mutuamente. Así la revolución quedó liquidada en menos de dos meses, con asombro del país, tanto por la eficacia de Reyes como por la generosidad de la capitulación que ofreció a los vencidos. Reyes siguió en marcha triunfal hacia Bogotá, donde se le tributó una verdadera apoteosis. Se le hicieron múltiples regalos y el ofrecimiento, por un rico propietario, de una valiosa hacienda, que él agradeció y rechazó. El Senado aprobó muy elogiosa proposición, sobre la cual el senador Uribe Uribe manifestó que no podía aprobarla por su condición de vencido, pero tampoco negarla, por su reconocimiento a la nobleza y generosidad del vencedor.

Como era natural, a raíz de tan clamorosos éxitos se empezó a hablar de su candidatura a la presidencia, que parecía apenas obvia por razón de su demostrada eficiencia, capacidad administrativa, don de mando e inmenso prestigio. Desafortunadamente la creciente polarización de los grupos del partido gobernante imposibilitaron su acogida. Poco después fue nombrado ministro de Gobierno. En ese despacho estuvo muy preocupado por el notorio acercamiento del partido liberal al general Eloy Alfaro, presidente del Ecuador, que presagiaba ayuda de éste para un nuevo alzamiento de los recientemente vencidos. Pero también, en su condición de ministro, propugnó por una reforma que garantizara la participación de todos los partidos en los cuerpos colegiados, preludio de la «representación de las minorías» que se realizará, en su propio gobierno, nueve años más tarde.

En esa misma época, el presidente Caro, «para salvar la intangibilidad de la Constitución», concibió la idea de su reelección, aprovechando la norma de aquélla según la cual si el jefe del Estado se retiraba dieciocho meses antes de la terminación de su período, podía ser elegido en el siguiente. Y, en efecto, en marzo de 1896 encargó del Ejecutivo al ya mencionado general Quintero Calderón, y se retiró a la vecina población de Sopó. Pero cuando éste constituyó su gabinete y designó en el ministerio de Gobierno a don Abraham Moreno, el señor Caro se alarmó por estimar que, por tratarse de la persona más cercana al general Marceliano Vélez, se abría el camino para las reformas que prohijaban los «históricos», y pidió se lo reemplazara. Pero como el designado no accedió a esto, el señor Caro decidió reasumir el mando y lo hizo cinco días después. Como por esta razón quedó descartada su posible reelección, concibió una alianza con el liberalismo para elegir como presidente al doctor Antonio Roldán, «nacionalista», y como vicepresidente al prestigioso general liberal Sergio Camargo, *«con el compromiso de gobernar con la Constitución»* [subrayo]. Aunque parezca increíble, el liberalismo, dando muestras otra vez de su ceguera política, rechazó la propuesta y reanudó su encontrada oposición.

Fracasadas la reelección del señor Caro y la fórmula Roldán-Camargo, prestantísimas figuras de los dos partidos, el presidente propuso las candidaturas del doctor Manuel Antonio Sanclemente y de don José Manuel Marroquín, para presidente y vicepresidente respectivamente. Las malas lenguas creyeron ver allí una jugada habilidosa, basada en la consideración de que como el primero no aceptaría por razón de su avanzada edad (84 años) y precaria salud, y el segundo por su alejamiento de los negocios públicos, destacada vocación literaria y apego a la tranquila vida del campo en su mansión de *Yerbabuena*, el Congreso tendría que elegirlo a él (Caro) como designado para ejercer el poder. Independientemente de esa suspicacia, es evidente que la escogencia no podía ser más desacertada. El doctor Sanclemente era figura destacadísima que había desempeñado con indudable acierto los cargos de magistrado de la Corte Suprema de Justicia, gobernador del Cauca y dos veces ministro de Gobierno, especialmente en épocas tan complicadas como la guerra de 1860, pero dada su situación de edad y de salud era absurdo y desconsiderado exigirle ese sacrificio. Y el señor Marroquín, también de edad avanzada, aunque menor, por su desconocimiento de la administración y del país, y por sus aficiones y temperamento, era contraindicado para gobernar en uno de los momentos más difíciles de nuestra historia. Pero, en efecto, fueron elegidos y, como se había previsto, el doctor Sanclemente se excusó y el señor Marroquín se posesionó el 7 de agosto de 1898. En un primer momento tuvo gran prestigio porque en un mensaje al Congreso apoyó algunas de las reformas que en materia de elecciones y de prensa había venido pidiendo el liberalismo. Este partido organizó en su honor una gran manifestación popular, en la cual llevó la palabra, ante el Palacio Presidencial, don Miguel Samper, candidato liberal a la presidencia en la elección del año anterior y conocido como el «Gran Ciudadano».

Sin embargo, las reformas que empezaban a discutirse en el Congreso preocuparon y aun alarmaron a algunas figuras del «nacionalismo» muy allegadas al señor Caro, que decidieron pedir, aun exigir, al doctor Sanclemente que asumiera el poder, y él, no obstante su natural resistencia, se vio forzado a complacerlos y se encaminó a Bogotá. El anuncio de este paso suscitó aquí gran agitación, pues la Cámara de representantes, donde tenía mayoría el «historicismo», no aceptó la invitación del Senado a reunirse en Congreso pleno para dar posesión al presidente titular. Por lo cual éste tuvo que hacerlo ante la Corte Suprema el 3 de noviembre de ese año (1898), conservando los ministros designados por el señor Marroquín. Desafortunadamente a poco se resintió la salud del presidente, afectada por la altura de Bogotá, y tuvo que fijar su residencia en tierras más bajas y de clima propicio, como Anapoima, Tena y Villeta. Aunque se comunicaba permanentemente con los ministros por telégrafo y éstos enviaban el borrador de los decretos cuya expedición proponían, para que él decidiera, ello ocasionaba demoras y dificultades administrativas, que empezaron a ser comentadas y exageradas por sus adversarios.

Volviendo a Reyes, debe anotarse que en 1897 había sido nombrado ministro plenipotenciario en Francia, donde con la colaboración del secretario de la legación, el gran poeta Guillermo Valencia, desplegó su conocida actividad en la promoción de los intereses del país y en la recuperación de su buen nombre, desmejorado por los recientes escándalos de la quiebra y liquidación de la compañía concesionaria de la construcción del Canal de Panamá, conocidos allá con el desprestigiado mote de *«affaire* Panamá».

En octubre de 1899 Reyes recibió en París un telegrama del gobierno en que se le avisaba que el liberalismo se había lanzado a una nueva guerra y se le pedía que asumiera la comandancia de las armas oficiales. Lleno de asombro, al recibir el mensaje exclamó: «¿Otra vez? ¿Hasta cuándo?» Con su mentalidad realista y moderna no concebía que el país siguiera desangrándose y arruinándose con esta locura de las revoluciones, que seguían aplazando la deseada era de desarrollo y de progreso. No se consideró obligado a asumir el cargo que se le ofrecía y siguió un tiempo en la legación, pero en 1901 viajó a México para representar a Colombia en la Segunda Conferencia Panamericana, donde tuvo destacada actuación con su iniciativa de comunicar a las Américas con un ferrocarril que partiendo del Canadá atravesara Centroamérica y los países bolivarianos para terminar en Chile y Argentina, y que este proyecto se complementaría con otro suyo sobre integración fluvial de Suramérica, comunicando afluentes del Orinoco con afluentes del Amazonas, y éstos con dos importantes ríos de Brasil y luego, por el Paraná, hasta el río de La Plata. Esta iniciativa fue acogida por unanimidad, con la recomendación de que posteriormente se celebrara en Río de Janeiro otra conferencia destinada a promover las investigaciones y estudios necesarios para la realización de esa importantísima obra. Desafortunadamente las dificultades de la época y la primera guerra mundial aplazaron por años su consideración.

La guerra civil de los Mil Días.
El 31 de julio de 1900

La nueva guerra civil, como se dijo, estalló en octubre de 1899, durante el gobierno del doctor Sanclemente, que se preparó a afrontarla. Inicialmente tuvieron éxitos sorprendentes los revolucionarios, como fue el triunfo del general Rafael Uribe en el puente de Peralonso, en diciembre de dicho año, seguidos posteriormente por los esfuerzos del gobierno, que se vieron coronados con su triunfo en la batalla de Palo Negro, que duró quince días, en mayo de 1900. Fue una lucha terrible, con sucesivas derrotas y victorias de ambos contendientes, hasta que al final se impusieron las armas oficiales. El general Uribe, con parte de las fuerzas derrotadas, realizó una hábil retirada hacia el norte y luego se internó en Venezuela, donde recibió auxilios del presidente Castro para regresar al país y reanudar la lucha.

El 31 de julio de 1900 un grupo importante del sector «histórico», con la colaboración de parte de la guarnición de Bogotá y del jefe de la Policía nacional, y ante una actitud equívoca del general Manuel Casabianca, ministro de Guerra, organizó y ejecutó un golpe de Estado contra el presidente Sanclemente, a quien apresó y ultrajó en su residencia de Villeta, y elevó al poder al vicepresidente Marroquín. Éste se posesionó esa noche y al día siguiente reintegró totalmente el gabinete con miembros de la corriente que propició el golpe, y dirigió al país un mensaje de tono conciliador y orientado a la búsqueda de la paz. En desarrollo de esta política los ministros de Gobierno y Guerra, de Relaciones Exteriores y de Instrucción Pública, general Guillermo

Quintero Calderón, doctor Carlos Martínez Silva y doctor Miguel Abadía Méndez, iniciaron conversaciones con el jefe o director del partido liberal, el ex presidente Aquileo Parra, para estudiar las posibilidades de un entendimiento para la consecución de la paz. El doctor Parra recibió con entusiasmo esa propuesta y en sucesivas entrevistas las dos partes esbozaron y acordaron fórmulas adecuadas a ese propósito, aunque no exentas de dificultades, como fue la de decidir si a las fuerzas rebeldes que depusieran las armas se les debía conceder amnistía o indulto. No obstante tropiezos como éste, las negociaciones siguieron adelante, con esperanzadoras perspectivas, pero días más tarde una insólita actitud del vicepresidente Marroquín puso fin a ellas. En efecto, hizo saber al doctor Parra que sus interlocutores habían obrado en su carácter personal, sin su autorización, y que en consecuencia no habían podido comprometer ni comprometían al gobierno.

Este fue, entre los varios errores del vicepresidente, el más grave de todos. El país llevaba casi un año de desoladora contienda y anhelaba vivamente encontrar un camino hacia la paz. Si el presidente, al parecer mal aconsejado por el círculo de colaboradores que se adueñó del poder, hubiera respaldado a los tres mencionados ministros, habría prestado al país un inmenso servicio, lavado o purgado los delitos de rebelión y traición y la inconstitucionalidad del golpe de Estado y se habría colocado entre los más insignes gobernantes de Colombia. Desafortunadamente, desoyó la voz del patriotismo y de su propio verdadero interés y con su incalificable conducta hizo posible la continuación, por poco más de dos años, de una guerra devastadora que ensangrentó de nuevo el país y lo dejó en estado de miseria y de ruina. De ahí en adelante la guerra continuó con dos nuevas modalidades, a cual más desastrosa: la guerra de guerrillas en gran parte del territorio, con caracteres de infinita crueldad, y la invasión de tropas venezolanas, ecuatorianas y nicaragüenses, con que los presidentes Castro, Alfaro y Zelaya contribuían fervorosamente al triunfo de la revolución liberal, o sea que en la práctica la «guerrita civil» que durante tanto tiempo acarició ese partido, se convirtió en una guerra internacional de tres países contra el nuestro, agravando las consecuencias de la terrible lucha y suscitando delicados problemas de orden internacional, especialmente por haber llevado la revolución a Panamá y dado pretexto a la intervención de fuerzas estadounidenses en el istmo.

Tras de largo batallar, que agravaba más y más la dolorosa situación de los colombianos, los jefes liberales comprendieron a fines de 1902 que no podrían lograr la caída del gobierno y que era más patriótico y conveniente llegar con él a un arreglo pacífico. Y efectivamente, el general Uribe Uribe suscribió en octubre de ese año el Tratado de Neerlandia, en el departamento de Magdalena, y el general Benjamín Herrera, el 21 de noviembre siguiente, el de *Wisconsin*, a bordo del acorazado norteamericano de ese nombre, surto en la bahía de Panamá. Fue entonces cuando este jefe, en justificación de su conducta, dijo la famosa frase que lo ha distinguido en la historia: «La patria por encima de los partidos».

En el año de 1903 culminaron las negociaciones que nuestro gobierno había venido adelantando con el de los Estados Unidos sobre autorización a éste para subrogarse en la concesión dada a la nueva compañía del Canal de Panamá para continuar y terminar la magna obra. Esas negociaciones concluyeron con la firma del Tratado Herrán-Hay, suscrito en Washington el 22 de enero de ese año y sometido a la aprobación de nuestro Congreso en el mes de julio siguiente. Al llegar al Senado encontró una importante y tenaz oposición, encabezada nada menos que por el ex presidente y senador Miguel Antonio Caro, que señalaba, además de errores o deficiencias en el trámite, algunos puntos de fondo que consideraba lesivos de la soberanía nacional. No obstante las serias y eruditas exposiciones de los ministros de Gobierno, Relaciones Exteriores e Instrucción Pública, doctores Esteban Jaramillo, Luis Carlos Rico y Antonio José Uribe, la oposición se mantuvo en sus tesis y se llegó prácticamente a un *impasse*. Una comisión senatorial a cuyo estudio había pasado el tratado, buscó una solución transaccional mediante reforma de varios artículos, encaminada a modificar los que, por lesionar la soberanía, eran motivo de mayor resistencia. Fue entonces cuando el ministro de los Estados Unidos en Bogotá, señor Baupré, tuvo el atrevimiento de manifestar al Senado que su gobierno esperaba la aprobación del tratado en su texto actual, es decir sin modificaciones, pues de lo contrario los Estados Unidos lamentarían que su Congreso, en el próximo otoño, se viera obligado a tomar medidas que mucho lamentarían los buenos amigos de Colombia. Esta impertinente y absurda declaración fue considerada por el Senado como inaceptable ingerencia en nuestros asuntos internos y grave ofensa a la soberanía y a la dignidad del país y, en consecuencia, procedió a inaprobar, por unanimidad, el susodicho tratado.

Esta decisión, adoptada en agosto, produjo aquí y en los Estados Unidos la más viva impresión por las graves consecuencias que podría traer en un próximo futuro. Y en Panamá la sensación no fue sólo de sorpresa e inquietud sino de la más viva indignación, ya que la mayoría de sus habitantes habían fincado todas sus esperanzas de progreso y bienestar en la realización del deseado Canal, que ahora veían comprometido y prácticamente descartado. Más aun: desde ese momento un grupo de dirigentes locales, en asocio de la compañía del Canal, inició contactos con el gobierno americano para ver la manera de salvar la terminación de la obra. En esas gestiones fue factor decisivo el señor Philippe Buneau-Varilla, súbdito francés y gran accionista de la compañía concesionaria, que veía el peligro de que sus perspectivas de bienestar y riqueza se redujeran a cero, y sugirió a los Estados Unidos que si, aprovechando el descontento ahora acrecido de los habitantes del istmo con el gobierno de Bogotá, Washington apoyaba y financiaba un movimiento separatista, el gobierno de ahí surgido, como nación independiente, negociaría con los Estados Unidos un nuevo tratado, en las condiciones que éstos impusieran. Obtenida esa promesa, y respaldada con el suministro de una suma en dólares para pagar la adhesión de los promotores de la revuelta y comprar la abstención de la guarnición militar colombiana en Panamá, más la presencia de navíos de guerra americanos en las bahías de Colón y Panamá, Buneau-Varilla se aplicó a preparar y controlar todos los pasos del movimiento. Al propio tiempo el gobierno colombiano, informado de los preparativos de éste, decidió enviar desde Cartagena un contingente de tropas, al mando de los generales Juan B. Tovar y Ramón C. Amaya, que desembarcó en Colón el 2 de noviembre del citado año. Cuando éstos solicitaron transporte para seguir a Panamá, el encargado de la compañía del ferrocarril, que también estaba comprometida con los separatistas, manifestó que inmediatamente podían viajar los mencionados generales, pero que la tropa, por falta de suficientes vehículos (carros o coches), sólo podría hacerlo al día siguiente. Y ellos, sin sospechar que la traición estuviera tan adelantada, siguieron solos a la capital del departamento. Allí fueron recibidos por el comandante de la brigada, Esteban Huertas, un mestizo del interior que había sido comprado por los conspiradores, quien los hizo apresar e incomunicar. Los promotores del golpe, ya libres del posible obstáculo, pusieron en movimiento su plan por medio de una manifestación popular contra Colombia y una reunión del Concejo Municipal, o Cabildo Abierto, que proclamó la independencia o creación del nuevo Estado, la república de Panamá, y su solidaridad con los Estados Unidos. Entre las cosas pintorescas de esta revolución, pero importante porque confirma quién fue su verdadero autor, está el cable en que Washington, en la mañana del 3 de noviembre, dijo a su cónsul en Panamá que se tenía noticia de que en esa ciudad había ocurrido un golpe o movimiento revolucionario y le pide que averigüe e informe, y el cónsul se limitó a contestar: «El golpe no ha ocurrido todavía».

Innecesario agregar lo que fue la sorpresa, el estupor y la indignación que la noticia de la separación produjo en el país. Se hicieron múltiples manifestaciones populares de protesta y de ofrecimiento de colaboración al gobierno para someter al departamento rebelde, y aun se organizó una expedición militar que, a través del Darién y no obstante las dificultades casi insuperables de la naturaleza, trataría de recuperarlo. Naturalmente el caso era prácticamente perdido, pues el gobierno de los Estados Unidos reconoció la independencia del nuevo Estado dos días después y envió a Colón cuatro acorazados para proteger al nuevo gobierno.

Vale la pena recordar dos casos de valiosa solidaridad con Colombia: el ministro de Relaciones Exteriores de Argentina, señor García Merú, protestó por el atropello de que éramos víctimas y sugirió alguna manifestación, en ese sentido, de los países latinoamericanos, pero desafortunadamente, por la natural demora en la promoción de esa iniciativa, la mayoría de esos países reconoció también a Panamá. El otro caso fue la significativa abstención del gobierno del Ecuador, que tardó varios años en reconocer el nuevo Estado.

Ante la realidad de los hechos cumplidos, el gobierno integró una importante comisión que viajara a Panamá y a Washington a promover un entendimiento con esos dos gobiernos, y en subsidio, a convencerlos de someter el caso a un arbitramento internacional. De esa comisión hicieron parte el general Rafael Reyes, que la presidía en su condición de presidente electo de la república, y los generales Jorge Holguín, Lucas Caballero y Pedro Nel Ospina. Como no se les permitió desembarcar en Colón, siguieron a Washington, donde tampoco encontraron receptividad en su gobierno. Resolvieron entonces presentar a éste un largo y bien fundamentado «memorial de agravios» que, según la prensa de varios países de Europa y América, «salvó el honor de Colombia y sus derechos sobre el territorio del istmo». Entre los párrafos de ese escrito, de irrebatible dialéctica y altísimo decoro, merece transcribirse éste:

«Los Estados Unidos ayudaron y tuvieron contacto con los insurrectos panameños, enviándoles buques de guerra e impidiendo que las tropas colombianas desembarcaran en el territorio ístmico. Si no hubiese sido por esta circunstancia, el ejército de Colombia, de 10.000 plazas, habría sofocado la rebelión. Y como si esto fuera poco, los Estados Unidos reconocen la nueva república dos días después de su separación de Colombia por un golpe de cuartel, y lo que es más grave, celebran un convenio con esa nueva nación, disponiendo arbitrariamente del patrimonio colombiano, ligado vitalmente a los bienes materiales de la zona del Canal y del ferrocarril de Panamá, y cancelando así, unilateralmente, vínculos jurídicos reconocidos por la jurisprudencia universal, con lo cual se violó el Tratado Mallarino-Bidlak de 1846, según el cual los Estados Unidos deben garantizar la neutralidad del istmo de Panamá (y la soberanía de la Nueva Granada, después república de Colombia). Los Estados Unidos deben, pues, devolver a Colombia el istmo panameño o someter la diferencia al Tribunal de Arbitramento de la Haya».*

Después de este doloroso fracaso, el general Reyes viajó a Francia para tratar de salvar, al menos, las acciones que Colombia tenía en la Compañía Nueva del Canal de Panamá, que estaban en litigio en un tribunal de ese país.

Para el período presidencial 1904-1910 un grupo del partido gobernante había lanzado, como se esperaba y era lógico, la candidatura del general Reyes, pero otro grupo del mismo partido presentó la del doctor Joaquín F. Vélez, ilustre hombre público que había representado a Colombia ante la Santa Sede y suscrito el Concordato de 1887. La campaña electoral se mostró desde el principio muy reñida y equilibrada en cuanto a posibilidades de ambos candidatos. En ella merece mencionarse un hecho conocido en nuestra historia como el «Registro de Padilla». Según la Constitución de 1886, similar en ésto a la mayoría de las que se expidieron en el siglo pasado, la elección de presidente y vicepresidente de la república era indirecta, es decir, que el pueblo no lo hacía directamente sino a través de «electores», que a su vez eran designados por los ciudadanos que supieran leer y escribir o

---

* Eduardo Lemaitre, *Reyes*.

tuvieran una renta anual de quinientos pesos, o propiedad inmueble de mil quinientos. Como estas condiciones no eran muy exigentes, en la práctica eran pocos los ciudadanos que quedaban privados de la facultad de elegir. Dentro del sistema en cuestión se elegían en un día, en cada circunscripción, los respectivos electores, y más adelante éstos procedían a votar por presidente y vicepresidente. En la provincia de Padilla, del departamento de Magdalena (hoy pertenece al de la Guajira), fue elegido elector el general Juan B. Iguarán, indiscutible jefe político de esa región, o lo que hoy llamamos «cacique» o «barón» electoral. Dicho señor, que trataba siempre de seguir la línea del gobierno, se hallaba perplejo porque no había logrado descubrir hacia dónde se inclinaba el péndulo oficial. En esa situación reunió en su casa a los electores de la provincia y obtuvo que ellos firmaran en blanco el correspondiente registro electoral, autorizándolo para llenarlo con el nombre del candidato que él escogiera. Con ese registro en su bolsillo viajó a Barranquilla por algún motivo particular, pero allá, en un entierro, se encontró con el marqués de Mier, el general Diego de Castro y don José Francisco Insignares, todos decididos reyistas, quienes lo convencieron, y al día siguiente el registro electoral de esa provincia dio sus doce votos a la candidatura Reyes, doce más que la de su contendor. Este registro produjo en el país inmensa conmoción, pues el doctor Vélez lo impugnó, consideró que la elección había sido fraudulenta e inválida y en su condición de presidente del Senado y del Congreso, en agosto de 1904, se negó a pronunciar el discurso con que debía dar posesión al nuevo presidente. Y sus seguidores en las Cámaras hicieron a éste tenaz oposición, paralizaron los proyectos del gobierno y lo llevaron a las drásticas medidas que tomó a fines de ese año y a principios de 1905. En realidad el famoso y cuestionado registro no constituyó un fraude típico, pues no cambió los votos de un candidato a favor de otro, pero fue una irregularidad, como la que hoy llamamos clientelismo, en que gran cantidad de electores ignorantes o analfabetos votan por quien les indica el respectivo «cacique» o «barón» electoral.

En realidad nadie parecía más indicado que Reyes para dirigir el gobierno en esos momentos. Su gran conocimiento del país y de sus problemas y su prestigio militar, aunado a un temperamento conciliador y generoso, hacían de él el presidente ideal para superar los enfrentamientos y las pasiones que había dejado la última desastrosa guerra civil, y para crear el clima de entendimiento que hiciera posible una labor conjunta de reconstrucción de la economía y de la administración, tan gravemente quebrantadas. De ahí que su programa se basara en los lemas insustituibles de «Paz y concordia», «Menos política y más administración». Su mentalidad práctica y realista era totalmente ajena a los viejos sectarismos políticos, y comprometida en el fomento del trabajo para alcanzar el desarrollo. Como dijo años más tarde un ilustre ex presidente, «con Reyes entró Colombia al siglo XX».

El día de su posesión, 7 de agosto de 1904, reiteró el referido programa y su invitación a la concordia, y llamó a colaborar al liberalismo, pues en su primer gabinete, de seis ministros, dio dos a ese partido: don Enrique Cortés en Relaciones Exteriores y el doctor Lucas Caballero en Tesoro y luego en Hacienda. Más adelante los más importantes hombres de ese partido entraron a colaborar, ya en los ministerios o en los principales cargos diplomáticos. Entre ellos sus máximos caudillos, los generales Benjamín Herrera y Rafael Uribe.

Preocupado Reyes por el estado de ruina en que se encontraba el país, estudió posibles remedios y los concretó en varios proyectos de ley y de decreto, y pidió al Congreso facultades extraordinarias para afrontar con eficacia y rapidez tan grave crisis. Vio que lo primero que había que hacer era dotar de rentas al gobierno, porque éstas o no existían en la cantidad necesaria o se hallaban reducidas a cero, como la de aduanas, en virtud de la desvalorización de la moneda que agravó la reciente guerra. El proyecto del gobierno era amplio, como tenía que ser, porque sin recursos nada podría hacerse. De ahí que pidiera se lo autorizara para aumentar hasta en un ochenta por ciento la tarifa de aduanas, elevar el impuesto predial al seis por mil y convertir en renta nacional la de degüello; establecer impuestos sobre el tabaco, la exportación de cueros, la importación de sal y organizar el impuesto de timbre y papel sellado y destinar su producto a los gastos de la Junta de Amortización del Papel Moneda. Además, crear un banco autónomo, con el privilegio exclusivo de emitir billetes, mejorar la remuneración de los empleados nacionales, ordenar el crédito público, facultarlo para otorgar préstamos a departamentos y municipios y contratar la continuación de varios ferrocarriles, estancados desde hacia varios años.

Tan pronto se conoció el proyecto, una manifestación de rechazo se produjo en el Congreso. ¿Contratos sin la aprobación de éste? ¿Privilegio de emitir billetes a un banco semioficial? Y ¿nuevos impuestos? Imposible, dijeron, y «no pasará» fue la consigna de la mayoría.

En consecuencia, los debates de las Cámaras empezaron a versar sobre diferentes asuntos, menos el de facultades extraordinarias al Ejecutivo. En el mes de noviembre el proyecto de autorizaciones permanecía estancado y el de presupuesto no llevaba visos de aprobación, a pesar de los esfuerzos del gobierno y de los frecuentes mensajes en que suplicaba que se les diera consideración. Mientras tanto, Reyes se desesperaba preguntándose si el país resistiría tanto tiempo sin resolver la grave crisis que padecía. Considerando varias posibles soluciones, propició una junta en Palacio, que se reunió el 14 de noviembre, en la cual aparentemente se llegó a un acuerdo con los voceros del Congreso. Como resultado de ella retiró el proyecto de autorizaciones y convocó a sesiones extraordinarias, a partir del 30 de ese mes, para considerar únicamente dos proyectos: uno sobre créditos adicionales al presupuesto, y otro sobre arbitrios fiscales, pero esto tampoco se logró, pues en el Congreso no había voluntad de colaboración. El 12 de diciembre el presidente de la Cámara pasó al ministerio de Gobierno una comunicación en que le avisaba que el Congreso estaba prácticamente desintegrado, por ausencia de la mayoría de sus miembros. Esto era no sólo cerrada oposición sino sabotaje y huelga legislativa. Entonces el presidente, al día siguiente, dio por clausurado constitucionalmente el Congreso Extraordinario de 1904.

A este respecto dice Eduardo Lemaitre en su magnífica biografía del general Reyes:

«Naturalmente, mientras los días pasaban, la nación seguía en estado de coma, en una lenta agonía. El presidente, sin elementos legales para conjurar la crisis, veía con desesperación desaparecer o disminuir las posibilidades –que estaban a su alcance– para aliviar la situación del país. Como un Titán prisionero caminaba por su despacho meditando en la triste suerte de su patria, condenada a vivir en la miseria y el dolor por la incomprensión de los demagogos. Pero había que hacer un esfuerzo de paciencia, pues en breve la opinión pública, fatigada de tanta palabrería necia, les daría la espalda. Ya se sentía un hálito de renovación, el deseo de asistir a algo nuevo y grande. Una callada pero poderosa corriente de opinión, integrada por gentes de todos los partidos, socavaba las bases del viejo edificio político y mostraba una movilización renovadora, que Reyes sentía vibrar detrás de sí».*

Poco después un grupo de parlamentarios amigos del gobierno publicó una *Exposición* en la que inculpaba a sus colegas antirreyistas por su labor de obstrucción en las Cámaras. Como respuesta a ella, éstos lanzaron un manifiesto denominado *Exposición necesaria*, en que trataron de justificar su conducta. Reyes estimó que dejar al país sin presupuesto y sin herramientas para

---

* *IBÍDEM.*

afrontar tan graves problemas era un crimen de lesa patria. No debía, por tanto, cobijar la inmunidad parlamentaria a quienes estaban cometiendo ese delito y, en consecuencia, dictó un decreto que confinaba en Mocoa y en Orocué a los firmantes de la segunda referida *Exposición*. Los de Mocoa no llegaron nunca a su destino y muy cómodamente se quedaron varios meses en poblaciones del Cauca y de Nariño, amparados en una tolerante vigilancia de las autoridades. Y los de Orocué tuvieron una especie de agradable veraneo, bañándose en el río (Meta), pescando en sus orillas, celebrando interesantes reuniones de lectura y realizando gratísimos paseos. Pero al cabo de un mes empezaron a cansarse de esa vida y a estudiar un plan de evasión, confiados en que el interior del país estaba indignado con su confinamiento y que era llegada la hora de reaparecer como líderes populares, a la cabeza de una reacción contra la dictadura, y confiando también en que el intendente ejercía con ellos una vigilancia paternal. A fines de marzo todo estaba listo para la fuga, llevando como rehén, hacia Ciudad Bolívar, en Venezuela, al general García Armero, jefe de la guarnición local.

Pero el llamado «tirano» era muy astuto, y sospechó y aun confirmó los planes de ellos. Ocho días antes de que arrancara la expedición, llegó correo de Bogotá para el intendente y para el comandante de la guarnición, con orden de libertad incondicional para los confinados. Varios de ellos regresaron por los ríos Meta y Upía y otros por tierra.

El 1 de febrero de 1905 el gobierno, invocando la labor obstruccionista del último Congreso, las atribuciones del artículo 121 de la Constitución y la opinión del país, «manifestada por la casi totalidad de las municipalidades y de gran número de ciudadanos de todos los partidos», dictó el Decreto Legislativo 29, sobre convocatoria de una Asamblea Nacional que tendría las funciones del Congreso, es decir, constituyentes y legislativas, a la cual sometería los Decretos Legislativos que había dictado y los que dictase en adelante, y le propondría las reformas de la Constitución que estimara necesarias. Dicha Asamblea estaría integrada por tres diputados de cada departamento, designados por los Consejos de Gobierno departamentales, presididos por el respectivo gobernador. Elegidos los integrantes de ella, con representación del liberalismo en una tercera parte, se instaló solemnemente el 15 de marzo siguiente y procedió a expedir diez Actos Legislativos o reformatorios de la Constitución. En la imposibilidad de referirme en detalle a todos ellos, señalaré sus disposiciones más salientes, que implicaron reformas importantes de la Carta.

El Acto Legislativo No. 1 quitó a los magistrados de la Corte Suprema y de los Tribunales el carácter de vitalicios que tenían desde 1886 y les fijó períodos de cinco y cuatro años respectivamente. Esta norma obedeció al temor de que los magistrados, por el referido carácter, se sintieran más libres e independientes para fallar en contra de las objeciones del gobierno a los proyectos de ley.

El Acto No. 2 aplazó hasta el 1 de febrero de 1908 la próxima reunión ordinaria del Congreso. Mientras tanto la Asamblea continuaría ejerciendo las funciones que la Constitución atribuía en sesiones extraordinarias al Congreso y separadamente a sus dos Cámaras. Es decir, sobre las materias que le sometiera el gobierno y cuando éste la convocara.

El Acto No. 3 facultó a la ley para modificar la división territorial de la república, formando el número de departamentos que estime conveniente, sin necesidad de someterse a los requisitos que para ello señalaban los artículos 5 y 6 de la Constitución.

El Acto No. 4 derogó el artículo 204 de la Constitución, según el cual ninguna contribución indirecta ni aumento de impuesto de esta clase empezaba a cobrarse sino seis meses después de promulgada la ley que establezca la contribución o el aumento. O sea que permitió su cobro inmediato.

El Acto No. 5, que es sin duda el más significativo de esa legislatura, dispuso: a) suprimir los cargos de vicepresidente de la república y designado para ejercer el poder Ejecutivo; b) facultar al presidente para designar al ministro que debía reemplazarlo en sus faltas temporales; c) facultar al Consejo de ministros para designar al ministro que deba reemplazar al presidente en caso de falta absoluta de éste, pero en tal evento, el encargado del poder Ejecutivo procedería a convocar la Asamblea Nacional o el Congreso, en su caso, para designar a quien deba reemplazar al presidente por lo que falte del período constitucional, a menos que falte un año o menos para la terminación de éste; d) fijó dos únicos casos de faltas absolutas del presidente: su muerte o su renuncia aceptada; e) dispuso que «el período presidencial en curso, y solamente mientras esté a la cabeza del gobierno el señor general Reyes, duraría una década, que se contaría del 1 de enero de 1905 al 31 de diciembre de 1914». Es decir, que en vez de los seis años para que fue elegido el general Reyes (agosto de 1904 – agosto de 1910), su gobierno se extendería a diez años y medio.

Este Acto Legislativo es sin duda el más importante de los diez que expidió la Asamblea en ese año. En primer lugar, porque al suprimir los cargos de vicepresidente, que elegía el pueblo, y de designado, que elegía el Congreso, dejó la escogencia de quien debía reemplazar al presidente en manos de éste, en un caso, y de los ministros nombrados por él, en el otro. Aun más significativa es la disposición contenida en el ordinal e), pues no sólo contrariaba la norma tradicional que prohibía la reelección inmediata del presidente, sino que, con nombre propio y con cuatro años de anticipación, decretaba la reelección del gobernante en ejercicio. Pero tal vez lo más sorprendente y desconcertante de esta disposición es que haya sido propuesta a la Asamblea por los diputados Quijano Wallis, Benjamín Herrera, Baldomero Sanín Cano, Bernardo de la Espriella y Francisco de P. Manotas, pertenecientes al partido liberal, que hizo una guerra civil para impedir el triunfo de las ideas del presidente Núñez, que inspiraron la Constitución vigente, y que después promovió otras dos guerras (en1895 y 1899) para terminar con dicha Carta que, aunque expedida por un cuerpo constituyente en el cual la mitad de sus miembros procedía de dicho partido, el fijar el período presidencial en seis años fue motivo para que el liberalismo la calificara de autoritaria, dictatorial y monárquica.

El Acto Legislativo No. 6 dispuso que en caso de expropiación de terrenos para construcción de vías de comunicación no hubiera indemnización al propietario, porque en tal evento se suponía que el beneficio que derivan los predios atravesados por la vía es equivalente al precio de la faja de tierra expropiada. Pero si se comprueba que el valor de tal faja es mayor, se pagará la diferencia. Esta norma facilitó y promovió la construcción de carreteras y ferrocarriles, porque eliminó o simplificó largos litigios entre los propietarios y el Estado.

El Acto Legislativo No. 7 modificó y aumentó las atribuciones de las Asambleas departamentales, y el No. 8 igualó el período de senadores y representantes y dispuso como norma permanente lo que con tanta razón se estaba aplicando desde el decreto de convocatoria de la Asamblea, o sea, la representación de las minorías.

El Acto Legislativo No. 9 de ese año sustituyó el artículo 209 de la Constitución, disponiendo que las reformas de ésta las hiciera una Asamblea Nacional convocada expresamente para ese objeto por el Congreso o por el gobierno, previa solicitud de la mayoría de las municipalidades. En la convocatoria se debían señalar los puntos de reforma, y a ellos se tenía que concretar la labor de dicha Asamblea. Los diputados de ésta eran elegidos por las municipalidades de la respectiva circunscripción, y para un período de sesiones de treinta días, prorrogable por el gobierno; y se reiteró la exigencia de que tuvieran representación las minorías.

Si en el tiempo que faltare para la próxima reunión del Congreso (en 1908) fuere necesario expedir nuevas reformas constitucionales, la Asamblea sería convocada por el gobierno sin necesidad de previa solicitud de las municipalidades.

El Acto Legislativo No. 10 suprimió el Consejo de Estado y dispuso que la ley determinara los empleados que debían cumplir las funciones atribuidas a aquél por la Constitución. Dicho Consejo fue restablecido en 1914 con la función primordial de juzgar sobre la legalidad de los actos administrativos.

Además de las mencionadas reformas a la Constitución, el gobierno estaba empeñado en una serie de medidas que modernizaran la administración e hicieran más eficaz el manejo de la Economía. Entre ellas, la urgente amortización del papel moneda, cuyo desmedido crecimiento había sido factor eficaz de la grave crisis que sufría el país, agravaba en la última guerra. Deseando la creación de un banco central que tuviera el privilegio de emisión de moneda, invitó a los principales bancos comerciales a participar en él. Como desafortunadamente no aceptaron, obtuvo la colaboración de otros inversionistas y lo fundó. Reorganizó las rentas departamentales y restableció el crédito externo. Mejoró la navegación por el Magdalena, creó el ministerio de Obras Públicas e impulsó la construcción de varios ferrocarriles que habían quedado interrumpidos a fines del siglo pasado, y la carretera central del norte, desde Sopó hasta Santa Rosa de Viterbo.

Las mencionadas reformas constitucionales de 1905 produjeron descontento y aun oposición en algunos círculos del partido conservador por estimar que con ellas no sólo se estaban aumentando exageradamente las atribuciones del presidente, en desmedro de los derechos individuales, sino inclusive institucionalizando una verdadera dictadura, a lo cual se agregaba el temor de que, por el entusiasta aplauso que el liberalismo estaba tributando al mandatario, éste terminara entregándose a ese partido y alejándose del suyo. Vale recordar que cuando algunos sectores calificaron de abyecta la conducta liberal, el general Benjamín Herrera contestó que después de muchos años en que los gobiernos anteriores habían negado a su partido hasta los derechos más fundamentales, y aun perseguídolo, era apenas natural que reconociera, agradecido, el ambiente de libertad que ahora se respiraba y el tratamiento digno que estaba recibiendo.

Esta actitud aumentó el recelo del círculo descontento, que ya no pensó en hacer solamente oposición sino también en organizar una conspiración para derrocar al presidente y reemplazarlo con un triunvirato integrado por el ex presidente Miguel Antonio Caro, el eminente patricio liberal doctor Nicolás Esguerra y el doctor Felipe Angulo. Éste, antiguo liberal del sector independiente (o «independentismo»), fue cercano amigo y ministro del doctor Núñez y miembro del partido Nacional, a través del cual llegó más adelante al conservatismo. Y tenía aspiraciones presidenciales que ahora, con la prórroga del período de Reyes, veía alejarse irremisiblemente. Los conspiradores se reunían en el Jockey Club con pretexto del juego de cartas, y a esas reuniones asistían, además del doctor Angulo, los generales Moya Vásquez y Eutimio Sánchez, el doctor Luis Martínez Silva y, con mucha cautela, el jefe de la Policía, Juan C. Ramírez, apodado el «Toto» Ramírez, cuya participación dio gran fuerza al complot. Acordaron que en uno de los jueves en que el presidente recibía a sus amigos en Palacio, mientras la banda de la Policía ejecutaba una retreta, ellos acudirían, como viejos amigos, a la reunión del 19 de diciembre, y concluida aquélla retreta el doctor Angulo se pondría de pie y diría estas palabras: «General Reyes, la dictadura ha terminado».

Pero el presidente, que desde las lejanas épocas del Putumayo se había acostumbrado a otear el horizonte y anticipar el futuro, adivinó y confirmó el inminente golpe. En efecto, hizo cambiar ese día parte de la guardia de Palacio que estaba comprometida, y envió detectives a las casas de los conjurados para que, en vez de dirigirse a la famosa retreta, fueran llevados a los cuarteles de San Agustín, donde de inmediato se inició el correspondiente consejo de guerra. Los acusados nombraron con plena libertad sus defensores y voceros, escogidos entre personalidades muy destacadas de los anteriores gobiernos, así: el doctor Angulo al eminente ex magistrado Carmelo Arango y al ex presidente Miguel Antonio Caro; el general Moya Vásquez al notable jurista Antonio José Cadavid; el doctor Martínez Silva al ya citado patricio Nicolás Esguerra, y el general Eutimio Sánchez al ilustre Marco Fidel Suárez. Dada la prestancia de estos personajes, las sesiones del consejo de guerra se convirtieron en concurridísimo espectáculo, casi una especie de Congreso antigobiernista.

Al mismo tiempo con éste, un grupo de jóvenes bartolinos «que militaban en el sector extremo del conservatismo histórico» y en quienes el odio contra Reyes se juntaba con cierto ardor romántico en pro de los principios doctrinarios de su partido, que veían en cercano eclipse, y unidos a militares que acababan de regresar de la guerra en defensa del gobierno conservador, no aceptaban el avance de la dictadura ni el cambio de personal en la administración, y desconectados del doctor Angulo y sus compañeros, que nunca tuvieron el propósito de eliminar al dictador, empezaron a preparar un nuevo golpe, violento, que debía culminar con el asesinato de éste. Pedro León Acosta, valeroso militar de la guerra civil, y el distinguido joven cartagenero Carlos Vélez F., fueron sus gestores principales y, según se dijo, el «Toto» Ramírez, su remoto apadrinador, a quien el presidente, que no dudaba todavía de su lealtad, nombró cónsul en Hamburgo el 9 de febrero de 1906. Como encargados de ejecutar el tiranicidio quedaron Roberto González, Juan Ortiz, Fernando Aguilar y Marco Arturo Salgar.

Al día siguiente, el 10, el presidente salió con su hija Sofía a dar su acostumbrado paseo en coche hasta Chapinero, y al pasar por el Bosque de la Independencia vio tres jinetes que le parecieron sospechosos pero continuó su marcha. Al llegar al sitio de Barrocolorado ordenó al cochero que regresara porque ya eran las once y media, y cuando éste dio la vuelta, vio que uno de los jinetes que estaban en San Diego se adelantó a detener los caballos, mientras sus dos compañeros, a lado y lado del carruaje, disparaban directamente contra él (el presidente), por lo cual le ordenó que atropellara al asesino; y al oficial de órdenes que disparara su revólver contra los otros dos. Cuando todo esto ocurría, la señora Sofía gritaba que los estaban atacando, pero nadie llegó en su ayuda. Preocupada, examinaba a su padre, y éste a ella, pero afortunadamente estaban ilesos y exclamaron «Dios nos ha salvado». El atentado, como era natural, produjo en la ciudad tremenda conmoción y una gran multitud se dirigió a Palacio, en manifestación de desagravio y solidaridad.

La Policía persiguió a los fugitivos jinetes y los detuvo en el sector de Suba. Llevados también al ya citado cuartel, se inició en su contra el nuevo consejo de guerra que los condenó a la pena capital, que se ejecutó días después en Barrocolorado, sitio del atentado.

Como consecuencia de esta nueva muestra de inseguridad se suprimió la entrada del público al proceso que se seguía al doctor Angulo y compañeros, y por tal circunstancia disminuyó el interés que antes despertaba. En la sentencia que se dictó, éstos fueron condenados a confinamiento en Mocoa, donde se les mantuvo con vigilancia muy laxa, y al cabo de cinco meses fueron libertados. En cuanto al jefe de la Policía, el famoso «Toto», el presidente en un principio pensó meterle un susto, con preparativos para su ejecución, pero luego decidió perdonarlo. Más aun, renovó su nombramiento en Hamburgo y autorizó el pago de sus viáticos con los cuales viajó a Venezuela, donde permaneció buen tiempo y de donde regresó más adelante para seguir atacando y aun conspirando contra su benefactor. Esta extraña actitud no tiene explicación, pues la condición del jefe de la Seguridad y funcionario de máxima confianza hacía su falta mucho más grave que la de sus compañeros; perdonarlo ya era bastante, pero además premiarlo con el nombramiento escapa a toda justificación.

Pedro León Acosta logró burlar a la Policía durante varias semanas, hasta que, disfrazado, viajó a Cartagena donde se embarcó para Panamá. El joven Carlos Vélez, condenado a diez años de presidio, fue enviado al Panóptico de Tunja, donde después de un tiempo le dejaron en libertad.

No obstante estas muestras de amplitud y benevolencia, el rigor inicial de la represión y las condenas se volvieron contra el gobernante, afectando seriamente su prestigio y dando pábulo a creciente descontento y más extendida oposición.

La Asamblea Nacional volvió a reunirse en 1907 por convocatoria del gobierno, y expidió dos Actos Legislativos: el primero aplazó hasta febrero de 1910 la próxima reunión del Congreso, sin perjuicio de que el poder Ejecutivo pudiera anticiparla o la Asamblea retardarla por medio de una ley. Dispuso también que mientras no se reuniera aquél, la Asamblea, por convocatoria del gobierno, continuaría ejerciendo las funciones que la Constitución atribuye al Congreso en sesiones extraordinarias. El Acto No. 2 sustituyó las Asambleas departamentales por Consejos Administrativos del departamento, elegidos por las municipalidades (o Concejos) y dispuso que se reunieran cada año, y extraordinariamente cuando los convoque el gobernador, autorizado por el gobierno.

En 1906 el gobierno, convencido el presidente de que estando nuestro país dentro de la órbita de los Estados Unidos, era necesario procurar un arreglo decoroso de las cuestiones pendientes y el restablecimiento de relaciones diplomáticas normales, aprovechó la circunstancia de que el secretario de Estado, señor Eliu Root, se detendría en Cartagena durante la gira que iba a realizar por varios países del continente. Allí lo recibió nuestro ministro de Relaciones Exteriores, general Alfredo Vásquez Cobo, con quien esbozó las posibles bases de un futuro tratado que, como se verá, se celebró en 1908. En 1907 el mismo ministro de Relaciones Exteriores suscribió con el plenipotenciario del Brasil, señor Martins, un tratado de límites que en gran parte está vigente, pero complementado con otro celebrado en 1928.

La Asamblea Nacional se reunió de nuevo en 1908 y aprobó tres Actos Legislativos: el No. 1 dispuso que el Senado se compondría de un senador por cada departamento, elegido por el correspondiente Consejo Electoral departamental, elegido a su vez por los Concejos municipales, y que la reunión de tres Consejos Electorales de departamentos contiguos formaría un Colegio Electoral, que elegiría tres senadores, para dar así representación a las minorías.

Sobre la Cámara dispuso que se compondría de un representante por cada ochenta mil habitantes, y que la república se dividiera en distritos electorales que eligiera cada uno un representante, o sea que estableció circunscripciones unipersonales.

El Acto Legislativo No. 2 de ese año derogó el Título XVIII de la Constitución y los Actos Legislativos Nos. 7 de 1905 y 2 de 1907, con lo cual eliminó las Asambleas departamentales y los Consejos Administrativos de departamento creados en el último (No. 2 de 1907), y se limitó en materia de administración departamental y municipal a conservar los gobernadores, los Concejos municipales y los alcaldes.

El Acto Legislativo No. 3 del mismo año derogó el artículo 1 del Acto Legislativo No. 1 de 1907, en el sentido de disponer que el Congreso se reuniera por derecho propio cada año y no cada dos. Esta norma fue una de las pocas de ese período que no estuvo orientada a ampliar o reforzar las atribuciones del presidente.

La Asamblea se reunió de nuevo en 1909 con el principal objeto de considerar los tratados celebrados el año anterior en Washington por nuestro ministro plenipotenciario, señor Enrique Cortés, con el secretario de Estado, señor Root, y con el ministro de Panamá, señor Arosemena. Expidió también cinco Actos Legislativos. El primero restableció los Consejos Administrativos departamentales que, como se dijo, habían sido suprimidos por el Acto No. 2 de 1908, y el segundo sustituyó los artículos 108 y 109 de la Constitución, que señalaban los funcionarios que no podían ser elegidos miembros del Congreso, e indicó los cuatro únicos cargos que a éstos podía conferir el presidente de la república, a saber: ministro, gobernador, agente diplomático y jefe militar en tiempo de guerra.

El Acto No. 3 sustituyó el artículo 3 de la Constitución, estableciendo que los límites del territorio nacional son los fijados o que se fijen por tratados públicos debidamente aprobados y ratificados conforme a la Constitución y leyes de la república, o por sentencias arbitrales cumplidas y pasadas en autoridad de cosa juzgada. Este acto eliminó, sin razón, la descripción de los límites que contenía el artículo sustituido.

El Acto No. 4 fijó en sesenta días las sesiones ordinarias del Congreso; en tres años (en vez de seis) el período de los senadores y en dos (en vez de cuatro) el de los representantes.

El Acto No. 5 dispuso que en caso de falta temporal o absoluta del presidente lo reemplazara el ministro que aquél hubiera designado de antemano, y a falta de éste otro de los ministros en el orden de precedencia establecido por la ley, y a falta de éstos el gobernador del Distrito Capital o el del departamento más cercano a éste. Facultó asímismo al presidente para revocar en cualquier tiempo esa designación y hacer una nueva. Dispuso también que en caso de falta absoluta, el ministro o gobernador encargado del poder Ejecutivo convocaría, dentro los ocho días siguientes al Congreso para que en un plazo de sesenta días elija al ciudadano que deba reemplazar al presidente por el resto del período constitucional. Dispuso finalmente que si el Congreso estaba reunido cuando ocurriera la falta absoluta del presidente, procedería inmediatamente a elegir el reemplazo de éste, y que si dicha falta se presentara antes de la instalación del próximo Congreso, la Asamblea Nacional cumpliría esa función.

La posible aprobación de los mencionados tratados aumentó el descontento y la oposición, especialmente en relación con el segundo, pues se consideraba gran indignidad que la nación reconociera al departamento traidor. Al reunirse la Asamblea, en marzo, se comisionó a los diputados F. de P. Mateus y Antonio José Restrepo para preparar dos informes: uno en favor y otro en contra de esos convenios. Este último, porque el gobierno deseaba dar la impresión de que habría completa libertad en ese debate. Y a propuesta del gobierno se cambiaron los papeles, para que el doctor Restrepo, por su bien conocida capacidad literaria y prestigio, redactara el favorable. El día primero de ese mes se inició la consideración de dichos tratados, que continuó el 11 y el 12. Pero al llegar al artículo 3 del referente a Panamá, que reconocía su independencia y fijaba los límites de los dos Estados, la gente no salía de su asombro: al resentimiento por la separación, que estaba reciente y aún se sentía vivamente, se agregaba una nueva y más humillante vejación, y decían: ¿De manera que Reyes reconocía y aplaudía la traición, negociando de potencia a potencia con el departamento rebelde? ¿Y además aceptaba que éste diera a Colombia dos millones y medio de dólares como aporte proporcional en el pago de nuestra deuda pública, y se permitía que Panamá se diera el lujo de renunciar, como si algún derecho tuviera, a las cincuenta mil acciones en litigio de la compañía francesa del Canal? Pues eso no lo permitirían, por ningún motivo, los colombianos. Y los enemigos de Reyes llegaron a decir: «¿Quién sabe cuánto le habrán pagado para que venda tan descaradamente el honor de la patria, ni qué clase de negocios estará tramando el viejo zorro?» Su prestigio, ya vacilante, empezó a derrumbarse, e inclusive hubo indecisión en algunos diputados adictos. ¿No sería mejor esperar a la ya anunciada reunión del Congreso, elegido popularmente, para que asumiera esa gran responsabilidad? Aunque la Asamblea había aprobado sin reparo otros tratados, para los de 1909 ya no había respaldo de la opinión, ni gran fuerza del dictador. En ese momento llegó a la Asamblea un memorial del doctor Nicolás Esguerra, el ya mencionado jurista y político liberal, que contenía gran requisitoria contra los tratados y argumentos jurídicos contra la competencia de la Asamblea, por no haber sido elegida por el pueblo, para considerarlos y aprobarlos. La noticia de este memorial, aunque se trató de ocultar, se difundió rápidamente y el descontento y la oposición crecieron en forma abrumadora; grupos de estudiantes se atrevieron a salir a la calle y se vio la amenaza de un levantamiento. Mientras tanto Reyes, en Palacio, vacila entre la lisonja de los áulicos y su intuición de siempre que le permitía ver la oposición general en materia de política internacional, y aunque la creía equivocada, por no captar la realidad, comprende que está perdido, porque si se impide el restablecimiento de buenas relaciones con los Estados Unidos quedará incompleta su gran obra política y administrativa. Sin embargo, era necesario rendirse ante la evidencia de los acontecimientos. Y pensaba que si en la tenaz resistencia a los tratados el principal factor era la hostilidad a su persona, sería conveniente renunciar y dejar en la presidencia a don Jorge Holguín, ministro de Hacienda, cuyo temperamento conciliador y diplomático podría obrar el milagro de cambiar el ambiente y permitir un debate tranquilo. Y concluyó que puesto que no alimentaba ambición de perpetuarse en el mando y que estando prácticamente cumplida la reforma administrativa y el objeto principal de su política, que había sido la reconciliación de los colombianos y la concordia nacional, lo indicado era su retiro. Y tras una breve reunión del Consejo de ministros, en la mañana del 13, en mensaje a la Asamblea, presentó renuncia y anunció que don Jorge había quedado encargado de la presidencia.

Tan pronto se conoció este mensaje, los estudiantes se lanzaron a la calle, en manifestación abiertamente hostil, y los principales dirigentes se reunieron en los clubes para analizar la situación. En el Jockey alguien, subido en una silla, descolgó el retrato del presidente y lo arrojó en pedazos a la calle. Vivas frenéticos corearon el acto y en la ciudad crecieron los tumultos. En cada esquina surgía un orador contra el gobierno, en términos cada vez más encendidos, y el doctor Enrique Olaya Herrera, que acababa de regresar de Europa, donde disfrutó de una beca concedida por Reyes, desde un coche pronunció el vibrante discurso que lo hizo célebre. El ambiente se fue calentando por momentos, por la sensación de libertad e impunidad que a todos daba la salida del dictador, y en la Asamblea varios diputados se lanzaron a atacar los tratados y a exaltar al doctor F. de P. Mateus por el referido informe adverso que con antelación había preparado por encargo del gobierno. En esos momentos llegó un mensaje del presidente encargado, anunciando que retiraba los tratados de la consideración de la Asamblea. Un hurra frenético se escuchó en el recinto y el doctor Mateus, sorprendido, salió en hombros de los estudiantes. Varios diputados se fugaron discretamente y algunos inclusive se incorporaron a las manifestaciones populares, que estaban comprometiendo el orden público y la paz por los atropellos y excesos que se presentaron al final de la tarde. Reyes en ese momento comprendió que el país no podía sumirse en el desorden y en la tragedia de una guerra civil. Penetró entonces en la sala donde estaban deliberando el presidente encargado y sus ministros y les comunicó que había vuelto a asumir la presidencia. Enseguida nombró nuevos ministros y ordenó emplazar dos ametralladoras en el Capitolio. Esta noticia hizo temblar a los amotinados y varios de ellos fueron detenidos. Una vez más se había salvado el orden y el país parecía volver a la tranquilidad.

A principios de junio se realizaron las elecciones para Congreso, que muchos consideraron como las primeras puras y libres en la historia del país, pues además la prensa había sido exonerada de censura. Como cosa curiosa, el general Reyes votó por la lista de la «Unión Republicana», el movimiento encabezado por dirigentes de los dos partidos tradicionales que le venía haciendo oposición desde vísperas del 13 de marzo. Colombia parece que al fin marchaba por un nuevo camino, todavía incierto pero alejado del espanto de una guerra y con aires de reconciliación y de concordia, que había sido su mayor empeño. Ahora sí podía él alejarse del país.

Días después dispuso una nueva «excursión presidencial» a la Costa para visitar, además de la zona bananera, algunas obras públicas. Pero ya tenía determinado ausentarse del país, discretamente, porque veía que la opinión ya no le acompañaba y que su permanencia en el mando sería obstáculo para la tranquilidad general. Pensó también que su renuncia, quedándose en la capital, sería interpretada como un truco para calmar los ánimos y reasumir el poder más adelante. Tampoco quería exponerse a ser irrespetado en un juicio ante el Senado. El único camino era ausentarse súbitamente, dejando escrita su renuncia para que el nuevo Congreso la considerara y eligiera el sucesor.

En el viaje por el Magdalena inspeccionó varias obras, y en Puerto Wilches se entrevistó con el general Ramón González Valencia, ex vicepresidente de la república, previamente citado, para informarlo confidencialmente de sus propósitos. En la zona bananera vio con inmensa satisfacción el notable avance de esa industria, tan especialmente estimulada en su gobierno.

En Santa Marta se había preparado en su honor un gran banquete en el Club Social, con asistencia de las autoridades y de las personas más prestantes del lugar. A poco de iniciada la reunión llegó la noticia de que el general se acababa de embarcar en el vapor *Manisti* con destino a Alemania. Desconcertados los asistentes, salieron al balcón para cerciorarse del hecho y efectivamente vieron que el barco se había alejado bastante.

Al término de ese viaje desembarcó en Hamburgo y fue luego a París y a Lausana, de donde dirigió el 20 de agosto una *Exposición* en la cual explicó a sus compatriotas las razones que tuvo para renunciar y alejarse del país. De ella conviene transcribir el párrafo final, que dice:

«Me consuela pensar que el actual gobierno, apartando de su programa toda idea sectaria, ha llamado nuevamente a todos los partidos para que concurran a la labor común. Parece que entre todas las buenas enseñanzas de la experiencia, ésta al menos ya queda adquirida definitivamente: en Colombia no será posible de hoy en adelante gobernar pacíficamente sin el concurso desinteresado de todos los buenos elementos en que se ha dividido la opinión, y las diferencias de los partidos que se formen y sus luchas en lo futuro versarán sobre puntos administrativos, pues los principios han venido a ser propiedad común. Apelo al sentimiento patrio de todos mis conciudadanos y en nombre de la prosperidad de Colombia, en honor a las tradiciones de gloria que debemos conservar como santo legado, por respeto a los principios de humanidad que están ligados a la historia de nuestro pueblo, hago la más solemne excitación para que se aúnen los esfuerzos de todos en pro de la tranquilidad general».*

En su vida de desterrado viajó incansablemente con el deseo de conocer nuevos países, no obstante la creciente parálisis de sus miembros, que él supo superar con gran esfuerzo. Va a Egipto, remonta el Nilo y, ve las ciudades recientemente desenterradas del desierto. Luego se instala por un tiempo en Portugal y España, donde busca robustecer nuestros vínculos con la madre patria. Para ello pronuncia conferencias, publica artículos y organiza recepciones que lo convierten en el centro de la actividad iberoamericana en Madrid, pero nunca se refiere con resentimiento a Colombia, ni a los ataques que aquí seguían haciéndole anti-

---

* Ibídem.

guos y nuevos adversarios políticos. Cinco años después cruza el océano para acercarse a su patria, visita a Río de Janeiro, Montevideo y buena parte de Argentina, donde estudia con interés la cría de ovejas, con la idea de que pueda establecerse en las partes altas de nuestras cordilleras. Y en Chile visita y se vincula al cultivo de frutales, pensando también en fomentarlo aquí. Viaja después a Panamá, donde comprueba con pena que aún no hay clima para su regreso al país. Vuelve a Europa, donde recorre parte de Austria, Italia y Francia. Y dos años más tarde, desesperado, le comunica al presidente Concha que ha resuelto volver a su terruño. Esta noticia es mal recibida por la prensa de Bogotá, que pide al gobierno le prohiba la entrada, pero afortunadamente el presidente no accede a esta petición sino a la del general. Al fin llega a Bogotá, encanecido, envejecido y enfermo, con una pierna anquilosada, que hacía muy difícil su marcha. Se instala en Chapinero sin más propósito que vivir en paz, en el anonimato, al lado de los suyos, con perdón de las ofensas, ansia de reposo y sincera convicción del deber cumplido. Como no podía desentenderse de los problemas y del progreso del país, asiste a las reuniones de la Sociedad de Agricultores, donde a veces sugiere iniciativas o recomienda sistemas de cultivo o remedios contra las plagas.

No obstante este modestísimo modo de vida, algunos políticos no cancelan su antiguo odio y buscan ofenderlo. Un día gestionan en el Jockey Club que no se lo reconozca como socio del mismo, y otro día, cuando el presidente Suárez regresa de la entrevista de Rumichaca con el presidente ecuatoriano y le piden a Reyes que pronuncie el discurso de recepción, una asociación de estudiantes aprueba una proposición, que le entrega en propia mano el personero de ésta, en la cual protesta por la intromisión del «tirano» en la política nacional. Al general Reyes, dice Luis Eduardo Nieto Caballero, se le humedecieron los ojos al leerla y se limitó a decir al emisario de aquéllos que él estimaba mucho a la juventud y que, para complacerla, no hablaría en la Plaza de Bolívar, y cumplió su promesa.

Y como si lo anterior fuera poco, y para refinar los viejos odios sectarios, un conocido parlamentario y futuro ministro propuso en la Cámara de representantes el levantamiento de los rieles del ferrocarril de Girardot, alegando que su sostenimiento era ruinoso para el Estado. Aunque parezca inverosímil, así ocurrió. Menos mal que la opinión reaccionó contra semejante insensatez.

En los últimos meses de su vida se trasladó a su vieja casa de la carrera 5 con calle 18, que tantas veces lo había visto llegar victorioso. Allí acuden viejos amigos a preguntar por su salud, que declinaba aceleradamente. Una pulmonía lo llevó a la tumba el 18 de febrero de 1921, a los setenta y dos años de edad. A su entierro, en la Catedral, asistió inmensa multitud, que llenó parte de la Plaza de Bolívar. Fue una verdadera apoteosis en que el pueblo, a diferencia de muchos dirigentes, mostró su gratitud y su sentido de justicia.

Con el paso de los años las pasiones se fueron serenando y la mayoría de la opinión empezó a reconocer que con él –como dijo el ya citado ex presidente– ingresó Colombia en el siglo XX y en la senda del progreso y se reconoció que, al reconciliar los partidos y llevarlos a trabajar unidos en la administración, rompió viejas costumbres políticas y se convirtió en gran civilizador del país.

Las grandes reformas constitucionales de este siglo (1910, 1936, 1945, 1957 y 1968)

En 1909 se tramitaron dos reformas constitucionales: a) la última del «Quinquenio», expedida por la Asamblea Nacional en cinco actos legislativos, y b) la considerada y aprobada en primera vuelta por el Congreso que se instaló el 20 de julio de ese año. Ésta tuvo, obviamente, una orientación distinta de la anterior, desechando las normas más autoritarias o presidencialistas de los actos legislativos de 1905, 1907, 1908 y 1909, restableciendo varias disposiciones de la Constitución original (de 1886) y expidiendo otras nuevas, acordes con las propuestas que el liberalismo, antes del «Quinquenio», había formulado y que ahora contaban con apoyo en gran parte de la opinión.

Pero esta reforma, a pesar de su orientación y respaldo, no pudo considerarse en segunda vuelta porque a fines de ese año la mayoría de las municipalidades o Concejos (470 entre 808), invocando la facultad que les había dado el Acto Legislativo No. 9 de 1905 pidieron al gobierno la convocatoria de una Asamblea Nacional que introdujera en la Constitución algunas de las reformas que de tiempo atrás se venían solicitando. Estudiada esa petición con gran detenimiento, el Ejecutivo llegó a la conclusión de que, en efecto, estaba vigente el sistema de reforma consagrado en el citado Acto Legislativo y no el señalado en el artículo 209 de la Constitución de 1886 y, en consecuencia, dictó el Decreto No. 126 de febrero 25 de 1910, por medio del cual convocó la solicitada Asamblea Nacional, con el encargo de estudiar las reformas de la Carta que parecían contar con el apoyo mayoritario del país, las cuales procedió a señalar el mismo decreto. Dispuso asímismo que a partir de su instalación cesaba el período constitucional del Congreso elegido el año anterior (1909) y que la Asamblea, desde ese día, ejercería las funciones atribuidas a las Cámaras por la Constitución y las leyes.

Instalada la nueva Asamblea en mayo de 1910 expidió tres Actos Legislativos. Por el primero dispuso que ella, en sustitución del Congreso, ejercería todas las atribuciones que la Constitución y las leyes señalan al Congreso y a cada una de sus Cámaras. Por el segundo creó dos designados, primero y segundo, para ejercer el poder Ejecutivo en las faltas accidentales del presidente y provisionalmente en las absolutas, mientras se verificaba una nueva elección. Dichos designados serían elegidos por el Congreso cada año. El tercero (Acto Legislativo No. 3, expedido el 31 de octubre) no se refirió ya, como los dos anteriores, a un solo tema sino que, a través de setenta artículos, introdujo modificaciones en doce de los veinte títulos de la Constitución. Es, por consiguiente, la más extensa y la primera de las grandes reformas que tuvo el país desde 1886.

En cuanto al contenido de la reforma, y en la imposibilidad de referirme en detalle a todos y cada uno de los artículos que la integran, señalaré los que significaron cambios más importantes en relación con la Carta original.

En el Título I se restableció la descripción de los límites de la república, que había sido eliminada por el Acto Legislativo No. 3 de 1909, actualizándola en el sentido de incorporar los laudos arbitrales y los tratados relativos a los límites que nos separan de Venezuela, Costa Rica (antes de la separación de Panamá) y Brasil. Además modificó los requisitos para la formación de nuevos departamentos, tomando como base el aumento de población que había tenido el país.

En el Título III se prohibió al Congreso establecer la pena capital, que en la Constitución original se permitía para los casos más graves, jurídicamente comprobados, en seis delitos comunes y en algunos delitos militares. Y estaba prohibida, en forma absoluta, para delitos políticos (artículos 29 y 30). En el mismo título se restableció la norma del artículo 32 original sobre expropiación mediante sentencia judicial e indemnización previa, requisito éste que había sido eliminado, en el caso de apertura y construcción de vías de comunicación, por el Acto Legislativo No. 6 de 1905. Además dispuso que las leyes que establecieran monopolios no podrían aplicarse antes de que hubieran sido plenamente indemnizados quienes en virtud de ellas quedaran privados del ejercicio de una industria lícita.

En el Título VI se dispuso que las Cámaras se reunieran, por derecho propio, cada año y no cada dos, como decía la Constitución original. Las sesiones ordinarias ya no durarían ciento veinte días sino noventa, pero podían prorrogarse por treinta más si así lo disponían los dos tercios de los votos de ambas. También podían reunirse por convocatoria del gobierno en sesiones extraordinarias para considerar en primer lugar –ya no exclusivamente– los negocios que aquél le sometiera. Se dispuso asímismo que el Congreso eligiera cada año los dos designados para ejercer el poder Ejecutivo, con lo cual se dio carácter permanente a la norma del Acto Legislativo No. 2 de 1910.

En el Título VIII se modificó la forma de elección de los senadores, que antes hacían las Asambleas departamentales, a razón de tres por cada departamento. Como en 1910 ya no había los nueve grandes de 1886 sino catorce, y algunos de ellos pequeños, se dispuso que se elegiría un senador por cada ciento veinte mil habitantes y uno más por fracción no menor de cincuenta mil. Los senadores serían elegidos por Consejos Electorales, cuyos miembros eran designados por las Asambleas departamentales, a razón de uno por cada treinta mil habitantes. Se dispuso también que la ley dividiera el territorio nacional en circunscripciones senatoriales, a fin de garantizar la representación de las minorías. Por eso los departamentos poblados, como Antioquia, Cundinamarca y Boyacá, constituían por sí solos un Consejo Electoral, y con los otros, menos poblados, fue necesario reunir dos para formar un Consejo, así: Nariño y Cauca, Valle y Caldas, Bolívar y Atlántico, los dos Santanderes y Tolima y Huila. El período de los senadores, que antes era de seis años, se redujo a cuatro. A esta corporación se le asignó la función de elegir cuatro magistrados de la Corte Suprema de Justicia, de ternas presentadas por el presidente de la república.

En el Título IX, sobre la Cámara de representantes, se dispuso que se compondría de un miembro por cada cincuenta mil habitantes y que su período, que antes era de cuatro años, sería ahora de dos. Se le asignó la función de elegir cinco magistrados de la Corte Suprema de Justicia, de ternas presentadas también por el presidente de la república.

En el Título X se modificaron los artículos 106 y 107 de la Carta en el sentido de ampliar las normas sobre inmunidad de los miembros del Congreso durante el período sesiones, cuarenta días antes y veinte después de éstas, salvo el caso de flagrante delito, en que podían ser detenidos pero puestos a disposición de la respectiva Cámara. También señaló los únicos cuatro cargos que el presidente podía conferir a senadores y representantes durante el período de sus funciones, a saber: ministro, gobernador, agente diplomático y jefe militar en tiempo de guerra.

En el Título XI, sobre presidente de la república, se introdujeron cambios muy importantes. En primer término su elección, que antes era indirecta o de segundo grado, pues la hacían Asambleas Electorales, pasó a ser directa, es decir, por los ciudadanos que tenían derecho de votar por representantes. Y su período, que era de seis años, se redujo a cuatro. Además se prohibió la reelección del presidente para el período inmediato. Anteriormente podía ser reelegido si se retiraba diez y ocho meses antes de la terminación del período. Se prohibió elegir presidente o designado a quien hubiera ejercido el poder Ejecutivo, a cualquier título, dentro del año inmediatamente anterior a la elección. La responsabilidad del presidente o de quien haga sus veces, que en la Constitución original estaba circunscrita a tres casos, se extendió, haciéndolo responsable por todos los actos y omisiones que violen la Constitución o las leyes.

En cuanto al estado de Sitio, se modificó el artículo 121 en el sentido de disponer que los decretos legislativos que en tal situación dicte el gobierno no pueden derogar las leyes sino suspender (temporalmente) las que sean incompatibles con el estado de Sitio. Se estableció además que el presidente y los ministros serían responsables cuando declaren turbado el orden público sin haber ocurrido el caso de guerra exterior o conmoción interior. Agregó que en caso de guerra exterior el gobierno convocaría al Congreso en el mismo decreto en que declare turbado el orden público, y si no lo convocare, podría éste reunirse por derecho propio dentro de los sesenta días siguientes.

En el Título XV, sobre la administración de justicia, se modificó la forma de elección y la duración de los magistrados de la Corte Suprema, que antes eran nombrados por el presidente, con aprobación del Senado, y vitalicios, y ahora por elección de las Cámaras, de ternas pasadas por el gobierno, y con período de cinco años. A los magistrados de los Tribunales Superiores, que también eran vitalicios, se les fijó período de cuatro años y su nombramiento por la Corte Suprema de Justicia.

Pero la disposición más importante en este Título es, sin duda, la que confía a la Corte Suprema de Justicia la guarda de la integridad de la Constitución, decidiendo definitivamente sobre la exequibilidad de los actos legislativos que hayan sido objetados como inconstitucionales por el gobierno, o sobre todas las leyes o decretos acusados ante ella por cualquier ciudadano como inconstitucionales. Con lo cual estableció la acción directa y pública de inconstitucionalidad de las leyes y de los decretos con fuerza de ley. Además dispuso, en el artículo inmediatamente anterior, que en caso de incompatibilidad entre la Constitución y la ley se aplicaran de preferencia las disposiciones constitucionales. Esta norma es la que se conoce con el nombre de «excepción de inconstitucionalidad», que puede ejercitarse dentro de un juicio o una actuación administrativa, pero que, a diferencia de la acción de inconstitucionalidad, no tiene carácter general o *erga omnes* sino especial o restringido al juicio o actuación de que se trata.

Es preciso observar que este sistema de control constitucional, en que Colombia ha sido original o pionera, se empezó a estructurar en 1886 y se completó en 1910. En efecto: el numeral 4 del artículo 151 de la Constitución original, modificando una tradición de sesenta y cinco años, dispuso que la Corte decidiera definitivamente sobre las objeciones de inconstitucionalidad que el gobierno formulara contra una ley. O sea que si el Congreso no aceptaba las objeciones, el asunto pasara a la Suprema Corte de Justicia, que es el organismo adecuado, no sólo por ser neutral en el desacuerdo entre gobierno y Congreso sino porque, tratándose de un problema jurídico, es ella indiscutiblemente la competente para analizarlo y resolverlo con autoridad.

Esta sabia norma del Acto Legislativo que estamos viendo, al consagrar la acción y la excepción de inconstitucionalidad a que se hizo referencia, integra un admirable sistema de control o jurisdicción constitucional que, por lo novedoso en su tiempo, coloca a Colombia como el primer país en establecer un sistema tan completo. Es verdad que la excepción de inconstitucionalidad existía en los Estados Unidos desde 1803, y que en materia de acción algo se había intentado en Francia en los años siguientes a la Revolución, pero ella se abandonó luego, dando paso a la creencia, tan generalizada en el siglo XIX, de que el Congreso es soberano y no hay poder que pueda invalidar sus actos. Y si a este sistema tripartito se agrega la jurisdicción de lo contencioso-administrativo, establecida en el Acto Legislativo de 1914, que atribuyó al Consejo de Estado y tribunales de esa rama la función de anular los actos administrativos contrarios a la Constitución y a la ley, es evidente que nuestra organización política conforma un verdadero Estado de Derecho.

En el Título XVII, sobre elecciones, se dispuso que los concejeros municipales y los diputados a las Asambleas departamentales fueran elegidos directamente por todos los ciudadanos; y los representantes a la Cámara y el presidente de la república por quienes, además de ciudadanos, supieran leer y escribir y tuvieran una pequeña renta ($300 anuales) o una propiedad raíz de mínimo valor ($1.000).

Además se dispuso, y ésto fue lo más importante, que en toda elección de más de dos individuos se aplicara el sistema del voto incompleto, o del cociente electoral, o del voto acumulativo, u otro cualquiera que asegurase la representación proporcional de los partidos. El sistema del voto incompleto consiste en que si hay necesidad de elegir tres senadores, representantes, diputados o concejales, para que haya representación de las minorías se vota por cuatro candidatos: dos por un partido y dos por el otro. Así las cosas, el que obtiene la mayoría de votos elige dos, y el que pierde elige uno. Esto significa que el partido minoritario siempre tendrá uno, es decir, la tercera parte del total. Este sistema no es en realidad completamente justo porque no es proporcional, pero al menos garantiza la representación de las minorías y evita la aberrante situación de que un partido, el del gobierno, se quede con la totalidad de las corporaciones públicas, como ocurrió en varios períodos del siglo pasado. Siempre es mejor, para la paz del país, tener la tercera parte que nada. Debo agregar que el sistema, a pesar del defecto anotado, es aceptable y aun satisfactorio en países donde sólo existen dos únicos partidos, como ocurrió en Colombia en el siglo pasado y en la mayor parte del presente. Por eso subsistió, sin que hubiera suscitado grandes traumatismos, hasta cuando fue reemplazado en 1934 por el del cociente electoral, que sí permite obtener una representación más justa, por ser proporcional.

En el Título XVIII se restablecieron las Asambleas departamentales, que habían sido sustituidas o eliminadas por el Acto Legislativo No. 2 de 1907, y se reglamentó la elección de sus miembros y sus atribuciones. Además se dispuso que los bienes y rentas de los departamentos y municipios gozaran de las mismas garantías que las propiedades y rentas de los particulares, y que no podrían ser ocupados sino en los mismos términos en que lo sea la propiedad privada. A esta garantía, de fundamental importancia, se agregó la prohibición al gobierno nacional de conceder exenciones de derechos departamentales y municipales, o sea disponer de bienes o rentas de esas entidades.

En el Título XIX, de la Hacienda, se dispuso que el presupuesto de Rentas y Gastos se presentara al Congreso en los primeros diez días de su reunión anual y que en tiempo de paz no podría establecer contribución o impuesto que no figurase en el presupuesto de rentas, ni hacer erogación que no estuviera incluida en el de gastos. Con lo cual se pone orden en éstos y se evitan el derroche y la irresponsabilidad del Congreso o del gobierno.

En el Título XX, sobre la reforma de la Constitución, se restableció el sistema original consagrado en el artículo 209 de ella, conocido con el nombre de «las dos vueltas», o sea un Acto Legislativo aprobado en dos legislaturas sucesivas, y en la segunda por la mayoría absoluta de los miembros de ambas Cámaras. Y se descartó así la posibilidad de hacerla por Asambleas Constituyentes.

No está por demás recordar que las reformas constitucionales expedidas durante el «Quinquenio» del general Reyes fueron propuestas e impulsadas por la diputación liberal de la Asamblea Nacional y por el grupo conservador que seguía incondicionalmente al presidente, pero más tarde, en el Congreso de 1909, fueron derogadas por la alianza de los dos partidos tradicionales llamada «Unión Republicana», y reemplazadas por las que este mismo movimiento presentó y aprobó en la Asamblea Constituyente de 1910, que se dejan reseñadas.

Esta última representa un paso trascendental en la vida política del país porque, a diferencia de lo que ocurrió en el siglo anterior, no se volvió a pensar en derogar la Constitución y expedir una nueva sino en conservar lo fundamental en ella e introducir los cambios que exigían el paso del tiempo y las aspiraciones del partido que venía propugnando su reforma. En esta ocasión el conservatismo, que gobernaba y tenía la mayoría en la Asamblea Constituyente, dio muestras de gran madurez política al incorporar en la Carta algunas de las normas que, antes del Quinquenio, había venido solicitando su adversario tradicional. En esta forma logró que éste desistiera del rechazo que durante un cuarto de siglo, y aun a través de tres guerras civiles, había dado al programa de Núñez y a la Carta de 1886, y que ésta, así reformada, recibiera el apoyo de los dos partidos y tuviera un consenso auténticamente nacional. Veinticinco años más tarde el otro partido, el liberal, daría similar prueba de sensatez. Llegando al poder después de cuarenta y cinco años de presidentes conservadores y de un corto período de transición, los sectores izquierdistas de él y los que aún conservaban cierta nostalgia de la dominación radical solicitaban con ahínco el cambio de una constitución que, a pesar de las reformas liberales de 1910, seguían considerando como obra conservadora, cuyo cambio era para ellos deber primordial del partido triunfante.

Fue entonces cuando apareció la admirable decisión del presidente López Pumarejo, que con lógica irrebatible y evidente valor hizo frente a aquellas impacientes demandas, demostrando a su partido que el país no podía regresar a los cambios bruscos e inmaduros y a la inestabilidad institucional del siglo pasado y que, en vez de expedir revolucionariamente una nueva Constitución, lo aconsejable era aprovechar el sistema de reforma de ésta para introducir las modificaciones que exigían la situación de los nuevos tiempos y las aspiraciones mínimas del liberalismo. Y así se hizo, bajo la inspiración del presidente y del ministro Echandía, en los Congresos de 1935 y 1936. Fue éste, a mi juicio, el más valioso servicio que el presidente López prestó a la estabilidad institucional, al país y a su propio partido.

La reforma contenida en el Acto Legislativo No. 1 de 1936, causó inicialmente preocupación e inconformidad en el partido conservador, y aun en cierto sector moderado del liberalismo. En el primero, principalmente porque modificó las normas anteriores sobre la cuestión religiosa; y en el segundo, caracterizado por el tradicional individualismo de ese partido, porque introdujo en la Carta, bajo la inspiración de León Duguit, una intervención más directa del Estado en la actividad económica y en las relaciones del trabajo. En otras palabras, se tuvo la impresión de que se trataba de una reforma laicizante y de carácter eminentemente socialista. Impresión que se fue modificando con el paso de los años, al comprobar que la aludida intervención no había eliminado el régimen de la propiedad privada, aunque sí lo había modificado en punto importante, como el de la extinción del dominio por falta de adecuada explotación, que sirvió de base a la primera «ley de tierras», distinguida con el No. 200 de 1936. Y en lo que respecta a la cuestión religiosa, un mejor análisis de las nuevas disposiciones hizo ver que ellas no modificaban sustancialmente la situación anterior, de modo que el cambio fue más bien conceptual. En efecto: a la norma del artículo 39 original, que consagraba prácticamente la libertad de conciencia, se le agregó como encabezamiento: «El Estado garantiza la libertad de conciencia». Y en el artículo 40, que establecía la tolerancia de cultos, que era efectiva, se sustituyó tolerancia por libertad. Diferencia de concepto o de enfoque, que poco cambia en la práctica. Prueba de ello fue el reconocimiento expreso que los dos partidos, en el plebiscito de 1957, dieron a la constitución original, en lo vigente, y a las reformas de ésta expedidas hasta el año de 1947. Es decir, las reformas anteriores a las efectuadas por la Asamblea Constituyente durante el período del general Rojas Pinilla.

La reforma de 1945, adoptada por consenso de los partidos, fue más bien de carácter administrativo, pues no afectó ninguno de los temas que habían sido objeto de controversia entre ellos y estuvo encaminada a hacer más ágil el funcionamiento de algunos organismos del Estado. En efecto: dejó un solo designado como suplente eventual del presidente (antes había dos); cambió el sistema de elección de senadores, que antes hacían las Asambleas departamentales y ahora la votación de los ciudadanos en cada departamento; fijó el período de la Cámara de representantes en cuatro años, igualándolo al del Senado; creó distintas clases de leyes, sometidas a diferente tramitación; y distintas clases de municipios, regidos en ciertos aspectos por régimen diferente; y modificó el funcionamiento del Congreso, reduciendo el proceso legislativo a dos debates: uno en la Comisión de la respectiva Cámara y otro en la corporación en pleno (Senado o Cámara de representantes).

Finalmente, debo mencionar las reformas constitucionales expedidas entre 1957 y 1959, que fueron resultado del último y más duradero acuerdo de los partidos, promovido en 1956 por el ex presidente Alberto Lleras, apoyado en ese año por el ex presidente Laureano Gómez y luego por el ex presidente Ospina Pérez. Ese movimiento, que se llamó inicialmente «Frente Civil», tuvo por objeto derrocar la dictadura del general Rojas Pinilla y restablecer la concordia entre las colectividades políticas, alterada por los enfrentamientos y la violencia que siguieron la revuelta del 9 de abril de 1948, conocida en el exterior con el nombre de «Bogotazo». Restablecido así el entendimiento y pacificado el país, se aprobaron las mencionadas reformas, que establecieron en lo sustancial la paridad de los partidos: hasta 1974 en las corporaciones de elección popular; hasta 1978 en el gabinete ministerial y en los gobiernos seccionales; y la alternación de aquéllos en la presidencia de la república durante cuatro períodos, de 1958 a 1974. Este régimen, como es obvio, afianzó la paz y la convivencia y contribuyó en altísimo grado a civilizar la lucha política. Más adelante, al aprobarse en 1968 una reforma constitucional que abarcó varias ramas y organismos del Estado, y con el fin de preservar un espíritu auténticamente nacional en el gobierno, se expidió la norma que obliga al presidente, a partir de 1978, a dar en el Ejecutivo participación adecuada y equitativa al partido que siga en votos al que ganó la elección presidencial. Estas normas constituyen en conjunto lo que se llama el sistema del «Frente Nacional», que representó importantísima transformación en nuestra vida política, ya que con miras a evitar gobiernos hegemónicos y recaídas en enfrentamiento y violencia, prevé y facilita la colaboración del partido distinto al del presidente. Es decir, de las dos colectividades que representan la casi totalidad de la población y que han hecho la historia nacional.

   Las consideraciones precedentes llevan a la conclusión de que la situación que vivió el país a partir de mediados del siglo pasado hizo ineludible la expedición de una Constitución como la de 1886 y que ésta, por haber resultado adecuada a la realidad y a lo esencial de la índole del país, fue sostenida primero por los dos sectores políticos que concurrieron a su expedición, y años más tarde acogida por el que se había opuesto a ella, con lo cual adquirió el respaldo y el acatamiento de un gran consenso nacional. Pero a ello debe agregarse el acertado sistema de reforma que estableció, cambiando el muy rígido de la Carta de Rionegro por uno flexible que hizo posible frecuentes enmiendas que la fueron adaptando a nuevas situaciones y por ende actualizándola y sobre todo, el tino y la prudencia con que los dos partidos acometieron los ajustes que el paso del tiempo hacía indispensables, como ocurrió en 1910, 1936, 1945, 1957, 1959, y 1968. Esta circunstancia constituye el otro motivo, por cierto fundamental, de su perdurabilidad a través de una centuria. Lo cual, como se dijo al principio, es casi excepcional en América Latina y significa clara muestra de madurez política y valioso privilegio en el concierto universal, que Colombia debe mostrar con orgullo y mantener como verdadero avance en el camino de la estabilidad, del progreso y de la civilización.

El 9 de abril de 1948.
Orígenes de la violencia
de mediados de siglo

El señor Arturo Alape publicó en *El Espectador,* con el inexacto y desobligante título de «Malabares políticos del presidente Ospina Pérez», un largo artículo en el cual pretende imputar a dicho presidente el origen de la violencia política y justificar las quejas que algún sector del conservatismo formuló posteriormente contra él por la solución adoptada el 9 de Abril.

Quien revise desapasionadamente la historia del país sabe que con cada cambio de régimen se presentan reclamos de uno y otro partido, que se van haciendo cada día más enérgicos hasta degenerar en agresivos enfrentamientos. Así ocurrió en Santander y Boyacá el primer año de gobierno del doctor Olaya Herrera, y fue tan grave la situación en el primero de esos departamentos que el presidente tuvo que enviar como gobernador al doctor Eduardo Santos, a la sazón ministro de Relaciones Exteriores, para tratar de restablecer el orden y procurar la convivencia pacífica. Y en lo que respecta a Boyacá, nadie ignora lo que fue, a partir del año siguiente, la «liberalización» a la fuerza del departamento de más acentuada mayoría conservadora.

Situación similar se presentó en 1946, a pesar de que el presidente Ospina, en cumplimiento de su programa de «Unión Nacional», constituyó un gobierno totalmente paritario, en el cual la mitad de los ministros y de los gobernadores pertenecían al partido liberal, que acababa de perder la elección presidencial. No sobra recordar que fue ésa una decisión espontánea y personal del presidente, tomada once años antes de la formación del Frente Nacional.

Como observó el doctor Roberto Urdaneta Arbeláez, ministro de Gobierno en 1947, en esos períodos de cambio de régimen «uno de los partidos cree que lo ha ganado todo y el otro que no ha perdido nada», y de ahí el empeño de los vencedores en aumentar su participación en la burocracia y la resistencia de los derrotados a dejar al otro parte de lo que consideran como exclusiva propiedad suya, en razón de su antigua mayoría o de simple fuerza de inercia.

Esa situación de regateo y pugnacidad se acentuó en vísperas de las elecciones parlamentarias de 1947, en las cuales aumentó la representación del conservatismo y disminuyó la mayoría liberal. O sea que fue reduciéndose la distancia numérica entre los dos partidos. Con el agravante de que, dentro del liberalismo, el grupo del doctor Jorge Eliécer Gaitán superó apreciablemente al llamado oficialista o moderado, dirigido por el ex presidente Eduardo Santos, con lo cual el caudillo liberal vio acrecidas sus posibilidades de llegar a la presidencia de la república. De acuerdo con ese resultado, el presidente procedió a modificar el Gabinete, dentro del sector liberal, con la inclusión de tres destacados gaitanistas, los doctores Delio Jaramillo Arbeláez, Moisés Prieto y Pedro Eliseo Cruz en los ministerios de Trabajo, Economía y Salud. No obstante esa amplitud, el liberalismo asumió una posición que contradecía no sólo la lógica y la lealtad elemental sino las más antiguas prácticas de la democracia y de las relaciones entre gobierno y Congreso: mientras la mitad del ministerio era liberal y la mitad de este sector gaitanista, la diputación de ese partido en el Congreso arreciaba una violenta oposición al gobierno, hasta el punto de que su jefe, el doctor Gaitán, presentó un proyecto para acusar al presidente ante el Senado con el pretexto de que había gestionado la importación de gases lacrimógenos, destinados a disolver, sin tener que recurrir a la utilización de las armas, las frecuentes manifestaciones y tumultos que promovían precisamente los más exaltados seguidores del nombrado líder.

El sector liberal oficialista, no obstante estar más cerca del gobierno que del caudillo popular, se sumó, con la característica debilidad de los moderados, a esa desaforada campaña y a la solicitud de que su partido se retirara del gobierno, a fin de combatirlo más abiertamente, en una especie de guerra total, y en efecto, sus ministros presentaron renuncia irrevocable, que el presidente, muy a su pesar, se vio obligado a aceptar y reconstituir el Gabinete con miembros de su propio partido.

La mayoría liberal del Congreso no se limitó a lograr esas renuncias sino que buscó vincular a su empresa al doctor Carlos Arango Vélez, a la sazón embajador ante la Santa Sede y designado para ejercer la presidencia. Pero él, gran patriota y con clara visión de la estrategia del comunismo, se negó a colaborar en ese plan, pues tenía informes de que se buscaba producir peligrosos desórdenes, provocar la caída del presidente y llevarlo a él (Arango) a ejercer transitoriamente el poder para, en unas elecciones *ad-hoc*, elegir a un conspirador. Sobre el particular dijo: «Parecióme elemental decir al jefe del Estado, a mis copartidarios y a Colombia una nueva palabra de garantía de que yo jamás habría de prestarme a desempeñar un papel como el que posiblemente deseaba asignárseme y que yo encontraba tan criminal como desacertado». Esta patriótica y valerosa actitud desagradó a la mayoría liberal del Congreso, que lo colocó en la necesidad de renunciar a la embajada.* Posteriormente esa misma mayoría lo sustituyó en la designatura.

---

* Roberto Urdaneta Arbeláez, *El materialismo contra la dignidad del hombre*, Editorial Lucrós, Bogotá, 1960.

Esto ocurrió en Marzo de 1948, en vísperas de la reunión en Bogotá de la IX Conferencia Panamericana, de extraordinaria trascendencia por estar destinada a transformar la vieja Unión Panamericana en la Organización de Estados Americanos (OEA), con asistencia, entre otros representantes de los países del Continente, del general George Marshall, secretario de Estado de los Estados Unidos y prestigioso héroe de la última guerra mundial.

Con motivo de tan magno acontecimiento continental, las fuerzas izquierdistas y comunistas, autodenominadas «antiimperialistas», se movilizaron a Bogotá para sabotear la Conferencia, obtener un triunfo significativo sobre su odiado enemigo norteamericano y a la vez derrocar al moderado gobierno de Colombia, calificado por ellos de reaccionario y fascista. Fue así como estuvieron aquí, ya como delegados, ya como periodistas, belicosos activistas de países de Europa oriental, Chile, Venezuela y Cuba, y entre ellos Fidel Castro, futuro dictador de esta isla.

Para formarse una idea exacta de lo que en esos momentos significaron la acción y la influencia del Comunismo Internacional, conviene transcribir algunos párrafos del ya citado libro del ex presidente Urdaneta, que contiene completísimo relato de la aparición y desarrollo del comunismo, desde sus orígenes, su lenta penetración en Europa, su obra cumbre –la revolución rusa de 1917– y su difusión y avance en nuestro continente. En cuanto a su actividad en Colombia, desde fines de la década de 1920 y su creciente influjo en los sindicatos de trabajadores y luego en la Universidad trae amplísima documentación, que muestra lo que fue la agitación por él promovida en las postrimerías del régimen conservador y en los gobiernos liberales que le sucedieron, principalmente en el primero del doctor Alfonso López Pumarejo, que no lo reprimió y lo utilizó como aliado en sus programas de cambio, conocidos como la «Revolución en Marcha».

Durante ese gobierno el comunismo, siguiendo instrucciones del Comintern soviético, fundó el 8 de junio de 1936 el «Frente Popular», con participación de todos los partidos de izquierda, entre ellos el llamado «Izquierda Liberal». Al inaugurar la Casa Comunista de Bogotá dijo el doctor Gerardo Molina: «El partido seguirá los programas de lucha de la Tercera Internacional».

Otra muestra de esa colaboración fue el contrato que el ministerio de Educación celebró con el judío alemán Fritz Karsen como asesor técnico para organizar en la Universidad Nacional el año preparatorio, es decir, el de iniciación y orientación ideológica. Este individuo había sido fundador y rector de la Escuela Municipal Karl Marx de Berlín. Su método de enseñanza era colectivista: los alumnos mandaban y el maestro tenía que sujetarse a ellos. Había también allí la institución bolchevista de los «soviets escolares», y cuando algunos profesores que visitaron la escuela le preguntaron cómo pensaba remediar la insuficiencia de la instrucción que se daba a los estudiantes, contestó: «No tengo la menor intención de crear sabios sino hombres políticos, hombres marxistas».*

Este individuo fue la persona que asesoró durante varios años al ministerio de Educación, cuyas actividades se dirigieron en primer término, como ya se dijo, a la Universidad Nacional, en la cual influyó decisivamente, y más adelante en la Escuela Nacional de Comercio, y luego en la Escuela Normal Central de Institutores, donde su acción fue más eficaz para corromper a la juventud porque iba precisamente a la fuente de donde surgía la formación de las nuevas generaciones.**

Aunque es evidente la colaboración entre el comunismo y el mencionado gobierno y en la formación del «Frente Popular», el doctor Urdaneta Arbeláez consideró necesario aclarar que el

---

* *Ibídem.*
** *Ibídem.*

presidente López preconizó la revolución pero sin concretar las bases de ella. Esa circunstancia creó en los dirigentes comunistas un criterio erróneo sobre lo que podían alcanzar del gobierno y de la mayoría del partido liberal. Pensaron en un principio que podían incorporarlos en el «Frente», sin tener en cuenta que López, al mismo tiempo que anunciaba la revolución, hablaba de las realizaciones de la «República Liberal», con lo cual quería decir que los principios filosóficos que habían informado históricamente las directrices de su partido iban a ser mantenidas. En realidad, el programa y la obra de ese gobierno no entrañaba una verdadera revolución social, ni podía satisfacer a los convencidos del evangelio marxista. Lo que ocurrió fue que el presidente, por las fallas de nuestro sistema impositivo, inició con vigor la reforma tributaria de 1935, sin que ésta constituyera un movimiento revolucionario de tipo comunista, pero él la presentó en forma audaz y la revistió con un ropaje que le daba aspecto de revolución. Otro tanto puede decirse de las reformas del régimen sindical y de la legislación laboral adelantadas en esa administración.*

En cambio, en la reforma constitucional de 1936 sí obtuvo el comunismo importante triunfo al consagrar la expropiación sin indemnización, de origen y tendencia inconfundiblemente marxista, que implicó rudo golpe al principio de la filosofía individualista sobre respeto al derecho de propiedad, considerado como atributo esencial de la persona humana. Aunque en realidad esa norma se quedó escrita porque su aplicación estaba sujeta a reglamentación legislativa, que el Congreso nunca expidió. Pero el peligro quedó latente y constituye obstáculo a la inversión de capitales extranjeros en Colombia.**

La actividad del comunismo y su influencia en el gobierno y en la política se vio apreciablemente restringida en la segunda

---

* *Ibídem.*
** *Ibídem.*

guerra mundial por razón de los compromisos internacionales del país, pero con el advenimiento de la paz esa actividad se reanudó con nuevos bríos, aprovechando la circunstancia de que aquí habíamos elegido un gobierno conservador, que la izquierda calificaba de «fascista». Esa labor de agitación se vio incrementada en 1947 y 1948 por la proximidad de la reunión en Bogotá de la mencionada Conferencia Panamericana, cuyo fracaso era propósito prioritario del comunismo internacional.

En el ya citado libro *El materialismo contra la dignidad del hombre* se transcriben las siguientes apreciaciones del señor Vernun L. Fluharty, especialmente significativas por la inclinación suya a la izquierda.

> «Los agentes internacionales del partido estaban en la escena y jugaban con los acontecimientos. Huelgas en todas partes, especialmente en el Valle y Santander; suspensión de servicios públicos, paros de choferes en Bogotá y Cali, con motines y graves explosiones de violencia y anuncio de paros generales. La Policía se vio obligada a intervenir en los repetidos actos de sabotaje y encontró gran cantidad de explosivos en poder de dirigentes sindicales. La intranquilidad era general y luces trágicas iluminaban el horizonte. La pugnacidad política y la continua llegada de agitadores extranjeros inflamaba los espíritus y tenía la atmósfera cargada de nubes amenazantes».*

El húngaro Lazlo Rajk, que había iniciado su carrera de revolucionario en la guerra civil española y ocupado en su país los ministerios del Interior y de Relaciones Exteriores, declaró que su misión fue incrementar nuestra propaganda en Latinoamérica con el fin de vigorizar la resistencia de las masas indígenas contra el

---

* *IBÍDEM.*

capitalismo de Norteamérica y más concretamente promover una revolución en Colombia. En cumplimiento de ese encargo llegó a Barranquilla, donde el camarada Brancov le dio instrucciones de establecer en Bogotá contactos directos con los elementos progresistas del país. Sobre el resultado de esas gestiones dijo a sus superiores: «Las impresiones que saqué de la vitalidad del partido comunista colombiano fueron deplorables: sus jefes eran ineptos y las masas subyugadas por el caudillo popular doctor Jorge Eliécer Gaitán».*

Para cumplir el programa contra la IX Conferencia y derrocar al presidente Ospina, los jefes comunistas propusieron a destacadas figuras del liberalismo que colaboraran por medio de movimientos de masas, grupos de choque y acción directa, pero ellos se limitaron a decir que no participarían en aquélla por la presencia del doctor Laureano Gómez como jefe de la delegación colombiana. Esa actitud tibia desagradó al Cominform y a la CTAL, que la calificaron de auténtica traición. Buscaron entonces al doctor Gaitán, a quien propusieron dirigir el movimiento sedicioso, pues como sabían que las masas con que ellos contaban eran insuficientes para dar un golpe, se hacía indispensable contar con las que seguían al caudillo liberal. Abrigaban la esperanza de que éste aceptara su propuesta, creyéndolo resentido con el gobierno por no haberlo incluido en la delegación a la Conferencia. Pero la verdad es que no quiso atenderlos y a este respecto dijo: «Todo lo rechacé, pues no soy capaz de contribuir al descrédito de mi patria, ni obstruir la tarea en que están empeñados los países de nuestro continente. Para evitar equívocos haré una declaración pública, prohibiendo al pueblo de la capital colaborar en cualquier cosa que redunde en perjuicio de las labores de la Conferencia». Y en efecto al día siguiente apareció en la prensa su terminante declaración.**

---

* *Ibídem.*
** *Ibídem.*

En informe a sus jefes dijo el mismo Rajk: «Gaitán resultó ser anticomunista furibundo. Mi entrevista con él fue desconsoladora, pues descubrió rápidamente mis intenciones y me pidió abandonar el país porque de lo contrario informaría a las autoridades», y agrega: «Como ustedes comprenden, fui severamente reprendido por Brancov al darle cuenta de ese fracaso y tuve que salir de Colombia. Llamado de nuevo, me encontré otra vez con él en Barranquilla, donde me dio nuevas instrucciones para el sabotaje de la Conferencia. Esta vez, aprovechando la delicada situación política, pudimos actuar con entera libertad: logramos establecer valiosos contactos con organizaciones comunistas del Continente con la ayuda de estudiantes centroamericanos y cubanos que habíamos convocado a Bogotá con el pretexto de un Congreso de Juventudes. Sin embargo, a principios de abril fuimos localizados por el servicio de contraespionaje americano y nos vimos obligados a dejar la ciudad. Yo me dirigí a Barranquilla y Brancov quedó en Bogotá, pues aún no sospechaban de él. El 8 [de abril] recibí orden de viajar a Cuba, y al despedirnos me dijo: "Creo que el negocio se arregla. He tomado medidas que presagian el éxito. El 9 tome avión para la Habana"».*

En el ambiente descrito se produjo ese día (el 9 de abril), a la una de la tarde, el atentado contra el doctor Gaitán. A esa hora él salía de su oficina de abogado (situada en la carrera 7 entre la calle 14 y la Avenida Jiménez) y se dirigía con cuatro amigos a almorzar en un restaurante cercano. Adelante y a sus lados iban los doctores Plinio Mendoza Neira y Pedro Eliseo Cruz y un poco más atrás los doctores Jorge Padilla y otro amigo. Al recibir los disparos que le hicieron del lado de la calle 14, o sea por la espalda, se desplomó sobre la acera, mortalmente herido. Llevado a la Clínica Central, situada en la calle 12, murió casi inmediatamente. Como es natural, una gran cantidad de gente que había en ese sector y que aumentó rápidamente se precipitó hacia él, presa de

---

* *Ibídem.*

indignación y de dolor. En la confusión de ese momento alguien señaló a un hombre de apariencia muy humilde como autor del crimen y enseguida, sin dar tiempo de identificarlo y de que pudiera hablar, fue atacado violentamente y destrozado por la multitud, y su cadáver arrastrado por el suelo para llevarlo ante el Palacio Presidencial porque los promotores del motín, que se habían apoderado de la Radiodifusora Nacional, atribuían el magnicidio al gobierno y excitaban al pueblo a vengar al líder derrocando al presidente. Posteriormente se supo que el presunto asesino respondía al nombre de Juan Roa Sierra. Pero a este respecto es necesario tener en cuenta la declaración de uno de los acompañantes del doctor Gaitán, el escritor liberal Jorge Padilla, según la cual, al sentir los disparos, pudo ver que del lado de la calle 14 un hombre blanco, de mediana estatura y semiarrodillado acababa de hacer varios tiros hacia el norte, es decir hacia la espalda del caudillo. Después se supo, por la autopsia, que los disparos habían sido hechos con la maestría de un experto tirador. Por esa circunstancia y otras concomitantes se desvaneció la imputación al pobre hombre linchado en esa hora y se conjeturó que el autor del crimen fue el descrito por el doctor Padilla.

La multitud, además del desfile hacia el Palacio Presidencial y del ataque a éste, procedió a incendiar varios edificios públicos, conventos y colegios de comunidades religiosas, el Palacio Arzobispal, el de la Nunciatura, el de San Carlos –sede de la Cancillería, recién restaurado– y el de Justicia, así como automóviles, buses, tranvías y en general todos los medios de transporte y a saquear importantes almacenes, cargando con herramientas, ropa, licores, joyas, etc. Al anochecer estaba prácticamente destruido el centro, de modo que Bogotá daba la impresión de una ciudad bombardeada. Pero no fue ella la única víctima de la furia popular. En otras también se produjeron ataques, aunque menos generalizadas pero sí doblados de evidente crueldad, porque no se limitaron a la destrucción de la riqueza sino al asesinato de sacerdotes y dirigentes conservadores, como ocurrió en Armero, Caicedonia y Barranquilla.

Entre los innumerables incendios, con ser todos lamentabilísimos, revistió especial gravedad el del Palacio de Justicia porque allí se consumieron en las llamas infinidad de procesos penales que dejaron sin castigo a los más peligrosos delincuentes, con el consiguiente incremento de la impunidad y el nacimiento de bandas criminales y subversivas que mucho tuvieron que ver con el origen de la violencia de mediados del siglo.

Todo indica que la tragedia del 9 de Abril no fue acontecimiento inesperado o casual sino fruto de un plan cuidadosamente preparado, dentro de una técnica perfecta. El comunismo internacional fue el autor intelectual del drama, que no obedeció a móviles de política colombiana sino de carácter mundial. Las masas bogotanas fueron el instrumento para la realización de planes a los cuales eran completamente extrañas. Como dijo Enrique Santos, "Calibán":

«Jorge Eliécer Gaitán fue la primera y más ilustre víctima de la Política del Politburó Comunista, como Colombia fue otra de sus víctimas materiales. Cualquiera que observe los hechos tales como ocurrieron pudo ver en Bogotá el funcionamiento de un plan clásicamente comunista: se apoderaron de las estaciones de radio, propagaron el terror, dejaron grupos de dinamiteros, incendiarios y saqueadores. La propagación del terror para crear el pánico es fundamental en toda estrategia ofensiva comunista».[*]

Y en relación con el fallido intento comunista de obtener la colaboración del jefe único del liberalismo, el mencionado informe concluye así:

«Desgraciadamente, Gaitán tampoco aceptó, *por lo cual selló su destino*. Las causas de su muerte son de sobra conocidas por ustedes, *ya que fue necesario con-*

---

[*] Enrique Santos, "Calibán", en *El Tiempo*, 30 de abril de 1948.

vertirlo en mártir para empujar al pueblo a la revuelta y a la sedición comunista»* [subrayo].

Todo lo anterior quedó además corroborado por el decisivo concepto del ya citado señor Fluharty, según el cual «una de las características de los motines lleva la profunda y roja marca comunista: los ataques contra la Iglesia, que son típicamente anticolombianos, aun para un momento de gran agitación. En Barranquilla sacerdotes fueron arrancados del altar, golpeados y arrastrados por las calles en donde los amotinados los apedrearon y golpearon hasta dejarlos sin vida. Iglesias, conventos, colegios eclesiásticos, escuelas e instituciones cristianas incendiadas y religiosos asesinados y cruelmente mutilados. Desde las primeras horas los cabecillas del movimiento, desde los micrófonos de la Radio Nacional, anunciaban que los sacerdotes estaban asesinando al pueblo, disparando desde las torres de los templos, y llegaron hasta aseverar, en su furia contra la Iglesia, que el arzobispo de Bogotá dirigía la batalla contra el pueblo. Como consecuencia de estas incitaciones el Palacio del primado fue incendiado y allí perecieron sagradas e históricas reliquias».**

Por sugerencia de alguien cuya personería no se pudo establecer entonces, los miembros de la Dirección Nacional Liberal y otros personajes de ese partido llegaron al Palacio Presidencial hacia el anochecer de ese día. Según ellos habían sido llamados por el gobierno, y según éste nadie estaba autorizado para invitarlos. Sea de ello lo que fuere, lo cierto es que esa visita fue providencial, pues al tiempo con ella, en el curso de la noche, aumentaron la presencia y la acción del ejército, disminuyó la virulencia de los revolucionarios y se recuperó el control de importantes zonas del país.

En esa reunión los voceros liberales, que creían que el gobierno no podía sostenerse y que, por la filiación de la víctima, se

---
* Urdaneta Arbeláez, *op. cit.*
** Ibídem.

presentaba al liberalismo la oportunidad excepcional de recuperar el poder, plantearon de entrada el retiro del presidente como único medio de calmar a la enfurecida multitud y restablecer la normalidad. A esa exigencia repuso el doctor Ospina que ella, en lugar de resolver la situación, la haría más delicada y aun catastrófica, porque seguramente originaría una guerra civil y, sobre todo, por ser absolutamente inconstitucional. Agregó que no era posible pensar en el restablecimiento del orden y de la legalidad sino sobre la base del mantenimiento de la Constitución, alrededor de los poderes por ella establecidos. Dijo además que él, al posesionarse, había jurado cumplirla y que, como católico convencido, no quebrantaría ese juramento por ningún motivo, cualesquiera fueran las consecuencias. Al manifestar alguno de los dirigentes liberales que la situación, cada momento más angustiosa, implicaba para el presidente gravísimos riesgos, y que el gobierno que se constituyera ese día le daría, con su familia, amplísimas garantías de supervivencia y seguridad, repuso que el problema principal no era el suyo sino el del país y remató con la felicísima frase, que luego se hizo histórica, de que «para la democracia colombiana más vale un presidente muerto que un presidente fugitivo».

Horas más tarde, en la madrugada del 10, un grupo de generales pidió y obtuvo audiencia con el presidente, a quien manifestaron que en su concepto y en el del doctor Laureano Gómez, ministro de Relaciones Exteriores, con quien se habían entrevistado poco antes en el ministerio de Guerra,* la solución para el momento que vivía el país era el establecimiento de una Junta Militar de Gobierno. El presidente les preguntó enseguida cuál sería su situación (la de él) en ese gobierno, y ellos respondieron con ofrecimientos de amplias garantías, similares a las planteadas por los dirigentes liberales. Él les refirió entonces la respuesta que ya había dado a éstos y su decisión inquebranta-

---

* Reportaje al general Vanegas, en El Espectador, 9 de abril de 1949.

ble de no abandonar sus obligaciones constitucionales. Agregó que, en cambio, podría considerar la formación de un Ministerio mixto, con civiles y militares, a lo cual respondieron que ello no sería suficiente y que, por otra parte, no se sentían preparados, por falta de experiencia administrativa, para manejar los despachos ministeriales. En esa situación, de difícil entendimiento, el presidente manifestó que estaba considerando la posibilidad de restablecer el gabinete paritario de liberales y conservadores, con un militar en el ministerio de Guerra, y que como el general Ocampo era el de más alto grado en el escalafón, esperaba de su conocido patriotismo que aceptara esa designación. Éste contestó afirmativamente y el presidente, al despedirse, les dijo que confiaba en que fueran a cumplir con su deber en las dependencias y guarniciones que comandaban, y ellos así lo prometieron.

Poco después, al reanudarse el diálogo con los directores del liberalismo, les dio cuenta de su entrevista con los generales y de su deseo de restablecer el gabinete paritario de su programa de «Unión Nacional», con el doctor Darío Echandía en el ministerio de Gobierno y otro importante liberal, cercano al doctor Gaitán, en el de Justicia, con el principal objeto de controlar y dirigir como prenda de absoluta imparcialidad y eficacia, la investigación del magnicidio. El doctor Echandía encontró plausible tal propósito y dispuesto, en principio, a aceptar esa solución, pero pidió un plazo de varias horas para conocer los nombres de sus compañeros de gabinete y consultar con las directivas de su partido, que iban a reunirse en las oficinas de *El Tiempo*. El presidente le ofreció que hacia el mediodía le comunicaría la nómina ministerial y en efecto, al conocerla dio su aceptación y en la tarde tomó posesión del cargo y empezó a estudiar con el presidente las medidas urgentes que era preciso tomar para enfrentar las secuelas del alzamiento y restablecer el orden público y la normalidad. Entre ellas, la escogencia de quien debía encargarse de la referida investigación. En ese punto dijo el presidente que para garantizar la eficacia y transparencia del proceso debía pensarse en un jurista de altísimas calidades, ojalá magistrado de la Corte Suprema, obviamente liberal y partidario y amigo cercano del doctor Gaitán. Entre varios nombres se decidieron por el doctor Ricardo Jordán Jiménez, miembro de la Sala Penal de la Corte Suprema y muy antiguo y entrañable amigo del Caudillo. También acordaron designar al coronel Régulo Gaitán y al doctor Alfonso Araújo como directores de la Policía y de la Radiodifusora Nacional, respectivamente.

El ministerio reintegrado ese día quedó así: los doctores Echandía, Samuel Arango Reyes, Pedro Castro Monsalvo, Jorge Bejarano, Fabio Lozano y Lozano y Alonso Aragón Quintero, liberales, en las carteras de Gobierno, Justicia, Agricultura, Higiene, Educación y Minas y Petróleos, y los doctores Eduardo Zuleta Ángel, José María Bernal, Evaristo Sourdís, Guillermo Salamanca, José Vicente Dávila Tello y Luis Ignacio Andrade, conservadores, en las de Relaciones Exteriores, Hacienda, Trabajo, Economía, Comunicaciones y Obras Públicas. Y, como ya se dijo, el general Ocampo en el ministerio de Guerra. Los doctores Zuleta Ángel y Lozano habían hecho parte del gabinete anterior en los despachos de Gobierno y Guerra, y los doctores Bernal, Sourdís, Salamanca, Dávila y Andrade en los mismos cargos en que ese día fueron confirmados.

Este equipo de gobierno desplegó muy intensa e inteligente labor, preparando las medidas indispensables para conjurar las graves consecuencias de la asonada revolucionaria, restablecer con grandes dificultades el orden público y reactivar la quebrantada economía. Posteriormente, cuando el Congreso pudo reunirse, examinó los decretos legislativos que se habían dictado en la emergencia y no sólo los aprobó sino que convirtió la mayoría de ellos en legislación ordinaria permanente.

La solución dada a esta tremenda crisis, la más grave del país a lo largo de su historia, produjo no sólo los mencionados incomparables bienes de la restauración del orden y de la actividad económica, sino también una sensación de confianza en las reservas de la nacionalidad para superar las más adversas situaciones y encaminarse hacia un venturoso porvenir. Y tanto aquí como en el exterior se tributó gran reconocimiento a los ministros liberales por su patriótica colaboración, al presidente por el valor y la entereza con que supo afrontar tan dura prueba y lograr el mantenimiento del régimen constitucional y la convivencia entre los partidos, mostrando al mundo la solidez de nuestras instituciones y la vocación de los colombianos por las soluciones del Derecho. Los ministros liberales recibieron también efusivas felicitaciones por su patriótica decisión de ese día.

Entre los múltiples mensajes recibidos por el presidente merece citarse el que le dirigió desde Roma, en diciembre de ese año el gran poeta y político liberal Juan Lozano y Lozano. Dice así:

> «Muy respetado presidente y amigo:
> »Próximo a clausurarse este año, de tanta consecuencia en la sociedad y en la historia colombianas, quiero reiterarle mis sentimientos de alta admiración y profunda gratitud por la labor que Ud. ha desarrollado en beneficio de la patria, y particularmente por su procera actitud en las aciagas horas de la comuna bogotana.
> »En aquellos largos momentos decisivos para la república, cuanto en ella ha existido de tradición ilustre, de convicción civilizadora, de grandeza moral, se irguió en Ud. en forma insuperable para rescatar el patrimonio histórico, el honor y el porvenir de la nacionalidad. A ningún mandatario de Colombia se presentó jamás una situación que, como la de abril, exigiera tan extremo grado de inspiración patriótica, ni de fuerza moral, ni de capacidad de hombre de estado para afrontarla y resolverla. El heroísmo civil, la mas refinada categoría del

heroísmo humano, consagra a Ud. en nuestra historia como el mandatario que ante la más grave crisis cumplió el más bello gesto y prestó el más fecundo servicio.

»El día llegará en que mi modesta pluma de escritor, que algunos aprecian no por su discutible calidad literaria sino por su sinceridad, intente presentar la figura de Ud. como una larga incubación de valores morales que un día hallan la ocasión de polarizarse al choque con una situación excepcional, y convertirse en símbolos. La austera vida de Ud., dedicada toda ella al estudio, al trabajo, al servicio social, al cultivo de generosas ideas y nobles afectos, había lentamente decantado los jugos que se convirtieron en linfa vital de la comunidad en medio de la confusión, la desolación, el crimen y la muerte.

»Nada improvisó Ud. el 9 de abril para la salvación de nuestra democracia y, con ella, de la razón de ser de nuestra vida colombiana. Todo venía de atrás, de adentro, de condiciones maduradas al calor de la entraña misma de la patria común. Sus actos lo siguieron todos, sus actos de consciencia y de vida, y estuvieron presentes para formar bloque infrangible de animado mármol, el día de la magna prueba imprevisible».*

---

* JUAN LOZANO Y LOZANO, EN *EL TIEMPO*, DICIEMBRE DE 1948.

La pretendida derogatoria del Concordato de 1887

La representante Consuelo de Montejo presentó a la Cámara un proyecto de ley «por la cual se deroga la Ley 35 de 1888», aprobatoria del Concordato celebrado entre Colombia y la Santa Sede el 31 de diciembre de 1887. Repartido dicho proyecto al representante Carlos H. Morales, éste ha rendido ponencia favorable para primer debate.

Si bien el proyecto en sí mismo, en su tenor literal, no ofrece más reparo que el muy grave de ser inocuo y por tanto improcedente, como se explicará más adelante, su exposición de motivos y el informe del ponente requieren algunas observaciones.

1

La exposición de motivos abunda en errores históricos y jurídicos tan protuberantes que es imposible dejar sin rectificación. Además de algunas frases sin sentido –como la de que *«a virtud del Concordato la república renuncia y se compromete su independencia frente al orden eclesiástico»* (sic)– contiene afirmaciones con pretensión de argumento encaminadas a demostrar que el convenio en referencia limita la soberanía del Estado y está en

---

* El siguiente texto fue publicado originalmente en la *Revista del Centro de Estudios Colombianos*, en tiempos del referido debate en el Congreso.

contradicción con varios artículos constitucionales. En cuanto a lo primero, basta recordar que los tratados públicos, por regla general, implican y contienen limitaciones de la soberanía de los Estados contratantes y que en el último siglo se ha ido generalizando, entre los países y los autores, la tesis de la «soberanía relativa» expuesta por el padre Francisco Suárez a principios del siglo XVII. O sea que el Estado, aunque independiente, está sometido al Derecho Internacional y por ende a los compromisos con otros Estados. Por otra parte, es claro que a medida que aumenta, por los avances de la ciencia y la complejidad de la vida moderna, la interdependencia de los países y crecen en número e influencia los organismos internacionales, los Estados aceptan mayores recortes a su soberanía y mayores atribuciones a aquellos organismos.

En lo que respecta a la segunda cuestión, me limito por el momento a recordar que las modificaciones de una constitución, como las aprobadas por nuestro Congreso en 1936, no pueden invalidar un tratado vigente, aunque éste resulte en desacuerdo con ellas.

Aparte de otras inexactitudes –como la de afirmar que el Estado ha renunciado a llevar el registro civil de las personas, olvidando nada menos que el régimen establecido por la Ley 92 de 1938– la Exposición de Motivos trata ingenuamente de buscar causales de nulidad al Concordato, como la muy curiosa de que el representante diplomático de Colombia, señor Joaquín F. Vélez, extralimitó las facultades que le dio el presidente. Suponiendo que ello hubiera sido así, en nada se alteraría la validez del pacto suscrito por él, pues el gobierno –que era su mandante– no sólo lo acogió sino que obtuvo la aprobación del Congreso y procedió al canje de ratificaciones.

Otra pretendida causal de nulidad –que merece citarse por inverosímil– es la de que el Cardenal Rampolla, Secretario de Estado de Su Santidad León XIII, suscribió el Concordato en «nombre de la Santísima Trinidad, y ésta si no es un Estado» *(sic)*. Con argumentos como éste podría sostenerse que nuestras Constituciones, por el hecho de invocar en su preámbulo el nombre de Dios, no fueron expedidas en representación de un pueblo o de una nación sino de un «ente que no es Estado» y que, por consiguiente, Colombia no quedó organizada como tal.

Aunque no quiero alargarme en el comentario de estas famosas «causales», debo referirme a una más, por ser la más ingeniosa: que la Santa Sede no era en 1887 Estado ni potencia extranjera, por lo cual no podía celebrar tratados. Y como si esto fuera poco, agrega que «el Estado Vaticano no lo fue sino hasta 1929, o sea que no adquirió personería jurídica internacional sino cuarenta y dos años después de firmado el llamado Concordato, y entonces no podía ser sujeto de derechos y obligaciones» *(sic)*. De manera que la autora del proyecto confunde el Estado Vaticano con la Santa Sede y cree que ésta sólo adquirió personería internacional por virtud del tratado que en dicho año (1929) Italia suscribió con ella, destinado a arreglar la llamada «cuestión romana» que, como es sabido, tuvo origen en la ocupación del territorio de los Estados Pontificios que aquel país hizo en 1870. El hecho de que Mussolini –para superar la difícil situación que esa ocupación creó en un país de abrumadora mayoría católica– hubiera devuelto a la Santa Sede una pequeña parte de su antiguo territorio no significa que sólo en ese momento hubiera adquirido el papa su carácter de soberano. De todos es sabido que tal carácter le fue reconocido desde el siglo IV por el emperador Constantino y ratificado luego, en el siglo VIII, por Pipino, rey de Francia y padre de Carlomagno. Y de ahí en adelante por infinidad de concordatos, arbitramentos y decisiones pontificias que los reyes y príncipes aceptaban como jurídicamente obligatorias. Basta recordar, al respecto, las de Gregorio VII con el emperador Enrique IV y de Inocencio III con el rey Juan «Sin Tierra». Y en materia de concordatos, el de Worms de 1122, el celebrado con Francia en 1801 y los muy numerosos que la Santa Sede concertó antes y después de 1870.

Es más: Italia nunca pretendió –como lo dice en erudito estudio el padre Liborio Restrepo, S.J.– negarle ni quitarle la soberanía a la Santa Sede o al papa y siempre vio en éste a un verdadero soberano. Luego agrega: «nunca se interrumpieron las libres relaciones de la Santa Sede con los Estados Soberanos, católicos o no; y no únicamente en este período (1870-1929) ciertamente más difícil y crítico, sino también en otros tiempos anteriores en que el Pontífice, quedó despojado de su poder temporal, como en 1796, cuando las tropas francesas se apoderaron de Roma; o en 1809, en que los territorios del Estado Pontificio fueron unidos al Imperio por Napoleón; lo mismo que en 1848, cuando fue proclamada la República Romana». Y concluye manifestando que todos los tratados concluidos por la Santa Sede antes de 1870 continuaron en pleno vigor durante ese período (1870-1929); que en el sólo pontificado de Pío XI se celebraron dieciséis de ellos y que el hecho de que ningún soberano hubiera retirado sus agentes diplomáticos ante la Santa Sede es señal evidente de que no dejó de reconocérsele su plena soberanía.

Resulta, pues, imposible afirmar –y ello no se le ha ocurrido ni al más frenético fascista– que la soberanía de la Iglesia y la personería internacional de la Santa Sede se deban a Mussolini por el hecho de que éste haya celebrado con ella un tratado en que reparó parcialmente la actuación de sus antecesores. Por otra parte, es importante observar que en la llamada Edad Moderna –en que no abundan los países de mayoría católica y son pocos, muy pocos, los que se muestran adictos a la Santa Sede– ninguna nación pone en tela de juicio la soberanía de ésta, como lo atestigua el alto número de misiones diplomáticas acreditadas ante ella y las frecuentes visitas que hacen al papa jefes de Estado o de gobierno no católicos e incluso comunistas. A este respecto vale la pena transcribir el concepto de un eminente tratadista no católico, el señor Radbruch, que dice: «Junto a la posición jurídico-internacional fundada sobre su territorio estatal, conserva el papa la capacidad jurídico-internacional que se desprendía ya antes de su calidad de jefe supremo de la Iglesia católica».

Me haría interminable si siguiera comentando todos y cada uno de los errores históricos y jurídicos de la exposición de motivos. Lo dicho hasta aquí basta para mostrar la ligereza con que ha procedido su autora para poner de presente que una iniciativa tan infortunada sólo se explica por el afán de aparecer como «avanzada», resucitando posturas de un anticlericalismo decimonónico, superado en buena hora por el general Uribe Uribe, el doctor Olaya Herrera y los destacados estadistas del liberalismo que intervinieron en las reformas constitucionales expedidas a partir de 1905 y de manera especial en la redacción del preámbulo del Acto aprobado por el plebiscito de 1957.

2

La ponencia del representante Morales es un documento de índole muy diferente del que dejo comentado. Se trata, en realidad, de un estudio serio y erudito, que desde luego no acoge la mayoría de los errores de la exposición de motivos pero que desafortunadamente llega a una conclusión jurídicamente insostenible. El ponente, en efecto, no niega la soberanía de la Santa Sede, ni la constitucionalidad del Concordato a la luz de la Carta de 1886, ni siquiera su utilidad y conveniencia. Pero, partiendo de la base de que varias de sus cláusulas no armonizan con las reformas contenidas en el Acto Legislativo No. 1 de 1936, sostiene que aquéllas han dejado de ser constitucionales y que, por tanto, el Congreso puede abrogarlas. En otras palabras, profesa la tesis de que las disposiciones constitucionales de un país, expedidas con posterioridad a la celebración de un tratado público, prevalecen sobre éste. Veamos si ello es posible.

En primer término debemos precisar la naturaleza de los concordatos. Como lo dice el eminente jurista y catedrático doctor Leopoldo Uprimny en dos magníficos ensayos publicados en los números 374 de la *Revista Javeriana* y 89 de *Economía Colombiana*, cada día está más abandonada y en desuso la teoría «legalista», según la cual el concordato es una simple ley que puede ser abrogada por otra, y, en lo que respecta a la teoría del «privilegio» sostenida en otra época por algunos canonistas, anota el mismo autor que la Iglesia se separó de ella desde 1906 y sostuvo –en la Encíclica *Vehementer* de Pío X– que se trata de contratos bilaterales que obligan a ambas partes a observar inviolablemente sus cláusulas. Agrega el Pontífice que el Concordato celebrado con Francia en el siglo pasado había de regirse «por el mismo Derecho que rige todos los tratados internacionales, es decir, por el Derecho de Gentes, y que no podía anularse de ninguna manera unilateralmente por la voluntad exclusiva de uno de los contratantes».

Esta misma tesis es sostenida por varios afamados tratadistas como Verdross, citado por el Dr. Uprimny, al afirmar que «los concordatos son tratados internacionales, puesto que son acuerdos entre poderes jurídicamente iguales, sobre la base del Derecho Internacional». Y por Werns, que al hablar de los concordatos dice que «llevan consigo la fuerza de un pacto público celebrado entre la Santa Sede y un Estado y que obliga verdaderamente a una y otra parte».*

La tesis anterior conduce obviamente a la conclusión de que los concordatos y los tratados no pueden modificarse ni abrogarse por actos unilaterales sino por convenio de los Estados contratantes o decisión de la justicia internacional, del mismo modo que en el campo del derecho privado los contratos no pueden resolverse sino por el mutuo consentimiento de las partes o por sentencia de los jueces.

---

* Citado por Álvaro Copete Lizarralde, *Lecciones del derecho constitucional colombiano*.

Otra consecuencia de la misma tesis es la imposibilidad de acusar por inconstitucional y declarar inexequible la ley que aprueba un tratado internacional. A este respecto dice el doctor Copete Lizarralde en la misma obra que la Corte «siempre se ha abstenido de considerar las acciones contra las leyes aprobatorias de tratados públicos porque estima que siendo estos pactos bilaterales del Derecho Internacional su vida no puede quedar condicionada a la decisión de una sola de las partes».* Y transcribe enseguida los siguientes párrafos de la sentencia proferida por el mismo alto tribunal el 6 de julio de 1914:

«Las leyes aprobatorias de tratados públicos son de carácter especial y se diferencian por varios aspectos de las leyes ordinarias, aun cuando estén sometidas en su formación a los mismos requisitos. Éstas son actos unilaterales que se cumplen con el solo requisito de su sanción y promulgación; aquéllas son elementos de actos jurídicos complejos que no establecen por sí solas relaciones de derecho, y su eficacia depende del consentimiento de la otra nación contratante. Aun cuando la ley que aprueba un tratado público viene a ser un elemento necesario de él, no por eso debe confundirse el pacto con la ley que lo aprueba. Aquél contiene las estipulaciones recíprocas de las partes, los deberes que contrae cada una de ellas y los derechos que adquiere, y no surge a la vida jurídica sino cuando las potestades supremas contratantes lo han ratificado y se han canjeado las ratificaciones».**

El hecho de que la Corte –no sólo en la sentencia anterior sino en múltiples fallos que constituyen ya constante y reiterada jurisprudencia– se haya declarado incompetente para conocer

---

* *Ibídem.*
** *Gaceta Judicial*, tomo XXIII.

de demandas contra las leyes aprobatorias de tratados, implica el reconocimiento de que éstos no pueden ser derogados por la legislación nacional. A este respecto debe recordarse el fallo proferido por ella el 18 de marzo de 1941, con ponencia del distinguido jurista y ex ministro liberal doctor Hernán Salamanca, que declaró inconstitucionales algunos artículos de la ley 92 de 1938 por ser violatorios de la Convención Adicional al Concordato, aprobada en 1892, y del artículo 73 de la Carta que prohibe al Congreso «inmiscuirse por medio de resoluciones o de leyes en asuntos que son de la privativa competencia de otros poderes».

En igual sentido se han pronunciado importantes ministros, pertenecientes a los dos partidos tradicionales, como lo observa el ilustrado catedrático y académico de Historia doctor Jorge Cárdenas García en documentado artículo publicado en el número 89 de la ya citada revista *Economía Colombiana*. En efecto: el doctor Antonio Rocha, ministro de Educación nacional en 1944, se manifestó dispuesto a aplicar las disposiciones educativas del Convenio de Misiones celebrado con la Santa Sede en 1928 de preferencia a las de libertad de enseñanza contenidas en la reforma constitucional de 1936. Y su colega de Relaciones Exteriores, doctor Carlos Lozano y Lozano, declaró en ese mismo año que era necesario el cierre de la escuela protestante de Puerto Leguízamo «a fin de ajustarse a las disposiciones del Convenio de Misiones de 1928 y en vista de las iniciativas tomadas recientemente por la Conferencia Episcopal en estas materias. La tesis de que pueda existir oposición entre el texto del referido convenio y los artículos constitucionales de la reforma del año 36, no parece aceptable ya que aquél es un acuerdo internacional que nos obliga».

«En idénticos términos –agrega el doctor Cárdenas García– se pronunciaba el doctor Germán Arciniegas, como ministro de Educación nacional en 1946, en lo tocante a las escuelas protestantes de Yopal y La Aguada; y se manifestaba partidario de que se creara el Cuerpo de Policía de Montepa, de manera que los niños colombianos no pudieran educarse en las escuelas protestantes de un país limítrofe y hermano». Enseguida cita el mismo historiador conceptos de los doctores Eduardo Zuleta Ángel y José Antonio Montalvo, ministros de Relaciones Exteriores en 1947 y 1963, respectivamente, sobre la supremacía del Concordato en relación con el derecho interno. Y del doctor Germán Zea, canciller del presidente Lleras Restrepo, que no fue menos enfático que sus predecesores al declarar ante el Congreso que el Concordato sólo podía ser revisado por el mutuo consentimiento de las altas partes contratantes.

También debe recordarse que al discutirse la reforma constitucional de 1936 uno de los ministros del presidente López declaró en las Cámaras que la reforma propuesta a los artículos de la Carta relacionados con el Concordato no tenía virtud para modificar éste, pues un tratado internacional no podía variarse unilateralmente, pero que, como el gobierno iba a iniciar negociaciones con la Santa Sede para obtener la reforma del convenio de 1887, se buscaba aprovechar la expedición de ese acto legislativo para incluir en él disposiciones que armonizaran con la proyectada modificación de aquél. Es decir, que el gobierno de entonces, al fijar en tal forma el objetivo y alcance de las nuevas disposiciones constitucionales, reconoció la imposibilidad de alterar o derogar pactos internacionales por la sola voluntad de una de las partes, y reconoció por tanto la necesidad y conveniencia de que se mantuviera el régimen concordatario.

Consecuente con esa tesis, el gobierno siguiente, presidido por el doctor Eduardo Santos, adelantó negociaciones en Roma que culminaron con la celebración del Convenio Echandía-Maglione, que modificó varios artículos del Concordato y que, aunque fue aprobado por la Ley 50 de 1942, no entró en vigencia por circunstancias conocidas que impidieron el indispensable canje de ratificaciones. El hecho de que, no obstante la expedición de tal ley, el convenio no se hubiera podido ejecutar constituye una prueba más de su carácter bilateral.

Como si las obvias consideraciones anteriores no fueran suficientes para infirmar la equivocada tesis del ponente, transcribo algunos puntos de la declaración formulada por el canciller Vásquez Carrizosa con motivo de la discusión del referido proyecto en la comisión primera de la Cámara. Dicen así: «Una inmodificable tradición internacional del país ha rechazado la posibilidad de la abrogación unilateral de los tratados públicos». De esta manera lo ordenan diversas cartas y tratados vigentes para Colombia, a saber: la Carta de las Naciones Unidas y la de la Organización de los Estados Americanos y la Convención sobre tratados suscrita en La Habana en 1928 en la VI Conferencia Internacional Americana. Además la Convención de Viena en 1968, suscrita por todas las naciones, desde el principado de Mónaco hasta la Unión de Repúblicas Socialistas Soviéticas. La Convención sobre tratados de La Habana en 1928 dispone en su artículo 10: «Ningún Estado puede eximirse de las obligaciones del tratado o modificar sus estipulaciones sino con el acuerdo, pacíficamente obtenido, de los otros contratantes». Y en su artículo 11: «Los tratados continuarán surtiendo sus efectos aun cuando llegue a modificarse la Constitución interna de los Estados contratantes». La Convención de Viena sobre el derecho de los Tratados igualmente dispone: «Artículo 26. Todo tratado en vigor obliga a las partes y debe ser cumplido por ellas de buena fe». Y en su artículo 27 se encuentra esta norma: «Una parte no podrá invocar las disposiciones de su Derecho interno como justificación de incumplimiento de un tratado». El Congreso de Colombia, al aprobar la Ley 1a. de 1951 sobre la Carta de la Organización de los Estados Americanos, consignó en el artículo 2 lo que allí se denomina «interpretación colombiana del artículo 14 de este tratado» sobre el respeto y fiel observancia de los acuerdos internacionales. Dicho artículo es del tenor siguiente: «El Congreso de Colombia, al aprobar la Carta de la Organización de los Estados Americanos, declara: 1. El respeto y la fiel observancia de los tratados constituyen norma indispensable para el desarrollo de las relaciones pacíficas entre los Estados; y 2. Los tratados públicos que se hallen vigentes entre la república de Colombia y otros Estados, americanos o no, tan sólo podrán ser revisados mediante acuerdos de las partes».

3

Demostrado, como queda, que el Concordato con la Santa Sede no adolece de vicio alguno de nulidad y que no puede modificarse y menos abrogarse por decisión unilateral de una de las partes (Colombia), aun en el caso de que algunas de sus estipulaciones no armonicen con la reforma constitucional de 1936, resulta evidente que el único medio jurídico y serio para obtener su modificación es el escogido en 1941 por el gobierno del presidente Santos y en este año por el del presidente Pastrana. Como lo dijo éste en el mensaje que dirigió al Congreso el 20 de julio pasado, el gobierno ha iniciado negociaciones encaminadas a la reforma integral de dicho pacto, empezando por la abrogación de la Ley 54 de 1924 (la llamada «Ley Concha») y del Convenio de Misiones de 1952, para seguir luego con otros temas –presumiblemente el de la educación– que requieren reajustarse no sólo a la realidad actual del país sino también a las orientaciones trazadas a la Iglesia por el último Concilio Ecuménico. Precisamente el espíritu que animó a éste permite asegurar que no habrá mayor dificultad para obtener las reformas concordatarias que el país desea, y que proyectos como el que he comentado en este escrito no sólo son injurídicos e improcedentes sino que contribuyen a desmejorar el buen clima que, por las razones dichas, existe hoy para la feliz culminación de las negociaciones que se adelantan con la Santa Sede.

La descentralización. Fórmulas del presidente López Michelsen en 1977*

Contra la situación delpaís en los tiempos de la Federación en el siglo XIX se alzó avasalladora e inatajable una poderosa corriente de opinión que respaldó al Regenerador en su programa de reforma de la Constitución de Rionegro y llevó a la expedición de la de 1886, con su afortunada síntesis de «centralización política y descentralización administrativa», que resolvió para siempre la pugna de federalistas y centralistas que había destrozado al país en varias guerras y que, como se reconoce hoy en forma casi unánime, logró estructurar las instituciones que responden en lo fundamental a la índole nuestra, como lo prueba el hecho de su vigencia en más de cien años y de que con ella hayan gobernado, conjunta o separadamente, los dos partidos tradicionales.

Pero si bien es cierto que la primera parte de la fórmula de Núñez ha tenido cabal aplicación para asegurar la unidad de la legislación y el mantenimiento del orden, que es en lo que consiste la centralización política, es también indudable que, en lo que se refiere a la descentralización administrativa, no sólo no hemos avanzado sino que, inclusive, hemos retrocedido. Entre las causas de este retroceso pueden mencionarse la difícil situación

---

* El texto que sigue fue publicado originalmente en la *Revista del Centro de Estudios Colombianos*.

política que el país vivió entre 1886 y 1904, con dos asoladoras guerras civiles y la consiguiente necesidad de hacer casi continuos el estado de sitio y las facultades extraordinarias; el acrecentamiento de los poderes del ejecutivo en la administración del general Reyes, tanto por el carácter vigoroso y progresista de éste como por la situación de ruina y desconcierto en que se encontraba el país al día siguiente de la paz del Wisconsin y de la separación de Panamá; la reforma constitucional de 1936 con la cual el liberalismo –rectificando su tradicional credo individualista– dio con razón al Estado intervención en la economía y en las relaciones laborales; la creciente reglamentación de las actividades industriales, motivada por la escasez de algunos artículos y materias primas durante la segunda guerra mundial y en los años que la siguieron; y por último, la reforma constitucional y administrativa de 1968 que, al reforzar las atribuciones del Congreso y del Ejecutivo para intervenir en nuevos campos de la actividad privada, determinó una mayor ingerencia de ellos en todas las etapas del proceso económico.

Aunque es obvio que el Estado moderno no puede moverse dentro de los esquemas del liberalismo manchesteriano, pues cada día se hace más necesaria su presencia en la actividad nacional y en la planeación económica, no es menos cierto que en un país tan extenso y variado como el nuestro, donde algunas de sus regiones han mostrado gran iniciativa y capacidad de desarrollo, la excesiva centralización, lejos de ayudar al incremento de la riqueza y del progreso, frena y anula esfuerzos valiosísimos que, con mayor estímulo, contribuirían más al incremento del bienestar colectivo.

En la situación que han alcanzado las industrias de Medellín, Cali, Barranquilla, Bucaramanga, Cartagena, Manizales y otras ciudades, o la agricultura del Valle, del Tolima y de la Costa, resulta absurdo que las oficinas seccionales del Estado (principalmente las de los institutos mal llamados «descentralizados») carezcan de poder decisorio suficiente y obliguen a los empresarios de «provincia» a viajar frecuentemente a Bogotá para gestionar una licencia de importación, o una clasificación arancelaria, o una reglamentación de aguas, etc. Es igualmente absurdo que el transporte dependa de un organismo central, no obstante las diversas condiciones de las vías y del tráfico en las distintas ciudades y regiones, y que las sucursales de los institutos de crédito sean apenas oficinas intermediarias, encargadas de recibir solicitudes y remitirlas a Bogotá para que sobre ellas decida la casa principal, casi siempre sin conocimiento exacto del interesado o de las verdaderas perspectivas de la empresa que se proyecta.

Es, pues, indispensable y urgente –antes de que sea demasiado tarde y el resentimiento de las regiones llegue a perturbar la armonía que debe existir entre ellas, y aun a poner en peligro la unidad nacional– que el Estado aboque seriamente y con sinceridad este delicado problema. Pero descartado el federalismo, por las razones anotadas, ¿cuáles podrían ser los medios adecuados para lograr la deseada descentralización y el cabal desarrollo de las regiones?

En primer término, debemos observar que el gobierno, al proponer la convocatoria de una Asamblea Constituyente, no ha presentado ninguna fórmula sobre modificación del régimen departamental y municipal, ni ha designado una comisión especial que la proyecte, sino se ha limitado a anotar algunas de sus fallas y a decir que la necesidad de corregirlas es uno de los motivos que justifican dicha convocatoria.

El presidente López Michelsen, en uno de sus discursos de clausura del Congreso, criticó el funcionamiento de las Asambleas, atribuyéndolo a que los departamentos han llegado a ser organismos obsoletos, que podrían ser sustituidos ventajosamente por provincias o cantones; y posteriormente, en otra oportunidad, planteó como posible remedio la elección popular de los gobernadores o la intervención de las Asambleas en la designación que de ellos haga el gobierno.

La supresión de las entidades departamentales sería, a mi juicio, solución desacertada y contraproducente, pues no haría otra cosa que reforzar el centralismo. Si éste existe con los actuales departamentos, algunos de los cuales son extensos, poblados e importantes, ¿cómo podría eliminárselo o atenuárselo con entidades más pequeñas, como las provincias o cantones de que habló el presidente? Si las actuales divisiones territoriales –que en gran parte obedecen a realidades sociológicas y cuentan con importante tradición– no han podido contrarrestar la fuerza centrípeta del Estado, ¿cómo podrían hacerlo las aludidas provincias o cantones? Sería, pues, un remedio peor que la enfermedad, pues no haría más que acentuar la gravedad de ésta. Más aun: la subdivisión de los antiguos catorce departamentos, que subsistieron con alguna fuerza hasta 1944, y la creación artificial de algunos que no tenían ni tienen los elementos básicos que los justifiquen, y para cuyo nacimiento se requirieron disposiciones de excepción al artículo 5 de la Carta, es otro de los hechos que han contribuido a hacer más agudo el centralismo.

Por otra parte, como lo ha dicho con acierto en artículo publicado en *El Tiempo*, el doctor Hernán Toro Agudelo, ilustre jurista y exministro, la tradición y el sentimiento han dado base a ciertas unidades regionales, ya muy firmes, casi de alcance nacionalista, que sería imposible destruir. Hay pues un consenso general sobre la necesidad de que existan esos organismos intermedios entre la unidad municipal aislada y la prepotencia del Estado, así acusen evidentes deficiencias de funcionamiento y así haya podido estar justificada la división de alguno de ellos. Como lo ha dicho Eduardo Santa, en su excelente estudio sobre el tema, la existencia de los departamentos se justifica en la necesidad de acercar un poco al pueblo los poderes centrales y facilitar y agilizar la función administrativa. Y refuerza esta afirmación la tesis del general Rafael Uribe, según la cual «autoridad lejana es autoridad ausente, y autoridad ausente es autoridad nula».

Otra de las soluciones mencionadas por el presidente es la intervención de las Asambleas departamentales en el nombramiento de los gobernadores. Sea lo primero recordar que esta solución ya se ensayó, y con innegable fracaso, en la Constitución de 1832. Ésta, llevada de su tendencia liberal a debilitar políticamente al gobierno, dispuso que el presidente nombrara a los gobernadores de las provincias (entonces no había departamentos), sacándolos de una lista de seis candidatos que le pasarían las Cámaras de dichas provincias (origen de nuestras actuales Asambleas) y con el aditamento de que los gobernadores, así nombrados, tenían período fijo (4 años) y no podían ser removidos sino por sentencia judicial, previo el correspondiente juicio. Este sistema produjo –aun en una época en que no estaban completamente estructurados o definidos los partidos políticos– funestos resultados para la armonía entre los gobiernos nacional y provincial y para el mantenimiento del orden, como se vio en la nefasta guerra de 1840 y lo demostró don Mariano Ospina en el luminoso informe que como ministro del Interior y Relaciones Exteriores dirigió al Congreso de 1842, que contribuyó por cierto a sustituir dicha Carta por la de 1843.

Piénsese en lo que ocurriría si alguna de nuestras Asambleas fuera dominada por diputados comunistas o de grupos afines y, llegado el caso de una conmoción nacional o de uno de tantos paros cívicos, el doctor López tuviera que hacerle frente a esa situación con un gobernador sacado de la lista enviada por la Asamblea del ejemplo. O si el gobierno, para obtener la aquiescencia de ésta, tuviera que designar a alguno de los camaradas o extremistas que tan poco agradecidos se han mostrado con el actual jefe del Estado.

La tercera solución esbozada por el presidente es la elección popular de los gobernadores. A este respecto debemos recordar que la primera iniciativa fue la del proyecto de Constitución presentado por los diputados «Gólgotas» en el gobierno del general José Hilario López, que suscitó agitados debates, pues hasta los amigos y seguidores del general Obando –no obstante sus pregonados democratismo y populismo– la combatieron con empeño por estimar que quitaba al presidente el principal instrumento para el mantenimiento del orden y podía sumir al país en incontrolable anarquía. Como en efecto ocurrió cuando la malhadada iniciativa fue incorporada en las Constituciones de 1853, 58 y 63. Pero además de este grave inconveniente, motivado por la falta de dependencia de los gobernadores con respecto al presidente, considérese lo que ocurriría en la mayoría de los departamentos si el jefe de su administración no fuera escogido con el criterio casi siempre responsable del primer magistrado, sino por el número de votos que lograra conquistar el aspirante a este cargo, por medio de la demagogia y del bien administrado clientelismo político. Es seguro que, con tal sistema, jamás habrían llegado a estas posiciones algunos distinguidos ciudadanos, ajenos a la actividad política, que lograron hacer en su región gobiernos memorables.

* * *

Descartadas, como creo deberán quedar las soluciones anteriores, estimo que, con respecto a los departamentos sólo se requeriría una reforma de la Constitución si se optara por sustituir las Asambleas por Consejos departamentales, cuyos integrantes no provinieran exclusivamente de elección popular. Esta solución a primera vista parece difícil, por no decir imposible, en momentos en que, como medio de descentralización, se ha llegado a proponer la elección popular de los gobernadores. Por otra parte temo que los aludidos Consejos no gocen del favor de la opinión, porque fueron ideados en los gobiernos del general Reyes y del general Rojas y porque seguramente se consideran contrarios a nuestra tradición democrática. Sin embargo, si se quiere aplicar un eficaz correctivo a la ineficiencia y a la politiquería de las Asambleas, no veo otro medio que su reemplazo o una diferente integración de ellas, estableciendo que parte de sus miembros no sean elegidos por el pueblo, sino por los Cabildos y por gremios económicos, profesionales y culturales, pues sólo así podrá lograrse que en las deliberaciones de esos cuerpos entren en juego criterios rigurosamente administrativos, que contrarresten el de quienes, como los actuales diputados, tienen que asegurar su reelección por medio de auxilios inconsultos, de despilfarro y demagogia. Yo no creo que el liberalismo de nuestros días pueda estimar que una solución como ésta sea esencialmente contraria a sus principios, si se recuerda que su ilustre caudillo, el general Uribe, propuso en 1904 que «el Senado se convirtiera en una verdadera Cámara del Trabajo», sustentando así su iniciativa: «La de representantes, elegida por el pueblo, lo representa numéricamente; la del Trabajo la elegirán los gremios: los propietarios urbanos y rurales, el comercio, el tráfico y la navegación, los agricultores, los industriales y obreros, los mineros, las universidades, las academias, la Iglesia y el Ejército. Si el Parlamento ha de ser como una reducción fotográfica del país, tal como es, allí en la Cámara del Trabajo debe haber voceros de todos los cuerpos que en el país existen y tienen vida propia, voceros que tratan con especial competencia los asuntos de su resorte, echados a perder por lo regular por entrometidos presuntuosos que no los conocen ni tienen interés en ellos».

Si esto decía el general Uribe con respecto a una de las dos Cámaras del Congreso nacional, ¿qué mucho que una fórmula similar a la suya pueda utilizarse para integrar un cuerpo no ya legislativo ni constituyente sino simplemente administrativo y regional? Y en lo que respecta al impopular antecedente de los Consejos departamentales, no hay que olvidar que los de 1909 no alcanzaron a funcionar, y que los que creó el Acto Legislativo 2 de 1954 estaban compuestos por consejeros nombrados directamente por el Congreso y por el gobierno. Es decir, que no sólo no contribuían a corregir el centralismo, sino que por el contrario, lo reforzaban apreciablemente.

Si se desechan, por inconvenientes, las soluciones sugeridas por el presidente López, y si no se adopta, por razón de prejuicios aparentemente democráticos, la de la transformación de las Asambleas, creo que el problema del excesivo centralismo podría aliviarse, al menos en parte, con la expedición de algunas leyes y, desde luego, con un cambio importante en nuestras costumbre políticas, que devuelva a la actividad de los partidos la altura y el desinterés personal que hubo en otras épocas. Pienso, por una parte, que las fallas de la administración departamental no se van a corregir solamente con reformas constitucionales, y por la otra, que el mal funcionamiento de las entidades regionales, como lo anota el citado doctor Toro, no proviene de las normas de la Carta sino de los vicios políticos a que hice referencia y de la falta de recursos y atribuciones de ellas para promover el desarrollo económico y social. De lo cual es en gran parte responsable la nación, ya que las secciones no pueden establecer impuestos sin la autorización del Congreso. Fuera de que en otros casos el Estado, para asumir algunos servicios, toma para sí la participación de los departamentos en ciertas rentas nacionales.

En lo que respecta a una efectiva descentralización, anota el doctor Toro que lo importante es, además del incremento de los recursos, desarrollar en leyes algunos textos constitucionales, especialmente de la reforma de 1968. En efecto, el artículo 135, proveniente del Acto Legislativo de 1945, establecía que los ministros, los jefes de departamentos administrativos y los gobernadores pueden ejercer, bajo su propia responsabilidad, determinadas funciones de las que corresponden al presidente como suprema autoridad administrativa, según lo disponga éste. Y agregaba que las que pueden ser delegadas serían señaladas por la ley. Lo cual significa que está en manos del Congreso indicar las funciones presidenciales susceptibles de delegación, y en manos del presidente traspasarlas, en todo o en parte, a los gobernadores, con la obvia finalidad de descongestionar la administración central y hacer más eficaz y rápida la prestación en los departamentos de algunos servicios públicos, con evidente ventaja para la ciudadanía y aun para prestigio del mismo Estado.

Pero además de este artículo, que implicó ya un avance en el camino de la descentralización, el artículo 52 del Acto Legislativo 1 de 1968 adicionó así el 181 de la Constitución original: «El gobernador, como agente del gobierno, dirigirá y coordinará, *además,* en el departamento, los *servicios nacionales* en las condiciones de la *delegación* que le confiera el presidente de la república». Es decir, que el gobernador, además de dirigir y coordinar los servicios departamentales, hará lo propio con los de carácter nacional, en las condiciones en que el presidente le delegue esa atribución, o sea que éste pueda asignar a los gobernadores la dirección y coordinación de los servicios de carácter nacional que deben prestarse en los departamentos.

Así las cosas, considérese lo mucho que se podría avanzar en lo relativo a la descentralización y desarrollo regional si el presidente hiciera más uso de esta facultad. Ni él estaría tan abrumadoramente recargado de problemas, ni los habitantes de los departamentos tendrían que esperar tanto tiempo para resolver los suyos, ni se verían obligados a viajar frecuentemente a Bogotá, o a pagar costosos apoderados para obtener pronto despacho de sus solicitudes o reclamos.

Además de los dos artículos anteriores y del 182 –que consagra el «situado fiscal», cuya ley podría modificarse en el sentido de aumentar la participación de las entidades regionales en las rentas de la nación– el 189 (originario de la reforma de 1968) dispone que «la ley, a iniciativa del gobierno, determinará los procedimientos para la discusión, modificaciones y vigencia de las ordenanzas a que se refiere el ordinal 2 del artículo 187» (que son las relacionadas con los planes y programas de desarrollo económico y social y con las obras públicas del departamento). Y el mismo artículo 189 agrega: «Igualmente, a iniciativa del gobierno, la ley determinará lo relativo a los planes y programas de desarrollo económico y social y de obras públicas de los municipios...» Están pues en mora el gobierno y el Congreso de presentar y expedir las leyes que faciliten a departamentos y municipios la realización de los referidos planes de desarrollo.

Finalmente, debo citar el artículo 198, que faculta a la ley para asociar dos o más municipios, bajo autoridades y régimen especiales, con su propia personería y una adecuada participación de las autoridades municipales en dicha organización. Es claro que si el Congreso se ocupara más de los verdaderos problemas nacionales o hiciera uso de todos estos instrumentos que la Constitución ha puesto en sus manos, ya tendríamos varias agrupaciones de municipios o áreas metropolitanas que, por disponer de mayores población, extensión y recursos, contarían con mejores elementos para su progreso y alcanzarían cierto grado de descentralización.

Además de medidas como las que acabo de mencionar, destinadas a poner en práctica sistemas nuevos previstos en la Constitución, el Congreso y el gobierno podrían dictar otras, más sencillas, encaminadas a desmontar, al menos en parte, el asfixiante centralismo que hoy padecemos. Entre ellas estaría, en primer termino, la reestructuración de los institutos mal llamados descentralizados, pasando a las oficinas seccionales de éstos capacidad de decisión en múltiples asuntos, de manera que éstas puedan resolverlos, aunque sólo sea en primera instancia.

Otra medida elemental sería la descentralización de las compras del Estado. Como hoy están atribuidas a la oficina central de varias entidades, algunos departamentos de ventas de las empresas se han trasladado a Bogotá. Más aun: en ciertos casos el traslado no ha sido sólo de la sección de ventas sino, inclusive, de la gerencia, y esto, como es obvio, ocasiona apreciables recargos y perjuicios no sólo a los industriales sino a las regiones donde tienen sus fábricas, por cuanto implica el desplazamiento de un grupo directivo y técnico que representa valioso capital humano, así como de cuentas bancarias que reducen el potencial crediticio de la región. Igualmente, origina disminución en la demanda de servicios profesionales, como seguros y asesorías, y menor movimiento de propiedad raíz. En una palabra, la fuga de importantes elementos hacia la capital, y una apreciable caída de la actividad económica de la región.

Es, pues, necesario que además de corregir los errores anotados, el Estado adelante como instrumento útil para lograr la descentralización industrial, una decidida política de inversión pública que lleve a la creación de la infraestructura que estimule la inversión privada requerida para el establecimiento de nuevas industrias en ciudades distintas de las tres o cuatro más pobladas del país.

Desafortunadamente han faltado esa política y esos incentivos, no obstante que los recursos tributarios se aumentaron en progresión casi geométrica en los últimos años. La triste realidad es que, como lo dijo el propio presidente López, la mayor parte de esos recursos se fueron en burocracia y demás gastos de funcionamiento.

La conjura contra la Constitución de 1886*

Hace dos años la nación celebró, jubilosamente el primer centenario de nuestra Constitución. Digo la Nación, toda la nación, porque esa conmemoración no fue sólo del partido que se considera heredero de quienes la expidieron sino del gobierno bipartidista que nos regía en ese momento y de las principales instituciones públicas y privadas del país. En efecto: la comisión encargada de organizar la celebración de esa efemérides estuvo integrada por tres ministros (dos de ellos liberales), los presidentes de la Corte Suprema, del Consejo de Estado y del Tribunal Disciplinario (alternadamente liberales y conservadores), los presidentes de las Academias de la Lengua, de la Historia y de Jurisprudencia (todos liberales) y dos ciudadanos, un historiador y un periodista, pertenecientes a los dos partidos tradicionales.

Esa comisión organizó una serie de conferencias dictadas por eminentes juristas en las principales ciudades del país y editó, con la valiosa colaboración del Banco de la República, una cartilla sintética destinada a los alumnos de escuelas y colegios y una colección de biografías de los miembros del Consejo Nacional de Delegatarios que, como se sabe, pertenecían por mitad a los partidos conservador y liberal independiente. Pero no se celebró so-

---

* El texto que sigue fue publicado originalmente en 1988 en la Revista *La Tadeo*.

lamente la circunstancia, de por sí muy valiosa, de los cien años de su vigencia, sino la consideración de que su perdurabilidad obedecía, por una parte, a que el Estatuto respondió a lo fundamental de la índole de la Nación y, por otra, a que su sabio y flexible sistema de reforma ha permitido actualizarla constantemente, acogiendo en sucesivas enmiendas las ideas o aspiraciones del partido que no sólo no había contribuido a su expedición sino que, inclusive, había promovido dos guerras civiles para eliminarla. Es bien sabido que la reforma de 1910, realizada por una Asamblea Constituyente de apreciable mayoría conservadora, incorporó a la Carta las tesis que el partido liberal había sostenido hasta antes del Quinquenio del general Reyes, con lo cual ella quedó respaldada por un amplio consenso que la hizo más auténticamente nacional. La reforma de 1936, aunque expedida por un Congreso homogéneamente liberal, fue acogida por los dos partidos en el plebiscito de 1957 y confirmada en las que se adoptaron posteriormente en Cámaras paritarias o de mayoría de uno de ellos, pero con participación del otro. Ante esta realidad indiscutible, ¿cómo puede calificársela despectiva o agresivamente –con trasnochado sectarismo o mala fe– de constitución conservadora o reaccionaria? Esa larga serie de reformas, que conservaron lo esencial de la estructura del Estado pero que la fueron acomodando a las exigencias de los tiempos y de las nuevas situaciones del país, hicieron de ella una verdadera constitución nacional, sillar de la organización del Estado y punto de confluencia de las tesis básicas de las dos colectividades que han hecho nuestra historia.

¿Cómo es posible, entonces, que a la vuelta de dos años se haya desatado una verdadera conjura contra esa Carta, atribuyéndole todos los males que padecemos y buscando artificialmente medios inconstitucionales para destruirla? ¿Y que semejante empresa haya sido promovida por el propio presidente de la república?

En primer lugar es preciso decir que los graves males que nos aquejan –violencia, guerrilla, narcotráfico, inseguridad, desempleo, inflación, costo de vida– no dependen de fallas de la Constitución, ni van a resolverse por la sola reforma de ésta. La solución de ellos, en su mayor parte, depende de la adopción de leyes, decretos y acción del congreso y del gobierno y serán tanto más eficaces cuanto mayor sea el respaldo que encuentren en la opinión.

Si bien es verdad que la Constitución, por lo dicho, no requiere reformas urgentes, no puede descartarse la posibilidad o conveniencia de modificar varios de sus artículos, a fin de mejorar el funcionamiento de algunas ramas del Estado. Pero para ello no es necesario recurrir a procedimientos extraños, como el plebiscito o el referéndum, sino utilizar el sabio y flexible sistema del artículo 218, llevando al Congreso un proyecto de Acto Legislativo que si tiene el consenso de las fuerzas representadas en él, será fácilmente aprobado a principios de las legislaturas de este año y del próximo.

Pero en lugar de ello el presidente ha creado una tempestad, induciendo al país a emplear medios extraños a nuestro régimen jurídico y proponiendo un extenso y heterogéneo surtido de reformas, de muy variada inspiración. Esta insólita actitud obedece, en mi concepto, a la difícil situación en que se encuentra la imagen del doctor Barco y al sentimiento partidista que lo inspira y domina. Como durante casi dos años la prensa, empezando por los principales diarios liberales, ha sostenido que él no actúa sobre los problemas más agudos que padecemos y no ejerce el liderazgo que el país esperaba, de un momento a otro, empujado por sus controvertidos consejeros, resolvió mostrar que tenía iniciativas, y no de cualquier clase, sino originales y revolucionarias. Y con la ventaja de que con ellas, al golpear la Constitución y dejarla prácticamente en el aire, reiteraba un viejo sentimiento sectario *(«dale rojo, dale»)* y revivía la prédica de los radicales anterior al gobierno de Reyes. En esa forma buscaba sustituir la que él cree constitución conservadora y retrógrada por una genuinamente liberal. Y llega a tal punto su fobia contra la Carta que ha resuelto revivir doctrinas jacobinas del siglo XVIII, rechazadas en el XIX, inclusive por los partidos liberales, como la famosa de la «soberanía del pueblo», que fue reemplazada con acierto por la norma del artículo 2 de nuestro Estatuto. Quizás ese empeño se deba a que el presidente no tuvo oportunidad de saber que en Derecho Constitucional el término nación equivale a población o pueblo, pero entendido en su totalidad, organizado dentro del marco del Estado, no como fracción o manifestación tumultuaria o subversiva; así como el de «país» se aplica a territorio.

Pero hay algo más curioso en el planteamiento presidencial. En discurso por televisión –el mejor que ha pronunciado– hizo fuertes críticas a la Corte Suprema de Justicia por las sentencias que en los últimos tiempos han recortado las atribuciones del gobierno en el estado de sitio, dejándolo sin herramientas eficaces para combatir la subversión y restablecer el orden público. Tesis acertada, que fue admirablemente desarrollada en un artículo del ex presidente Lleras Restrepo. No obstante esa justificada queja del presidente, hace ahora la insólita propuesta de que se adopte el sistema parlamentario, en el cual la estabilidad y duración del gabinete ministerial depende del apoyo que le ofrezca la Cámara. Por una parte, nuestro país no ha tenido nunca ese sistema, ni siquiera cuando rigieron constituciones federales, de manera que su establecimiento significaría la introducción de un verdadero cuerpo extraño en la estructura no sólo de la Constitución vigente sino en la índole e idiosincrasia del Estado, tanto en Colombia como en América, caracterizada desde la Independencia por el régimen presidencial.

Por otra parte, cuando el gobierno y el país reclaman más autoridad y se quejan de que el Congreso no cumple cuidadosamente su tarea legislativa y dificulta la del gobierno, ¿cómo se propone aumentar su influencia en desmedro de la del Ejecutivo? Si las Cámaras no se ocupan casi en el estudio de leyes fundamentales que el país viene reclamando con angustia, ¿qué van a consagrarse a esa labor si el propio constituyente, con la referida absurda reforma, les entregara la oportunidad de entretenerse en el juego de tumbar ministros? Sería algo demasiado peligroso para la estabilidad y buena marcha del gobierno y absolutamente opuesto al refuerzo de autoridad que la opinión y el mismo presidente reclaman como elemento indispensable para superar la crisis de violencia e inseguridad en que se está hundiendo el país.

La Constitución de 1991*

Para apreciar debidamente lo que representa para el país la Constitución que acaba de expedirse apresuradamente es necesario recordar algunos aspectos fundamentales de lo que ha sido, históricamente, nuestro proceso constitucional, que tanto distinguió y aprestigió a Colombia en el continente.

Nuestro país tuvo durante sesenta y cinco años (1821-1886) siete constituciones, pues a cada cambio de gobierno o a cada guerra civil, el vencedor en ésta o en las elecciones expedía una nueva, es decir, «su» Constitución, que naturalmente duraba pocos años. Esos frecuentes cambios provinieron de la falta de madurez y de estabilidad de un pueblo joven, que con esos sucesivos ensayos iba a tientas, tratando de encontrar el camino, pues en vez de perfeccionar las instituciones, adaptándolas a las exigencias del tiempo, decidía destruir el edificio hasta los cimientos para construir otro enteramente nuevo, con el consiguiente problema de la falta de consenso y de la difícil obediencia de los vencidos. No seguíamos, pues, el ejemplo de Inglaterra, de Estados Unidos y de otros países cultos que, manteniendo intacto el marco constitucional básico, iban ajustándolo a las nuevas exigencias y mejorándolo paulatinamente. En ese cambio incesante

---

* EL TEXTO QUE SIGUE FUE PUBLICADO ORIGINALMENTE COMO UN CAPÍTULO DEL LIBRO QUE SOBRE ESTE TEMA EDITÓ EN 1991 LA UNIVERSIDAD GRAN COLOMBIA.

e infecundo nos mantuvimos hasta el día en que un estadista visionario encontró la fórmula que podía conciliar las tendencias antagónicas (federalismo y centralismo) con que los dos partidos tradicionales habían ensangrentado al país en varias guerras. Núñez comprendió y tras larga brega periodística hizo entender a la mayoría de la opinión que el federalismo de entonces, con sus nueve soberanías, estaba a punto de disolver la unidad nacional, y que el exagerado individualismo mantenía al país en permanente desorden y lo estaba precipitando en la anarquía. De ahí su tesis de centralización política, no administrativa, que consiste en que la legislación sea nacional, es decir, expedida por el Congreso para toda la república, y el monopolio de la fuerza por el Estado, con un ejército único y atribuciones al gobierno para conservar el orden público y restablecerlo cuando fuere turbado. Y al lado de esta concepción fundamental instituyó la descentralización administrativa, a fin de que las regiones (departamentos y municipios) tuvieran patrimonio y rentas propios, manejados por sus Asambleas y Concejos para atender a sus necesidades primordiales y acercar a las poblaciones la acción de la autoridad. Tan acertada fue esta solución que el partido que se había opuesto inicialmente a la Constitución no volvió a hablar de federalismo, y a partir del gobierno del general Reyes dejó de considerar autoritaria o monárquica la Carta del 86, y por el contrario reforzó y aun alargó el período presidencial. Esta actitud y la que observó a partir de entonces, y amplió posteriormente en materia de relaciones entre la Iglesia y el Estado, fueron acortando las distancias entre nuestras dos colectividades históricas e hicieron cada día más nacional la Constitución.

De manera que la Constitución, por su adecuación a la índole del país y su esencial flexibilidad, se hizo cada día más nacional. Esa flexibilidad permitió modificarla más de sesenta veces, por el sistema en ella establecido (el llamado de «las dos vueltas») para ajustarla a las necesidades de los tiempos. La mayoría de esas reformas fueron parciales o de pocos artículos, y las de 1905, 1910, 1936, 1945, 1957 y 1968 de carácter general. De éstas sólo una, la de 1936, fue obra de un partido, el liberal, como se indicó más atrás. Todas las demás fueron realizadas por las dos colectividades o con participación de ambas. Además de esto, de por sí muy importante, el hecho de que con ella hayan gobernado dichas colectividades, conjunta o separadamente, es otra prueba de su auténtico carácter nacional.

Pero este largo y afortunado proceso de ajuste se vio desconocido en la campaña que en 1986 llevó al gobierno al doctor Barco y que revivió el empeño de volver a los cambios bruscos y totales del siglo pasado. En parte por una visión equivocada de la realidad, pues los más grandes problemas del país no provienen de las normas constitucionales vigentes, ni se resuelven con el reemplazo de éstas, excepción hecha de las solicitadas reformas del Congreso, la Contraloría y la Justicia, pero ni el narcotráfico, ni la violencia, ni la guerrilla, ni la inseguridad, ni la inflación, ni el desempleo, ni las fallas de nuestra economía tienen por causa disposiciones de la Carta y por consiguiente no se eliminan con el cambio de ésta. Esos problemas podían resolverse o atenuarse con normas simplemente legales, con decretos, con acción bien planeada por el Congreso y el gobierno y ejecutada por éste y, obviamente, con una política presupuestal acertada y el empleo de recursos adecuados.

El otro móvil del cambio a toda costa fue de carácter partidista y aun sectario, basado en la falsa creencia de que lo vigente era la Carta original de 1886, que sus impugnadores calificaban de conservadora y reaccionaria y se consideraban en la obligación de sustituir, ignorando u olvidando que dicha Constitución fue obra de una coalición paritaria, formada por el conservatismo y el sector del otro partido conocido con el nombre de «Independentismo», que en ese momento constituía la indiscutible mayoría del liberalismo, o sea que no fue Constitución de partido sino Constitución eminentemente bipartidista, por ese origen y, sobre todo, por la forma como fue adaptándose a las circunstancias cambiantes y encontrando la aceptación de quienes la habían rechazado inicialmente.

En cuanto a su origen, ha habido de parte de sus impugnadores o enemigos otro error de enfoque, que los coloca fuera de la realidad. Para justificar su campaña y encontrar apoyo en las anticuadas zonas sectarias del liberalismo, se empeñaron en referirse a la Constitución denominándola «del 86», ignorando o fingiendo ignorar que después de cada una de las citadas reformas generales ya no se podía hablar de la de aquel año inicial, sino de la de 1910, o de 1936, o de 1945, o de 1957, o de 1968. O, en una palabra, de la codificación constitucional (producto de un proceso de más de cien años), o de «la Constitución» a secas.

Basados en la aludida supuesta ignorancia, el gobierno del doctor Barco se propuso el cambio de ella por cualquier medio, como los frustrados intentos de plebiscito y referéndum, y finalmente con un proyecto de acto legislativo de más de 180 artículos, es decir el 83% de la referida codificación. Sobre este disparatado proyecto basta recordar la luminosa comunicación en que los doctores López Michelsen, Jaime Castro y otros lo analizaron y pulverizaron.

Por lo que respecta a los intentos revolucionarios (plebiscito y referéndum), el ex presidente López Michelsen, en el discurso que pronunció en un seminario sobre reforma administrativa celebrado en Paipa en 1989, criticó a quienes sostienen que «el constituyente primario lo puede todo, por considerarlo como la fuente misma de la soberanía», y agrega: «¿De dónde sale el poder de convocar el tal plebiscito? ¿Qué artículo de la Constitución señala, entre las atribuciones del jefe del Estado, convocar, cuando a bien lo tenga, plebiscitos o referendos? Lo que existía era, por el contrario, la prohibición de hacerlo, y desconocerlo es abrir el camino de la arbitrariedad y del llamado bonapartismo. Por el contrario, es necesario presumir que las más complejas situaciones y las más hondas crisis hallan cabida dentro de la letra de la Carta, y que nunca será superfluo ni estorboso el control de la Corte Suprema de Justicia para que sea cumplida la filosofía que la inspira». Es decir, la del Estado de Derecho.

Con respecto a quienes fundan el plebiscito y el referéndum en la llamada soberanía del pueblo y en la distinción entre constituyente primario y constituyente derivado, el doctor Humberto Mora Osejo, eminente jurista liberal y ex presidente del Consejo de Estado, en espléndida disertación en la Academia Colombiana de Jurisprudencia, demostró que la aludida distinción no es una doctrina jurídica que pueda aplicarse a cualquier régimen constitucional, sino un ideario político expuesto por el abate Siéyes para combatir la monarquía absoluta e instalar en Francia otra de carácter constitucional, y que la voluntad popular, como cualquier otro procedimiento extraconstitucional o revolucionario, puede establecer de hecho un nuevo orden jurídico, como ocurrió en Francia en 1789 y en Rusia en 1917. Más adelante explicó que quienes sostienen que el artículo 2 de la Carta consagra o admite el principio de la soberanía popular incurren en gravísimo error, pues aquélla se propuso lograr la unidad nacional mediante la supresión de la soberanía de los nueve Estados federales y su reemplazo por la soberanía nacional como medio para afirmar la autoridad e imponer el orden. De ahí que su artículo 1 dijera que la nación colombiana *se reconstituía en forma de república unitaria,* o sea que dejaba de ser federal, y que el artículo 2, como consecuencia del anterior, dispusiera que la soberanía reside esencial y exclusivamente en la nación, que de ella emanan los poderes públicos y que éstos se ejercen en los términos que esa Constitución establece. Agrega que aun suponiendo que el citado artículo 2 se refiera a la población, tampoco sería suficiente fundamento para que el «constituyente primario» la reformara directamente porque, según el mismo precepto, los aludidos términos de ella determinan las oportunidades en que las votaciones pueden referirse a modificaciones de la Carta, ya que ésta prescribió en el artículo 218 la *manera exclusiva* de reformarla o cambiarla. Lo cual significa que cualquier otro procedimiento es de carácter extraconstitucional. Es decir, no jurídico sino revolucionario.

Siendo todo lo anterior tan claro, y disponiendo la Constitución del ventajoso sistema de reforma que destacó y elogió el presidente López Pumarejo en 1935, por qué se desistió de utilizarlo y se escogió en cambio el camino de la Constituyente, que carece de piso jurídico y conlleva evidentes peligros? En parte, por el deseo de proseguir la antigua conjura contra la carta de Núñez y Caro que, aunque recogida por la mayoría del liberalismo, revivió el doctor Barco; en parte porque algunos sectores consideraban que el Congreso no sería capaz de expedir su propia reforma y se hacía necesario recurrir a procedimientos extraordinarios, y en parte por el prurito de realizar un cambio total, como los del siglo pasado, sintetizándolo en una palabra iconoclasta («revolcón»), extraña a la mesura característica de los jefes de Estado.

Si el motivo principal de la solicitada reforma eran los abusos del Congreso y las fallas de la administración de justicia, y si ya no era posible la expedición del acto legislativo que naufragó a última hora en la legislatura de 1989, por qué no se pensó –ya lanzados al camino de la Constituyente– en un sobrio proyecto de reforma parcial que la Asamblea, allí sí con tiempo suficiente, habría podido debatir con cuidadoso estudio y serena reflexión, en vez de empañarse en fabricar a marchas forzadas toda una Constitución, excediendo la misión para la cual fue convocada y el mandato de sus electores? Por la inocultable vanidad de aparecer, no como modestos reformadores de unos pocos títulos de ella, sino como los originales constituyentes que se atrevían a deshacer el admirable edificio que el país logró construir y perfeccionar a lo largo de una centuria.

Convocada la Asamblea por medio de decreto y sometido éste al control jurisdiccional de la Corte Suprema de Justicia, la Sala Constitucional aprobó por unanimidad y presentó a la Plena un proyecto de sentencia que declaraba inexequible la convocatoria. Entonces, además de la campaña vocinglera de los mismos estudiantes que habían ideado la famosa y extraña «séptima papeleta», el presidente ejerció cierta presión sobre la Corte con el pretexto de que su fallo sería decisivo para la paz porque los grupos guerrilleros exigían la reunión de la Constituyente como *conditio sine qua non* para pactar con el gobierno. En ese momento, no obstante, había en la Sala Plena mayoría de votos en contra de la exequibilidad del decreto. Fue entonces cuando ocurrió el milagro de que dos magistrados de la Sala Constitucional, que habían suscrito el proyecto de sentencia elaborado por ésta, cambiaron a última hora de opinión, y con ellos se completó en la Plena una pequeña mayoría en favor de la exequibilidad. Y así se expidió una extraña y confusa sentencia, que contiene contradicciones o incongruencias entre la parte motiva y la resolutiva. Innecesario agregar que este resultado fue estruendosamente celebrado por los promotores de la iniciativa, por el gobierno y, obviamente, por las fuerzas de izquierda empeñadas en la demolición del «establecimiento».

En diciembre de 1990 se celebraron las elecciones de diputados a la Asamblea con un caudal de votos que, por lo exiguo, sorprendió al país: menos de cuatro millones cuando pocos meses antes el Congreso había sido elegido por poco menos de ocho. Resultado que, en opinión del ex presidente López, obedeció a que el cambio total o fundamental de la constitución vigente no era necesidad sentida por la mayoría de los colombianos.

Al instalarse la Asamblea hubo dificultad para escoger sus designatarios, por lo cual una coalición formada por el M-19, el Movimiento de Salvación Nacional y el liberalismo acordó e impuso una presidencia colegiada, integrada por los jefes de los dos primeros grupos y por el diputado liberal Horacio Serpa Uribe. El grupo del doctor Pastrana Borrero quedó excluido de participación en la mesa directiva y en las presidencias de las Comisiones.

En el curso de los debates varios diputados de los partidos tradicionales se apartaron en algunos puntos de las decisiones de la mayoría, pero en general las nuevas normas fueron adoptadas por consenso, entre otras cosas porque la Asamblea, tan heterogéneamente integrada, se convirtió en una especie de distribución de premios, donde se acogían sin dificultad las más extrañas propuestas.

El sector encabezado por el ex presidente Pastrana, si bien aprobó la mayor parte de las nuevas disposiciones, se opuso con energía a otras, como la muy inconstitucional y absurda revocatoria del Congreso elegido el año anterior, y criticó con razón el pacto celebrado en esos días en el Palacio Presidencial, en el cual se desconoció lo convenido en agosto de 1990 por el gobierno y la mayoría de los grupos políticos. Pero en definitiva la Asamblea expidió a gran velocidad la nueva Constitución, extensísima, pues consta de 439 artículos, es decir, más del doble de los que tenía la anterior.

Esta obra de la Asamblea significó claro desbordamiento de su misión, pues el mandato que recibió del pueblo fue para reformar la constitución y no para sustituirla. Y significó además el desconocimiento del «Estado de Derecho» al expedir un «acto constitucional de aplicación inmediata» que sustrajo sus decisiones del conocimiento de la Corte Suprema de Justicia. Es de sobra sabido que en el mencionado Estado de Derecho no puede haber acto de autoridad que escape al control jurisdiccional.

Por lo que respecta a la revocatoria del Congreso, es indudable que constituyó incalificable atropello y verdadero golpe de Estado, ya que la Asamblea no sólo carecía de facultades para hacerlo, sino que en los documentos de su convocatoria quedó expresamente prohibido modificar, recortar o anular el período de los parlamentarios y de los funcionarios elegidos el año anterior. Esta decisión, además de inconstitucional e inconveniente, es ilógica y contradictoria, pues si ella se hizo con el pretexto de modificar radicalmente la estructura de la institución, ésta ha quedado prácticamente igual, y aun con más poder, porque si bien es cierto que se le quitaron al Congreso los famosos «auxilios parlamentarios», se le concedieron en cambio facultades ilimitadas para disponer del presupuesto, y además nuevas atribuciones en lo político, como la moción de censura a los ministros y la intervención en la declaratoria y en la prórroga del estado de Sitio. De manera que no hubo recorte ni disminución del Congreso como tal, sino, por el contrario, amplísimo aumento de sus prerrogativas. Lo cual demuestra que en el fondo no se trataba de «castigarlo», como dijo en su campaña uno de los líderes de la Constituyente, sino de cambiar a sus actuales miembros, calificados por él de «clientelistas», para mejorar en las nuevas Cámaras la representación de los grupos promotores de esa revocatoria. Por lo que respecta al M-19, era obvio su interés en aumentar considerablemente la muy precaria, casi nula, que tenía en el Congreso disuelto, y aun la ilusión de convertirse en mayoría. En cuanto al Movimiento de Salvación Nacional, que sí tenía en aquél apreciable cuota, su móvil fue el deseo de incrementarla, probablemente a costa del sector que había venido siendo mayoritario en el Congreso. Inclusive, se vio ahí el deseo de quebrantar el «bipartidismo», que es consecuencia del régimen presidencial y que entre nosotros es consustancial con la nacionalidad, pues, a pesar de evidentes errores y deficiencias, el conservatismo y el liberalismo han hecho la historia nacional y dado al país la fisonomía democrática que lo distingue y aprestigia.

Pero si el «revolcón» del Congreso parece lógico para el M-19 y no mucho para Salvación Nacional, es a todas luces inconcebible la actitud de gran parte de la diputación liberal. ¿Cómo es posible que ésta, si realmente profesa la concepción democrática tradicional de Colombia no viera, por una parte, que se trataba de duro golpe contra esa concepción, y por la otra que con la revocatoria podía ser ese partido el más perjudicado, pues nada garantizaba que conservara en el nuevo Congreso la apreciable mayoría de que ha disfrutado, desde hace sesenta años, en todos los anteriores?

En lo que respecta al contenido de la nueva Carta, ya han sido anotados por autorizados expositores y por el mismo secretario de la Asamblea los graves errores jurídicos y gramaticales que contienen muchas de sus disposiciones. El propio presidente de la república reconoció que ello es así, pero agregó, a manera de disculpa, que todo se debió a escasez de tiempo, dado el corto período de las sesiones. Disculpa no válida, pues si la Asamblea se hubiera mantenido dentro de los limites de su mandato, cinco meses habrían sido suficientes para considerar con detenido estudio y madura reflexión los puntos en que realmente se justificaba una reforma, como los del Congreso y la Justicia, que era lo que la mayoría de la opinión solicitaba. Pero en vez de elaborar con responsabilidad y detenimiento esa reforma parcial, se empeñó, por vanidad y prurito de cambio, en fabricar, en ese corto período, una Constitución completa que abarca numerosos y variados temas, inclusive algunos que no son propios de ella, sino de leyes o decretos. Así, era imposible que el tiempo señalado alcanzara para realizar el estudio a fondo que exige la delicada labor constituyente.

Es imposible en este escrito entrar a comentar los errores jurídicos y gramaticales a que se aludió más atrás, ni la multitud de derechos teóricos o irrealizables utopías que consagra la nueva Carta, que no se podrán cumplir por razón de su altísimo costo, que excede las posibilidades económicas del Estado y ocasionarán terrible frustración. Sin embargo, es imprescindible referirse a dos o tres puntos de gran importancia en que los promotores del cambio total sí lograron su deseado «revolcón».

En primer término, el régimen presidencial que la república ha tenido desde sus comienzos, y no sólo –como dijo un delegatario y destacado escritor– desde 1886. Ese régimen, copiado de la Constitución de los Estados Unidos de 1787, fue adoptado por nuestros próceres desde los días iniciales de la Independencia, y se ha mantenido a través de todas nuestras constituciones, inclusive en las de tipo federal. Y ello porque en un pueblo joven, sin suficiente tradición de orden y disciplina, era necesario establecer un poder ejecutivo independiente de los otros y dotado de amplias facultades para asegurar la autoridad y por ende la libertad, mantener el orden público y restablecerlo cuando fuere perturbado. Como dijo el Libertador, en las monarquías, que se apoyan en la fuerza de una larga tradición y en el prestigio de la corona, el poder Legislativo debe ser el más fuerte para contrarrestar aquellos imponderables, pero en las repúblicas, que carecen de esa aureola de poder, el Ejecutivo, por el contrario, debe ser el más fuerte. Y si ello es y ha sido siempre así, con mucha mayor razón ha debido conservarse en estos tiempos tan perturbados por el narcotráfico, los paros cívicos, la violencia, la guerrilla y, en una palabra, la propensión de vastos sectores a la anarquía. Hoy, más que nunca, se hace necesario robustecer la autoridad y afianzar los factores de contención. No hay un asunto en que sea más claro que la Constituyente, movida por impulsos populistas, ha marchado en contravía de la historia y de lo que hoy ocurre en el mundo.

Otro elemento que contribuye con eficacia al debilitamiento del ejecutivo es la famosa «moción de censura» a los ministros, con la consecuencia de su posible caída, y que repitiéndose seguidamente el procedimiento, se consagre la inestabilidad del ministerio y la parálisis de la administración. Este sistema, como se sabe, es propio del régimen parlamentario, en donde el jefe del gobierno no procede de elección del pueblo ni tiene período fijo, pues su duración o permanencia depende del apoyo que le dé la mayoría de la Cámara, a veces estable y a veces efímera. Pero en tal sistema, cuando el gobierno llega a quedar sin ese respaldo, existe el recurso de disolver el parlamento y llamar a nuevas elecciones legislativas, con miras a formar nueva mayoría y un gobierno que salga de ella y pueda sostenerse. La referida moción de censura constituye injerto de un cuerpo extraño, que no encaja dentro del organismo constitucional propio del país y que muy probablemente va a llevar a los próximos congresos a entretenerse en el juego de «tumbar ministros», con las malas consecuencias anotadas. Es en realidad un embeleco populista que va a debilitar al gobierno sin conseguir el aumento de las libertades individuales, que era lo que buscaban en el siglo pasado los partidarios de ese debilitamiento.

Otro factor que contribuye a esto es la elección popular de gobernadores. Siendo éstos por antonomasia los auténticos representantes y agentes del presidente de la república en los departamentos, quitar a éste su designación y dejarla al juego de la agitación electoral y de las combinaciones de grupos, es inferir rudo golpe a la jerarquía política y administrativa, pues en varias secciones puede darse el caso de que quien debe ser el auténtico agente del jefe del Estado no sólo no sea de su confianza sino, inclusive, su adversario y aun su enemigo político. Con el agravante de que con colaboradores de esa clase, en caso de turbación del orden público, será para el gobierno especialmente difícil su restablecimiento. Es, pues, otra pieza que se quita al sistema presidencial, tan de la esencia de nuestra estructura constitucional.

Otro paso en este sistemático empeño de demolición, y por cierto muy grave, es la modificación del sistema establecido en el artículo 121 de la Constitución. Es decir, el recorte de las atribuciones del gobierno en el estado de Sitio. Muchos ilustres juristas de uno y otro partido han refutado la absurda tesis de nuestros izquierdistas, coreada por la prensa extranjera, especialmente francesa, de que Colombia ha vivido en perpetua dictadura porque durante muchos años ha regido el estado de Sitio. Esos autorizados expositores han demostrado superabundantemente que éste (el estado de Sitio) no es la arbitrariedad del gobierno, ni la falta del Congreso ni del control constitucional, pues todos los decretos dictados en desarrollo del citado artículo están sometidos a revisión previa de la Corte Suprema de Justicia. En otras palabras, que no hay tal dictadura, pues ni el Congreso ni la Corte dejan de funcionar, sino un régimen especial, que don Miguel Antonio Caro denominó de «legalidad marcial», en que se dota el ejecutivo de facultades legislativas, amplias pero temporales, para hacer frente a los graves problemas que ocasiona una guerra exterior o una conmoción o revuelta interior. Y que dejan de regir tan pronto como se levanta dicho estado. Este racional y moderado sistema ha sido practicado por gobiernos mixtos y de uno y otro partido y nunca los presidentes han sido acusados por el Congreso de haber abusado de la autoridad excepcional de que estuvieron investidos. Desgraciadamente nada de esto impidió que la mayoría de la Constituyente, haciendo eco a las antiguas y anticuadas quejas de la izquierda y a las nuevas del populismo, entrara a desvirtuar y anular casi aquella sabía institución, limitándola a brevísimo período y exigiendo la aprobación del congreso para poder decretar o prorrogar su vigencia, también por tiempo limitado. Cuando todo parece indicar que cada día serán mayores los atentados de la guerrilla, el terrorismo y la agitación en ciertas zonas, y cuando no parece probable que el gobierno cuente en los próximos congresos con mayorías suficientes y estables, ¿cómo se deja en manos de coaliciones de adversarios la posible necesaria subsistencia del estado de Sitio? ¿No será evidente que grupos desafectos, o que tengan quejas porque no se atendió alguna de sus aspiraciones, aprovecharán esa oportunidad para cobrar cuentas o ejercer venganzas? Caído ese eficaz sistema de excepción, es seguro que aumenten la agitación, los paros cívicos y las tendencias a la anarquía. ¿Será, pues, posible considerar que estas reformas, pretendidamente democráticas, representen un progreso y sean factor de mejoramiento de nuestras instituciones y de aclimatación de la paz?

Otro punto que sorprende en la nueva Constitución es el relacionado con los derechos religiosos y la situación o status de la Iglesia. En primer término, la mutilación que se hizo en el preámbulo de la Constitución anterior, y la eliminación de la norma del artículo 54 sobre relaciones entre el Estado y la Iglesia, al parecer encaminada a prescindir del Concordato. De la misma índole es la pretensión de regular los efectos del matrimonio católico, sin haber acordado antes la reforma del referido tratado. Todo lo cual equivale a desconocer el hecho católico colombiano. Como bien lo anota el episcopado en la declaración que hizo al respecto, «la nueva Constitución ignora un elemento constitutivo de la identidad misma del país y parece hecha para ciudadanos de otras latitudes, que profesan otra religión. Los constituyentes católicos no estuvieron a la altura en la defensa de los principios que el pueblo católico que los eligió tenía derecho a esperar de ellos». En el nuevo preámbulo, agrega el episcopado, los constituyentes fueron mezquinos con Dios al desconocer su carácter de fuente suprema de toda autoridad y limitarse, por vía de transacción o compromiso, a invocar su protección. Es significativo que en ese texto se haya prescindido del reconocimiento –hecho en 1886 y reiterado por nuestros dos partidos en el Plebiscito de 1957– de que la religión católica es la de la nación y que, como tal, los poderes públicos la protegerán y harán respetar como esencial elemento del orden social.

Finalmente, una palabra sobre la derogatoria de la Constitución anterior. Como quedó explicado atrás, la Asamblea Constituyente carecía de atribuciones para sustituirla y por otra parte no había razón válida, de carácter jurídico o político, para interrumpir el largo proceso constitucional que tanto lustre dio al país, cambiando porque sí la admirable Carta a que se llegó después de los ensayos de los primeros años de vida independiente, y que, reformada múltiples veces por los partidos tradicionales, había adquirido, como se dijo, consenso auténticamente nacional y era orgullo para el país: ¡tener, como anotó el ex presidente López Michelsen, la Constitución más antigua y prestigiosa de América, después de la de Filadelfia de 1787!

Pues bien: si ello era así, ¿cómo es posible que los delegatarios conservadores, y aun los liberales de centro que habían participado en los gobiernos de ambos partidos, se hayan prestado a demoler ese admirable edificio, construido y perfeccionado a lo largo de una centuria? Y más extraño todavía es que algún diputado conservador haya dicho, para justificar su voto, que la Constituyente rindió homenaje a la Carta anterior porque conservó su estructura fundamental. ¿Cuál? ¿La tridivisión del poder, que existe desde los tiempos de Aristóteles y que hemos tenido en todas nuestras constituciones? ¿O la división del Congreso en dos Cámaras, que existe en Inglaterra desde el siglo XIII y que han copiado casi todos los países democráticos, y el nuestro desde los días de la Independencia? Decir que la admirable obra de Núñez y Caro y de sus eminentes continuadores no fue arrasada sino, por el contrario, conservada en su esencia y exaltada, no pasa de ser ilusa afirmación, por no llamarla de otro modo.

Esa actitud de los conservadores es defección imperdonable, más grave aun que la de sus copartidarios del Congreso de 1858 que, contrariando sus tesis tradicionales, adoptaron el sistema federal. Fue entonces cuando dijo don Marco Fidel Suárez que «el guardián del manicomio se ha contagiado de locura». No obstante tan autorizada apreciación, en ese momento, como dijeron don Carlos Holguín y sus compañeros de ponencia en la Cámara de representantes, y el doctor José María Samper en su libro *Derecho público interno de Colombia*, había circunstancias que, aunque no justifican del todo, explican ese cambio de posición, porque la existencia de ocho Estados federales hacía ya muy difícil, casi imposible, el regreso al sistema unitario o central, pues esos Estados se habrían resistido a la pérdida de su autonomía legislativa y constituyente. Claro que, en definitiva, ese paso fue funesto, porque amplió el camino hacia el exagerado federalismo de la de 1863 que, como se ha dicho tantas veces, casi disuelve la unidad nacional.

Con ser grave el error de los conservadores de 1858, es mayor el de los de 1991, porque no implicó solamente el abandono de unas tesis jurídicas y políticas, sino auténtica claudicación doctrinaria, ya que la Carta de 1886 era canon fundamental del partido, porque con ella el país logró tener instituciones adecuadas y perdurables que parecían ya definitivas y constituyeron el más valioso aporte a nuestro proceso constitucional, y el mejor título de prestigio y orgullo para el conservatismo.